TEMEL MAKROEKONOMİK GÖSTERGELER

Mehmet ALAGÖZ
Sinem YAPAR SAÇIK
Savaş ERDOĞAN

2021

atlas akademi

Temel Makroekonomik Göstergeler

ISBN: 978-605-7839-82-4

© 2. Basım, Eylül 2021

SERTİFİKA NO: 49704

Kapak & Dizgi
Atlas Akademi

Baskı ve Cilt
Dizgi Ofset
Yeni Matbaacılar Sitesi Konya
Tel: 0332 342 07 42

KÜTÜPHANE BİLGİ KARTI

ALAGÖZ, Mehmet – YAPAR SAÇIK, Sinem – ERDOĞAN, Savaş
Ekonomi, Makroekonomi, Milli Gelir, İstihdam, İşsizlik, Enflasyon

atlas akademi
Akademi Mah. Yeni İstanbul Cad.
No: 22 Selçuklu / KONYA
Tel: 0332 241 30 59

ÖNSÖZ

Ekonomi; alaylısından okumuşuna, yedisinden yetmişine herkesin uzman (!) olduğu bir alandır. Bir yerlerde ekonomi hakkında konuşuluyorsa, herkesin mutlaka söyleyeceği bir sözü vardır. Bundan dolayı ekonomi sadece ekonomistlerin uğraş alanı olmaktan çıkmıştır.

Ekonomi gerçekten herkesin kolaylıkla çözüm üretebileceği, stratejiler geliştirebileceği, politikalar sunabileceği bir alan mıdır? Peki herkesin ekonomi alanında uzman olduğu bir ülkede ekonomik sorunlar neden çözülememektedir? Bu soruların cevabı makroekonomik göstergelerin bilinmesinden ve doğru analiz edilebilmesinden geçmektedir. Çünkü ekonomi içerisinde yer alan küçük ya da büyük aktörlerin tamamı, ekonomik durumun belirleyicisidirler.

Bir ekonominin nasıl işlediğini anlamak, tahminde bulunmak, okuduğumuz ya da duyduğumuz haberleri daha iyi kavrayabilmek, tasarruflarımızı en iyi şekilde değerlendirmek, ülkemizin ekonomi politikalarını izleyebilmek, başka ülke ekonomilerini anlamak ve ülkemizin ekonomisi ile karşılaştırmak gibi becerilere sahip olmak istiyorsak temel makroekonomik göstergeleri doğru anlamak ve yorumlamak zorundayız.

Ekonomistler değerlendirmelerinde bazılarını bildiğimiz bazılarını ise bilmediğimiz pek çok bilimsel kavram kullanırlar. Örneğin; enflasyon, işsizlik, büyüme, cari açık, dış borç, vb. gibi çok sık duyduğumuz ve bildiğimizi düşündüğümüz iktisadi kavramların yanında, dış borç servisi, dış ticaret haddi, reel faiz, repo, bankacılık rasyoları, CDS, güven endeksleri vb. gibi bilmediğimiz pek çok iktisadi kavrama da başvururlar. Bunların dışında onlarca iktisadi kavramı sınıflandırır, birbirleri ile ilişkilerini ortaya koyar ve analiz ederler. Ekonomi eğitimi almayanların önemli bir kısmı, çoğu zaman ekonomistlerin konuştuklarını anlamakta zorlanabilirler.

Temel Makroekonomik Göstergeler kitabı bu zorluğu azaltabilmek için, özellikle üç temel gösterge (milli gelir, istihdam/işsizlik ve enflasyon) hakkında sizlere açık, net ve anlaşılır bilgiler sunmayı hedeflemektedir. Çalışma, ele alınan makroekonomik göstergelerin ne anlam ifade ettikleri, ne işe yaradıkları, nasıl hesaplandıkları, neden ve nasıl revize edildikleri, nerede ve ne zaman yayınlandıkları, nasıl yorumlandıkları, ne kadar gerçekçi olduklarının ya da olmadıklarının nasıl anlaşılacağı, güvenirliğinin hangi göstergeler ile test edilerek sağlanacağı gibi konulara cevap bulmanız için hazırlanmıştır.

Bu amaçlarla birinci bölümde; reel ekonominin esas göstergelerinden milli gelir ve onunla birlikte büyüme, kişi başına düşen gelir, satınalma gücü paritesi, ekonomik güven endeksi, sanayi üretim endeksi gibi göstergeler açıklanmıştır.

İkinci bölümde; toplumun genelini doğrudan ilgilendirdiği için oldukça önemli gördüğümüz istihdam ve işsizlik ile ilgili göstergeler ele alınmıştır.

Son bölümde; Türkiye'de adından sürekli söz ettiren enflasyon ile ilgili temel sorulara cevap verilmeye çalışılmıştır.

Çalışmanın okuyucuya faydalı olmasını dileriz…

İÇİNDEKİLER

MİLLİ GELİR

Milli gelir ve gayri safi yurtiçi hasılanın (GSYH) ne olduğunu, neyi kapsayıp neyi kapsamadığını, nasıl hesaplandığını, ne işe yaradığını, nerede ve ne zaman yayınlandığını, ne kadar gerçekçi olduğunu, revize edilip edilemeyeceğini, hangi göstergeler ile birebir ilişkili olduğunu, nasıl yorumlanması gerektiğini vb. bilgileri bilmemiz gerekmektedir. Çünkü milli gelir, bir ülke ekonomisinin en temel göstergesidir.

Bu göstergeyi incelerken bazı sorulara cevap bulmak zorundayız. Örneğin;

- GSYH ekonomik bir rakamdan mı ibarettir?
- Sadece artması ya da azalması açısından mı değerlendirilmelidir?
- GSYH rakamları hangi zaman aralığı içerisinde değerlendirilirse anlamlı olmaktadır?
- GSYH'yi kim/kimler hesaplar?
- Tahmin edilen ya da açıklanan GSYH, hangi yöntem ile hesaplanmaktadır?
- GSYH verisi sabit fiyatlarla mı, cari fiyatlarla mı hesaplanmaktadır?
- GSYH, hangi para birimi ile hesaplanır?
- Ülkeler GSYH'lerini neden dolara dönüştürerek açıklar?
- GSYH içerisinde hesaplanan ya da hesaplanmayan ekonomik faaliyetler nelerdir?
- GSYH'nin artması ya da azalması ne anlama gelir?
- GSYH için var olan beklentinin/tahminin gerçekleşmesi ya da beklentinin/tahminin üstünde ya da altında bir gerçekleşme olması nasıl yorumlanmalıdır?
- GSYH hesaplanırken takvimsel ve mevsimsel etkilerden arındırılması ne anlama gelmektedir?
- GSYH rakamı, katma değer, harcama bileşenleri, talep, sektör ve faktör gelirleri açısından nasıl değerlendirilir?
- GSYH rakamlarının oluşmasında sektörel etkiler ne kadardır, neyi ifade eder?
- GSYH'den türetilen, GSYH'ye oranlanarak bulunan ya da mutlaka GSYH ile birlikte değerlendirilmesi gereken, göstergeler nelerdir?

Bunlar gibi onlarca cevaplanması gereken soru bulunmaktadır. Bu bölümde bu soruların önemli bir kısmına verilebilecek cevaplar ortaya konulacaktır.

A. Milli Gelir Nedir? Neden Önemlidir?

Milli gelir, bir ülkenin sahip olduğu ekonomik varlığını yıllık olarak gösteren en önemli kavram olarak karşımıza çıkmaktadır. Ülke milli geliri ne kadar büyükse o ülkenin ekonomisinin de o kadar büyük olduğu ifade edilir. Fakat bu ekonomik büyüklük tek başına yeterli değildir. Ülkeler arasındaki karşılaştırmalarda kişi başına düşen gelir daha büyük önem arz etmektedir. Örneğin X ülkesi ile Y ülkesinin milli geliri aynı olmasına rağmen X ülkesi nüfusunun Y ülkesi nüfusunun iki katı olması durumunda, X ülkesine düşen kişi başına düşen gelirin Y ülkesinin yarısı kadar olduğu görülür. Günümüzde "dünyanın en büyük ekonomisi" ya da "dünyanın ...ıncı büyük ekonomisi" gibi sıralamalar ülkelerin milli gelir büyüklükleri dikkate alınarak yapılmaktadır.

Milli gelir her ne kadar ülkelerin ulusal para birimlerine göre hesaplanıyor olsa da genelde dünyada kabul görmüş bir para birimi olan ABD dolarına dönüştürülerek de hesaplanmaktadır. Bu durum ülkelerin dünya ekonomisindeki yerini tespit etmek ve ülkeler arasında karşılaştırma yapılabilmesi için gereklidir. Dolayısıyla milli gelir göstergesi; farklı gelişmişlik düzeylerinde de olsalar, tüm ülkeler için ekonomik gücün temel göstergesi kabul edilmektedir. Ancak burada şu durum gözden kaçırılmamalıdır. Milli gelirin ulusal para cinsinden hesaplanıp daha sonra dolara dönüştürülmesinin, o ülkedeki döviz kurlarındaki istikrar/istikrarsızlığın da etkisinde kalacağını bilmek gerekmektedir. Örneğin X ülkesi bir önceki yıla göre milli gelirini reel anlamda artırmış olsa da döviz kurlarındaki yükseliş (doların değerlenmesi ya da ulusal paranın değersizleşmesi), ülkenin bir önceki yıla göre dolar bazında daha düşük bir milli gelire sahip olmasına neden olabilir. Bu yüzden milli gelir ya da milli gelir yardımıyla elde edilen makroekonomik göstergeler ile ülke karşılaştırılması yapılırken bu duruma dikkat edilmesi gerekmektedir.

Dünyada ilk milli geliri hesaplama çalışmaları 17. yy. İngiltere ve Fransa'da yapılmıştır. İlk milli gelir tahmini ise 1665 yılında İngiltere'de ve ilk sınıflaması "System of National Accounts (SNA)" adı altında 1952 yılında Birleşmiş Milletler (BM) tarafından yapılmıştır. Bu bağlamda 1929 bunalımı sonrasında ekonomik performansın yaygın bir ölçütü olarak kullanılmaya başlanan milli geliri basitçe tanımlamak gerekirse; "milli gelir, bir ülkede belirli bir dönemde üretilen mal ve hizmetlerin parasal değeridir" denilebilir. Tanımda geçen üretilen mal ve hizmetler ifadesi ile o ekonomide üretilen ve son kullanıcısı tarafından satın alınan nihai (tamamlanmış) mal ve hizmetler kastedilmektedir. Kısacası üretilen mal ve hizmetlerin milli gelir içerisinde ifade edilmesi için, yukarıda sayılan unsurların yanı sıra yasal olarak üretilmesinde bir engel olmayan ve piyasaya çıkan mallar/hizmetler olması gerekmektedir.

Üretilmesine rağmen, milli gelir içerisine dahil edilmeyen bazı mal ve hizmetler bulunmaktadır. Örneğin milli gelir içerisinde, (kullanım amacı bakımından) istisnalar hariç, hammadde ve ara mallar dikkate alınmaz. Bunun yanı sıra ikinci el satışlar da milli gelire konu olmamaktadır. Ayrıca evde kendi başımıza yaptığımız işler (temizlik, yemek yapmak, çocuk bakmak, vb.), bir ücret karşılığı olmayan gönüllü olarak yapılan hizmetler (Akyıldız, 30-31:2017) ve boş zaman da milli gelir içerisinde yer almaz. Bunların yanında yasal olarak üretilmesinde hiçbir engel olmayan, ancak üretimin ya da üretim sonucu elde edilen gelirlerin doğru şekilde beyan edilmemesi nedeniyle milli gelir içerisinde hesaplanamayan ekonomik faaliyetler de söz konusudur. Bu duruma örnek olarak, kayıt dışı üretilen mallar, beyan edilmemiş olması kaydıyla bahşiş, özel derslerden elde edilen gelir vb. gibi unsurlar gösterilebilir. Milli gelir içerisine çok uluslu şirketlerin, merkez ülkedeki yatırımcılarına aktardıkları kârlar dahil edilmez. Ayrıca mal ve hizmet üretimi sırasında ortaya çıkan çevresel maliyetler milli gelir içerisinde gösterilememektedir. Bu durum milli gelirin dışsallıkları dikkate almadığını anlamına gelmektedir. Milli gelir sadece üretimden elde edildiği için sonuç olarak üretim odaklıdır. Bu sebeple yaratacağı olumsuz/negatif sonuçları içerisinde barındırmaz. Örneğin, ağır sanayi sektörü ya da tarım sektörüne ait toprakların tahrip edilip turizm, sanayi, hizmet vb. sektörlere tahsis edilmesi sonucunda elde edilen kazancın, milli gelirin değerini arttırmasına rağmen, çevreye verdiği zarar ve kirlilik milli gelir içerisinde yer almaz. Esasen milli gelir hesaplamalarının doğruya yaklaştırılabilmesi için çevresel stokların değerindeki azalma ya da çevresel maliyetlerin aşınma payı olarak milli gelirden düşülmesi gerekmektedir. Bunun nedeni, çevre tahribatının insanların yaşam standartlarında bir gerilemeye ve hastalıkların baş göstermesine sebebiyet vererek, ileriki zamanlarda bu tahribatların giderilmesi için yapılacak harcamaların artmasına ve gelirin azalmasına yol açacak olmasıdır.

Yukarıdaki tanım, daha sonra açıklanacağı gibi farklı yöntemlerle hesaplanma imkânı olan milli gelirin üretim yöntemine dayanarak tanımlanmasıdır. Fakat milli geliri, gelir ya da harcama esaslarına göre tanımlamak da mümkündür. Şöyle ki; "mili gelir, bir ülkede belirli bir dönemde üretime katılan faktörlerin, üretimden elde ettikleri gelir paylarının toplamıdır" ya da "milli gelir, bir ülkede belirli bir dönemde mal ve hizmetlere yönelik yapılan harcamaların toplamıdır" demek de mümkündür. Bu üç tanımın temel aldığı veri farklı olsa da öz olarak anlatılmak istenen esasen aynıdır. Kapalı bir ekonomide bu üç tanım üretim-gelir-harcama döngüsünü ifade eder.

Ekonomilerde toplam üretim, elde edilen gelir ve yapılan harcamalar her dönem için aynı düzeyde seyretmeyebilir. Dönemler itibari ile bu göstergelerde inişli çıkışlı durumlar karşımıza çıkabilir. Ekonomilerin çıkışta olduğu durumda gelir ve üretim artmakta, dolayısıyla harcamalar da aynı seyirde artış göstermektedir. Kısacası gelirin artması harcamanın artmasına, gelirin azalması ise harcamanın azalmasını göstermektedir. Gelir ne kadar çoksa harcama imkânı da o denli çok olacağından hem kamu sektörü hem firmalar hem de hane halkları açısından da büyük önem taşıyan milli gelir kavramı, bir yanıyla ekonomik büyüme diğer yanıyla da ekonomik kalkınma ile de doğrudan ilişkilidir. Örneğin A ülkesinde "milli gelir artarken tüketim harcamaları artmıyorsa ya da milli gelir azalırken tüketim harcamaları artıyorsa, bu ülkenin göstergelerinde bir sorun vardır" demektir. Milli gelirde bir önceki yıla göre gerçekleşen reel artış büyümeyi gösterirken, pek çok makroekonomik gösterge bu veriye bağlı olarak ifade edilir. Dolayısıyla milli gelir toplum refahının temel belirleyicilerinden birisidir denilebilir.

Niceliksel bir olgu olan milli gelir büyüklüğüne ulaşabilmek için, öncesinde diğer bazı büyüklüklere sahip olmak gerekmektedir. Bunlar milli gelir ile ilişkili kavramlar olarak bilinmektedir. Milli gelirin hesaplanabilmesi bu kavramlara bağlı olduğu için, öncelikle ilişkili kavramları ele alalım.

B. Milli Gelire İlişkin Kavramlar ve Hesaplama Yöntemleri

Milli gelir önemli olduğu kadar, ayrıntılı ve çok boyutlu bir ekonomik göstergedir. Bu nedenle anlamada zorluk yaşanmaması için kavramsal analizi elzem görülmektedir. Ayrıca nicel bir kavram olan milli gelirin nasıl hesaplandığını bilmek de gerekmektedir. Bu nedenle önce milli gelir konusunda ilişkin en temel kavramlar olan GSYH ve gayri safi milli hasıla (GSMH) ele alınacak, hemen ardından hesaplama yöntemleri incelenecek ve milli gelir ile ilgili diğer kavramlar ortaya konulacaktır.

1. GSYH ve GSMH Kavramları

Bir ülkenin milli gelir verisine ulaşabilmek için bize gereken öncelikle GSYH ve buradan hareketle GSMH kavramlarıdır. GSYH ile GSMH arasındaki fark, isimlerinde yer alan "yurtiçi" ve "milli" kelimelerinden hareketle kolayca anlaşılabilmektedir. Önce bu ikisini, ardından da milli gelirin bağlantılı olduğu diğer kavramları inceleyelim.

Gayri Safi Yurtiçi Hasıla (GSYH)

GSYH çeyrek dönemler (üçer aylık) halinde hesaplanıp, yıllık bazda raporlanan ülke ekonomilerinin öncelikli göstergesidir. Ekonomik göstergelerin neredeyse tamamına yakını ya GSYH'den türetilir ya GSYH'ye oranlayarak anlamlaştırılır ya da GSYH göstergesi ile birlikte analiz edilir. GSYH'nin tanımını yapmadan önce kavrama etimolojik açıdan bakılması faydalı olacaktır. Arapça kökenli olan gayri safi tamlaması, safi olmayan, yani saf ya da net olmayan, karışık (TDK, 2020) anlamındadır. Yurtiçi ifadesi ile ülke sınırları içerisi kastedilmektedir. Hasıla kelimesi ise yine Arapça kökenli olup, bir işten elde edilen sonuç (TDK, 2020), ürün ya da elde edilen gelir anlamını taşımaktadır.

GSYH, belirli bir dönemde, bir ülkenin ulusal sınırları içerisinde üretilen nihai mal ve hizmetlerin parasal değerlerinin toplamıdır. Bu tanımda geçen ifadelere açıklık getirelim:

- *Belirli bir dönem:* Bu kavram bize GSYH'nin bir akım değişken* olduğunu göstermektedir ve bu belirli dönem genellikle bir yıldır. Fakat GSYH çeyrek dönemlik hesaplanabilir. Türkiye'nin resmi istatistik kurumu olan Türkiye İstatistik Kurumu (TÜİK) da GSYH serisini yıllık ve çeyrek dönemlik olmak üzere iki şekilde oluşturmaktadır.
- *Ulusal sınır içerisi:* Ülkenin ulusal sınırları kapsamında üretilen tüm nihai mal ve hizmetler kavramın kapsamı içerisindedir. Başka bir

---

* Akım değişken, sadece bir zaman aralığı kapsamında ölçülen değişkenler iken stok değişken ise belirli bir zamanda ölçülen değişkenlerdir.

ifade ile bir mal ya da hizmet ister yerleşik ister yerleşik olmayan ister vatandaş ister yabancı uyruklu kim tarafından üretilirse üretilsin, o ülkenin sınırları içerisinde üretildiği müddetçe GSYH'nin konusuna girmektedir. Örneğin; Türkiye'de faaliyet gösteren Fransız sermayeli bir yabancı şirketin Türkiye'de ürettiği nihai mal ve hizmetlerin ekonomik değeri, ülke sınırları içerisinde üretildiği için GSYH'nin kapsamına girmektedir. İşte bu nokta, ileride göreceğimiz GSMH ve GSYH arasındaki farkı ifade etmektedir.

- *Nihai mal ve hizmet:* Nihai kelimesi, en son yani tamamlanmış, kullanıma hazır mal ve hizmetleri ifade etmektedir. GSYH hesabında sadece nihai mal ve hizmetlerin değeri ele alınırken, nihai malların üretimi sırasında gerekli olan ara malların değeri ayrıca hesaba katılmaz. Bunun nedeni, nihai malların değeri içerisinde zaten ara malların değerinin de bulunmasından dolayı, fazla kayıt yapmanın önüne geçmektir. Nihai ve ara malların değerini birbirinden ayrıştırabilmek için, ileride değineceğimiz katma değer yöntemi geliştirilmiştir.
- *Parasal değer:* Bir mal ya da hizmetin parasal değeri, o mal ya da hizmetin birim fiyatı ile miktarının çarpılması sonucu elde edilir. Kısaca parasal değer, üretilen mal ve hizmetlerin satışından elde edilen toplam gelirdir. Bu noktada, parasal değer hesaplanırken hangi fiyatın kullanılacağı sorusu önem taşımakta ve karşımıza iki tür GSYH çıkmaktadır. Eğer üretildikleri yılın yani cari yılın fiyatları (cari fiyat) ile mal ve hizmetlerin piyasa değeri hesaplanırsa buna nominal GSYH adı verilir. Üretildikleri yılın değil de belirlenmiş bir baz (temel) yılın fiyatları (sabit fiyat) ile parasal değer hesaplanır ise buna da reel GSYH denilmektedir. Aralarındaki fark, hangi yılın fiyatlarının baz alındığında yatmaktadır. Nominal GSYH'de o yılki fiyat artışları hasıla hesabına dahil edildiğinden gerçek piyasa değerini yansıtmayabilir. Oysa baz fiyatlarla her yılın üretim miktarı çarpıldığında, yani reel GSYH hesabında ise fiyatlar sabit tutulduğundan, fiyat hareketleri etkisinden arındırılmış daha gerçek bir hasılaya ulaşılmaktadır. Ülkelerin karşılaştırılması yapılırken dikkate alınan GSYH göstergesinin aynı yöntemle parasal değerinin (cari/nominal ya da sabit/reel) hesaplanmış olması gerekmektedir. Çünkü parasal değerler hesaplanırken mal ve hiz-

met fiyatları farklı şekilde elde edilirse, hesaplanan bu değerler ile ülkelerin karşılaştırılmasının yapılması doğru analizden uzaklaştırır. Örneğin GSYH'yi A ülkesi cari/nominal fiyatlar ile hesaplarken, B ülkesi sabit/reel fiyatlar ile hesaplıyorsa, bu iki ülkenin dolar ile ortaya konulan rakamlarının karşılaştırılması yapılamaz, yapılır ise bizleri doğru analizden uzaklaştırır. Bundan dolayı ülkelerin parasal değeri hesaplarken hangi fiyatları kullandığı önem arz etmektedir.

Gayri Safi Milli Hâsıla (GSMH)

Yukarıdaki GSYH tanımında yapacağımız küçük bir değişiklikle GSMH'yi tanımlamamız mümkündür. Şöyle ki; GSMH, belirli bir dönemde, ülke vatandaşları tarafından üretilen nihai mal ve hizmetlerin parasal değerlerinin toplamıdır. Tanımdan anlaşılacağı üzere, artık ulusal sınırların bir önemi kalmamış, milli geliri belirlemede ülke vatandaşlık* durumu kriter haline gelmiştir. Başka bir ifade ile millilik GSMH'yi belirleyen unsurdur. Dolayısıyla GSMH hesabında, ülke içinde yabancılar tarafından üretilen nihai mal ve hizmetlerin değeri yer almazken, ülke dışında o ülke vatandaşları tarafından üretilen ya da üretimine katkı yapılan değerler dikkate alınır.

Fakat yabancıların yurtiçinde, ülke vatandaşların ise yurt dışında üretime yaptıkları net katkıları hesaplamak mümkün değildir. Bu nedenle, üretime katılmaları sonucu elde ettikleri ve vatandaşı oldukları ülkeye gönderdikleri faktör gelirleri dikkate alınarak GSMH hesaplanır. Yurtdışında yaşayan ülke vatandaşları tarafından ülkeye gönderilen faktör gelirlerinden, yurtiçinde yaşayan yabancılar tarafından diğer ülkelere gönderilen

---

* Türkiye'de yabancılar iki şekilde vatandaşlık kazanabilir. *Doğumla;* Türkiye'de doğan ancak yabancı ana ve babasından dolayı doğumla herhangi bir ülkenin vatandaşlığını kazanamayan çocuk ile anne babası tespit edilemeyen bulunmuş çocuk doğumdan itibaren Türk vatandaşıdır. *Sonradan;* Yetkili Makam kararı, istisnai durum, evlenme, evlat edinme ve seçme hakkı kullanılarak kazanılan Türk vatandaşlığıdır. Türkiye'de kesintisiz beş yıl ikamet eden, ergin ve ayırt etme gücüne sahip her yabancı, Türkiye'de yerleşmeye karar verdiğini davranışları ile teyit etmesi, genel sağlık bakımından tehlike teşkil eden bir hastalığı bulunmaması, yeteri kadar Türkçe konuşabilmesi, kendisinin ve bakmakla yükümlü olduğu kimselerin geçimini sağlayacak gelire ya da mesleğe sahip olması, millî güvenlik ve kamu düzeni bakımından engel teşkil edecek bir hali bulunmaması gibi şartları taşıması halinde yetkili makam kararı ile Türk vatandaşlığına geçmek için başvuru yapabilir. Bunun dışında en az 500.000 Amerikan Doları tutarında sabit sermaye yatırımı gerçekleştirenler, en az 250,000 Amerikan doları tutarında taşınmazı tapu kayıtlarına üç yıl satılmaması şerhi koyulmak şartıyla satın alanlar ya da en az 1.000.000 Amerikan Doları tutarında mevduatı üç yıl tutma şartıyla Türkiye'de faaliyet gösteren bankalara yatıranlar, vb. ülke vatandaşı sayılırlar.

faktör gelirleri çıkartıldığında, ele alınan ülkenin net faktör gelirlerine ulaşılmış olur.

Bu bilgiler ışığında GSMH'ye şu formül ile ulaşılır:

GSMH = GSYH + [Dışarıdan Gelen Faktör Gelirleri (DGFG) – Dışarıya Çıkan Faktör Gelirleri (DÇFG)]

Parantez içerisindeki işlemi sonuçlandırdığımızda ise

$$GSMH = GSYH \pm Net\ Dış\ Faktör\ Gelirleri\ (NDFG)$$

formülüne ulaşırız. Buradan şu sonuçları elde edilir.

$$DGFG = DÇFD\ ise\ GSMH = GSYH\ (a)$$

$$DGFG > DÇFG\ ise\ GSMH > GSYH\ (b)$$

$$DGFG < DÇFG\ ise\ GSMH < GSYH\ (c)$$

(a) A ülkesinin yurt dışında olan ülke vatandaşlarının ülkeye getirdikleri faktör gelirleri ile A ülkesi sınırları içerisinde yer alan yabancıların yurt dışına çıkardığı faktör gelirleri eşit olduğunda GSMH ile GSYH da birbirine eşit olacaktır. Ancak böyle bir eşitlik ile karşılaşılması ihtimali oldukça düşüktür. Çünkü ülkelerin sahip olduğu faktör miktarlarının, faktör yoğunluklarının ya da ülkelerin sosyo-ekonomik yapılarının farklılığı gibi pek çok etken bulunmaktadır.

(b) Formülde net dış faktör gelirlerinin artı ya da eksi olabilmesi, ülkeye gelen ve ülkeden çıkan faktör gelirlerinin büyüklüklerine bağlıdır. Dışarıdan ülkeye gelen faktör gelirleri, ülkeden dışarıya çıkan faktör gelirlerinden büyükse, net dış faktör gelirleri pozitif olmakta ve bu nedenle GSMH, GSYH'den büyük olmaktadır. Böyle bir durum ile genellikle ülke vatandaşlarının yurt dışındaki ekonomik faaliyetleri fazla olan ülkelerde karşılaşılır.

(c) Tam tersi durumda ise, yani dışarıdan gelen faktör gelirleri, dışarıya çıkan faktör gelirlerinden küçükse, net dış faktör gelirleri bu sefer negatif olmakta ve sonuç olarak GSMH, GSYH'den daha küçük çıkmaktadır.

Ayrıca iktisat literatüründe ekonomideki net ihracat dediğimiz ihracat ile ithalat arasındaki fark ile net dış faktör gelirleri toplamı cari hesaba (CH) eşit olmaktadır (Ünsal; 2017:61). Kısacası (X-M) + NDFG = CH şeklinde ifade edilebilmektedir. Bu bağlamda cari işlemler dengesi açık veren ülkelerde GSMH değeri GSYH değerinden daha az olmaktadır.

Sonuç olarak, *GSYH'de üretimin nerede yapıldığı, GSMH'de ise kim tarafından yapıldığı önem taşımaktadır.* Bu göstergenin hangisinin kullanılacağı ülkelerin tercihlerine bırakılmıştır. Bazı ülkeler GSMH'yi kullanırken bazıları ise GSYH'yi kullanmaktadır. Genellikle yarattıkları katma değerleri küresel ekonomiye yayılmış olan ülkeler, yani uluslararası yatırımları fazla olan ülkeler GSMH'yi tercih ederken, diğer ülkeler GSYH göstergesini kullanmaktadır. Çünkü yurtiçindeki yabancı firmaların yarattığı katma değerin fazlalığı GSYH'nin daha yüksek olmasına izin vermektedir. Ayrıca yüksek düzeyde dış borca sahip ülkelerin ödediği aşırı düzeydeki faktör ödemeleri (faiz) durumu da GSYH'nin, GSMH'den daha fazla olmasına sebep olmaktadır. *Bu yüzden Türkiye 2006 yılına kadar GSMH göstergesini kullanırken; 2007 yılı ve sonrasında hem yurt içindeki yabancı firmaların yarattığı katma değerin önemli boyutlara ulaşması hem de ülkelerarası faktör hareketlerindeki artış nedeniyle hesaplamanın giderek karmaşıklaşması üzerine GSYH serilerini kullanmaya başlamıştır.* Aslında yukarıdaki GSMH formülüne göre şunu söylemek hatalı olmayacaktır. Eğer GSMH kullanılıyor olsa idi; 2007 yılı ve sonrasında Türkiye'deki yabancıların yurtdışına çıkardıkları faktör gelirlerindeki artıştan dolayı daha düşük bir milli gelir elde edilecekti. GSYH'den daha düşük GSMH ise, pek çok makroekonomik göstergenin ifade edilmesinde kullanıldığı için, etkileşim içinde olunan makroekonomik göstergelerin tamamı da düşük çıkacak ve ülke ekonomik gelişimi sayısal anlamda olumsuz etkilenecekti.

Türkiye'de milli gelir tahmini ilk kez 1929 yılında yapılmıştır. Bu yıldan sonra 1940 yılında 1927-1936 yılları tahmini, 1947 yılında 1942, 1944-1953 yılları tahminleri ve 1961-1972 yıllarında Devlet Planlama Teşkilatı (DPT) tarafından milli gelir ve büyüme tahminleri yapılmıştır. Türkiye'de, 1972 yılından itibaren BM'nin ortaya koyduğu SNA 68'e göre milli gelir tahminleri yayımlanmaya başlamıştır. 1980 yılından itibaren yıllık GSMH tahminlerinin üretilmesi üç, altı, dokuz ve on iki aylık veriler ile 1985 yılından itibaren ise GSMH tahminlerinin ilki, yılın ilk altı aylık verilerine, ikincisi dokuz aylık verilere ve üçüncüsü de on iki aylık verilere dayanılarak yapılmasına karar verilmiştir. 1993 yılında ise Türkiye, milli gelir tahminlerinde 1987 bazlı dönemlik seriyi kullanmaya başlamıştır. Türkiye'de 2006 yılına kadar milli gelir göstergesi olarak GSMH değeri esas alınmasına karşılık, sonrasında GSYH kavramı esas alındığı için bundan sonraki anlatımların tamamında bu kavram kullanılacaktır.

2. Milli Gelir Hesaplama Yöntemleri

Her ülke GSYH'yi hesaplamada güçlükler ile karşı karşıyadır. Çünkü söz konusu mal ve hizmetlerin tanımlanması, değerlerinin ölçülmesi, neyin ne kadar üretilip, hangi fiyatta satıldığının tespiti, mal ve hizmetlerin üretiminde kullanılan ara malların değerinin ölçülmesi zordur. Ancak böyle zorluklar içermesine rağmen ülkeler, milli geliri doğruya yakın tahmin edebilmek için birden fazla (gelir yöntemi, harcama yöntemi ve üretim yöntemi) yöntem kullanırlar. Her ne kadar üç çeşit yöntem ile hesaplansa da genellikle GSYH tahminlerinde kullanılan temel yöntem üretim yöntemidir. Diğer yöntemler ise üretim yöntemine göre dengelenmekte ve eşit hale getirilmektedir. Bu nedenle milli gelir hesaplama yöntemlerinden elde edilen sonuçlar birbirine mutlak düzeyde eşit olmamakta, bilakis eşit olduğu varsayılmaktadır. Başka bir ifade ile üç yöntemle hesaplanan milli gelir değerleri mutlak olarak birbirine eşit değildir. Bu duruma yol açan nedenler;

- Verilerin bulunamadığı ya da eksik kaldığı yerlerde ekonomik faaliyetlerin bir kısmının tahminler yapılarak dâhil edilmesi,
- Verilerin oluşturulmasında anketlerin yanısıra işletmelerden, kurum ve kuruluşlardan gelen idari kayıtlar, sayımlar ve mal akımlarının kullanılması,
- Ülkede kayıt dışı, yasa dışı vb. ekonomik faaliyetlerin olmasıdır.

Her ne kadar farklı kaynaklardan elde edilen veriler karşılaştırılarak hata oranı en aza indirilmeye çalışılsa da GSYH ile yüzde yüz doğru bir ölçüm yapılamayacağını söyleyebiliriz. Ancak elde edilen verilerin titizlikle değerlendirilip hata oranının en aza indirilmesi sonucu hesaplama yapılmaktadır. Üç çeşit milli gelir hesaplamasının temelinde de üretilen mal ve hizmetlerin miktar ve fiyatları söz konusu olduğu için, parasal değer ifade edilmektedir. Bu parasal değerin toplamı ekonomi bilimindeki karşılığı ise GSYH şeklinde adlandırılmaktadır. GSYH ister cari ister sabit fiyatlarla hesaplansın, bu hesaplamalarda üç fiyat seti temel alınır. Bunlar; temel fiyatlar, üretici fiyatları ve alıcı fiyatlarıdır (Özsoy, 2019):

- *Temel fiyat:* Üretilen malların maliyet fiyatı demektir. Bu fiyata sübvansiyonlar dahildir.
- *Üretici fiyatı:* Üretilen malların temel fiyatlarına, ürün üzerindeki vergi eksi sübvansiyonların ilave edilmesiyle bulunan fiyatlardır. Malların üretildikleri yerdeki fiyatını yansıtır.

- *Alıcı fiyatı:* Tüketicilerin piyasada karşılaştıkları fiyatlardır. Bu fiyatlar, üretici fiyatlarına ticaret ve ulaştırma marjlarının ilave edilmesiyle bulunur.

Bu üç tür fiyat seti dikkate alınarak GSYH hesaplama yöntemleri şu şekildedir:

Üretim Yöntemi

Bir ekonomide, genellikle bir yılda üretilen tüm nihai mal ve hizmetlerin piyasa değerleri toplamı, bize üretim yöntemi ile GSYH'yi verir. Bir nihai mal ya da hizmetin piyasa değerini bulmak için, o mal ya da hizmetin üretim miktarı ile piyasa fiyatı çarpılır. Ekonomide üretilen tüm nihai mal ve hizmetler için bu işlem yapılıp, hepsinin piyasa değerleri toplandığında ise ülke GSYH'si elde edilmiş olur.

Daha önce açıkladığımız gibi piyasa değeri hesaplanan mallar nihai mallardır. Hangi malın nihai, hangi malın ara mal olduğunu belirlemek güç olabileceğinden, her malın her bir üretim aşamasında yarattığı katma değerlerin (ilavelerin) toplanması da ikinci bir üretim yöntemi olarak karşımıza çıkmaktadır. Bu nedenle üretim yöntemine katma değer yöntemi de denilebilir.

TÜİK, hasıla hesabında üretim yöntemini esas almaktadır. Avrupa standart sınıflaması olan NACE Rev. 2* sınıflaması içerisindeki 20 ekonomik faaliyet kolunun ayrı ayrı üretim değerleri hesaplandıktan sonra, bu 20 sektörün toplamı alınmaktadır. Başka bir ifade ile üretim yöntemine göre hesaplanan milli gelir başlıca tarım, sanayi ve hizmetler sektörleri olarak ele alınmaktadır. Bu sektörler içinde alt sektörler NACE Rev. 2 sınıflandırma ile yapılmaktadır. Buna göre alt sektörler itibari ile kodlar aşağıdaki gibidir.

* NACE, ekonomik faaliyetlerin Avrupa standartlarında istatistiki sınıflandırmasını ifade etmek için kullanılan kısaltmalardır. 1990 yılından itibaren NACE Rev. 1.olarak ifade edilmekte iken, 2002 yılından itibaren NACE Rev. 2 versiyonu kabul edildi.

Tablo 1: NACE Rev. 2 Kodu Sınıflandırması

SEKTÖR	KOD	TANIM
TARIM	A	Tarım, ormancılık ve madencilik
SANAYİ	B	Madencilik ve taş ocakçılığı
	C	İmalat
	D	Elektrik, gaz, buhar ve iklimlendirme üretimi ve dağıtımı
	E	Su temini, kanalizasyon, atık yönetimi ve iyileştirme faaliyetleri
	F	İnşaat
HİZMETLER	G	Toptan ve perakende ticaret, motorlu kara taşıtlarının ve motosikletlerin onarımı
	H	Ulaştırma ve depolama
	I	Konaklama ve yiyecek hizmeti faaliyetleri
	J	Bilgi ve iletişim
	K	Finans ve sigorta faaliyetleri
	L	Gayrimenkul faaliyetleri
	M	Mesleki, bilimsel ve teknik faaliyetler
	N	İdari ve destek hizmet faaliyetleri
	O	Kamu yönetimi ve savunma; zorunlu sosyal güvenlik
	P	Eğitim
	Q	İnsan sağlığı ve sosyal hizmet faaliyetleri
	R	Kültür, sanat, eğlence, dinlence ve spor
	S	Diğer hizmet faaliyetleri
	T	Hanehalklarının işverenler olarak faaliyetleri; hanehalkları tarafından kendi kullanımlarına yönelik olarak ayrım yapılmamış mal ve hizmet üretim faaliyetleri

Kaynak: TÜİK

NACE Rev. 2 kodu kullanılarak elde edilen tarım, sanayi ve hizmetlere ait genel sektörlerin toplamı belirlenir. Üretim yöntemi ile hesaplamada, bu sektörlerin yarattığı toplam katma değer esas alınmaktadır. Sektörlere ait bu katma değerlerin toplamına *Gayri Safi Katma Değer (GSKD)* denmektedir. GSKD, ekonomik birimlerin belli bir dönem içinde ekonomik faaliyetleri sonucunda ürettikleri mal/hizmetlerin (çıktı) değerinden, bu üretimde bulunabilmek için kullandıkları mal/hizmetler (ara tüketim) değerinin çıkarılması sonucu elde edilmektedir. Ardından mal ve hizmetler üzerindeki vergilerden sübvansiyonların çıkarılması ile alıcı fiyatları ile GSYH'ye ulaşılır. *Alıcı fiyatı*, bu mal ve hizmetleri satın alanların gerçekte ödedikleri fiyatlardır (Erdoğan, 6: 2018). Başka bir ifadeyle GSYH; GSKD ile dolaylı vergiler ve sübvansiyonlar arasındaki farktan ortaya çıkan net verginin toplamıdır.

GSYH = GSKD + (Dolaylı Vergiler – Sübvansiyonlar)

Üretim yöntemi ile elde edilen GSYH'ye yukarıda açıkladığımız şekilde NDFG eklendiğinde (negatif ise çıkarıldığında), üretim yöntemi ile GSMH'ye ulaşmış oluruz.

Tablo 2: Türkiye'de Zincirleme Hacim Endeksi İle İktisadi Faaliyet Kollarına Göre Milli Gelir (Bin TL)

	Tarım, Ormancılık ve Balıkçılık	**Sanayi**	**İnşaat**	**Hizmetler**	**Vergi - Sübvansiyon**	**GSYH**
2017	106262848 (6,2)	341814205 (20,0)	128318671 (7,5)	936130493 (54,9)	196340450 (11,5)	1705666209
2018	108504357 (6,2)	346412663 (19,7)	125895925 (7,2)	980849196 (55,9)	196818838 (11,2)	1756136304
2019	112560772 (6,4)	343091976 (19,4)	115043508 (6,5)	1008770018 (56,9)	196607712 (11,1)	1772231904

Kaynak: TÜİK ( ) GSYH İçindeki Yüzde Payı

Harcama Yöntemi

Bir ekonomide, genellikle bir yılda, tüm aktörler (bireyler, firmalar, devlet ve dış alem) tarafından çeşitli mal ve hizmetlere yönelik olarak yapılan harcamaların toplanması ile GSYH elde edilebilir. Harcama yöntemi ile GSYH şu şekilde formüle edilmektedir:

$$GSYH = C + I + G + NX$$

Hanehalklarının özel tüketim harcaması (C): Yurtiçinde ikamet eden ekonomik birimlerin tüketim amacı ile satın almış oldukları dayanıklı mal, dayanıksız mal ve hizmet alımlarını kapsar.

Firmaların yatırım harcaması (I): Gayri safi olarak hesaplanan yatırım harcaması, kısaca sermayeye yapılan ilaveler olarak adlandırılır. *Gayri safi yatırım harcamaları*, gayri safi sermaye oluşumu (GSSO) ile stoklardaki değişmelerin toplamından meydana gelmektedir. GSSO içerisinde özel kesimin satın almış olduğu konut alımları ile birlikte firmaların yapmış oldukları makine, fabrika, teçhizat alımlarının yanı sıra devletin yapmış olduğu yol, baraj gibi altyapı yatırımları da bulunmaktadır. Ayrıca GSSO içerisinde sermayeyi yenilemek için yapılan amortismanlar da söz konusudur (Yalta v.d., 2019:54-55).

$$I = Gayri\ Safi\ Sermaye\ Oluşumu + Stoklardaki\ değişme$$

$$GSSO = Konut\ yatırımı + Konut\ Dışı\ Yatırımlar + Amortismanlar$$

$$Net\ Yatırım\ Harcaması = GSSO - Amortismanlar$$

Kamu harcaması (G): Devletin yükümlülüklerini yerine getirebilmesi için yapmış olduğu mal ve hizmet alımlarıdır.

Net ihracat harcaması (NX): Ekonomik birimlerin diğer ülkelere ihraç ettiği ürünlerin değeri (X) ile diğer ülkelerden ithal ettiği ürünlerin değeri (M) arasındaki (X-M) farktır. Başka bir ifade ile yurtiçine yönelik harcamalardan yurtdışına yönelik harcamaları düşmek gerekmektedir. İhracatın ithalatı aşması sonucu NX pozitif çıkar (dış ticaret fazlası) ve bu GSYH'yi arttırıcı etki doğurur. Tersine ithalat ihracattan büyükse NX negatif olacağı için (dış ticaret açığı) bu durum ise GSYH'yi küçültücü etkide bulunur.

Sonuç olarak, harcama yöntemi ile GSYH= C + I +G +(X-M) şeklinde ifade edilen milli gelir bir eşitlik değil, *özdeşliktir*. Yani eşitliğin sol tarafı ile sağ tarafı birbirine eşit olmak zorunda değildir. Eşitliğin sol tarafı ekonomide elde edilen gelirleri (Y), sağ tarafında ise yapılan toplam harcamaları (AE) yani nihai satışları göstermektedir. Bu noktada karşımıza üç olasılık çıkmaktadır.

$$Y = AE\ ise\ I_S = 0$$

Gelir ile harcamaların birbirine eşit olması stoklardaki değişmenin (I_S) olmadığı anlamına gelmektedir. Bu bağlamda; ekonomideki milli gelir, nihai satışlar ile stoklardaki değişmenin toplamına eşittir.

$$Y > AE\ ise\ I_S > 0$$

Toplam harcamalardaki talebe bağlı olarak, firmalar daha fazla mal ve hizmet üretip, satın alır ve halihazırda bekletmeyi tercih eder.

$$Y < AE\ ise\ I_S < 0$$

Toplam harcamaların nispeten daraldığı zamanlarda, firmalar yeni üretim yapmaktan kaçınıp daha önce ürettikleri halihazırdaki ürünleri satışa çıkarır.

Bu ifadelere bağlı olarak harcama yöntemi ile milli gelirin hesaplanması şu şekilde formüle edilebilir:

$$Y = C + I + G + NX \pm \Delta I_S$$

Tablo 3: Türkiye'de Zincirleme Hacim Endeksi ile Harcama Yöntemine Göre Milli Gelir (Bin TL)

	Özel Tüketim Harcaması	Devlet Harcaması	Gayrisafi Sabit Sermaye Oluşumu	Mal ve Hizmet İhracatı	(Eksi) Mal ve Hizmet İthalatı	Stoklar	GSYH (Bin TL)
2017	1020184218 (59,8)	230470301 (13,5)	503012610 (29,5)	396305466 (23,2)	415286522 (24,3)	-29019864 (-1,7)	1705666209
2018	1025548458 (58,4)	245566212 (14,0)	501610879 (28,6)	431905703 (24,6)	388804991 (22,1)	-59689957 (-3,4)	1756136304
2019	1041504791 (58,8)	256404946 (14,5)	439377082 (24,8)	452871428 (25,6)	368081309 (20,8)	-49845034 (-2,8)	1772231904

Kaynak: TÜİK, ( ) GSYH İçindeki Yüzde Payı

Gelir Yöntemi

Bir ekonomide, genellikle bir yılda, üretime katılan faktörlerin, üretime katılmaları sonucu elde ettikleri faktör gelirlerinin toplanmasını ifade eden gelir yöntemi ile de GSYH hesaplanabilir. Dolayısıyla üretime katılmayan faktörlerin elde ettiği gelirler (örneğin emekli maaşları) bu hesaplamada dikkate alınmaz. Gelir yöntemine göre milli gelir hesaplamasında, üretim faktörlerinden elde edilen faiz, rant, kar ve ücret/maaş değerleri esas alınmaktadır. Bu değerlerden GSYH şu şekilde elde edilir:

GSYH = Ücret/Maaş + Faiz + Rant + Kar + (Dolaylı Vergiler – Sübvansiyonlar) + Amortismanlar

Takip edilen istatistiki hesaplamalarda ise gelir yöntemine göre GSYH hesaplaması şu şekilde olmaktadır:

GSYH = İşgücüne Yapılan Ödemeler + Net İşletme Artığı + Sabit Sermaye Tüketimi + (Üretim Üzerindeki Vergiler – Sübvansiyonlar) + (Dolaylı Vergiler – Sübvansiyonlar)

İşgücüne yapılan ödemeler, üretim esnasında emeğe yapılan ücret ve maaş ödemelerini kapsamaktadır. *Net işletme artığı* üretim esnasında sermaye ve toprak sahiplerinin elde ettiği faiz, kar ve rant gelirlerin toplamına eşittir. Faiz, rant ve kar toplamı net işletme artığı olarak ifade edilirken, bu değere üretim esnasında makine ve teçhizatların yenilenmesi için yapılan yıpranma paylarını ifade eden sabit sermaye tüketimi ilave edilmesi durumunda brüt işletme artığı elde edilmektedir. Yine bu yönteme göre işgücüne yapılan ödemeler, brüt işletme artığı ile üretim üzerindeki (vergiler – sübvansiyonlar) toplamı GSKD olarak ifade edilmektedir. Bu duruma bağlı olarak üretim yöntemi ile gelir yöntemine göre hesaplanan milli gelir düzeyi için ortak noktanın GSKD olduğu görülmektedir. Dolaylı vergilerin eklenmesinin sebebi, bu vergilerin mal ve hizmet üzerinde yer alması fakat gelir ödemeleri içerisinde yer almamasıdır. Bu farklılığı ortadan kaldırmak için dolaylı vergiler gelirlere ilave edilir. Kısacası sektörlerin yarattığı toplam katma değer ile faktörlerden elde edilen gelirler ile amortisman ve üretilen mal ve hizmet değerine bakılmaksızın devletin aldığı vergiler ile devletin üretim yapma karşılığında verdiği sübvansiyonlar arasındaki farkın toplamına eşit olmaktadır (Yalta; 2020:51-52).

Tablo 4: Türkiye'de Cari Fiyatlar ile Gelir Yöntemine Göre Milli Gelir (Bin TL)

	2017	**2018**	**2019**
Gayrisafi Yurtiçi Hasıla (Cari) (Bin TL)	3110650155	3724387936	4280381145
Ürün Üzerindeki Vergi Eksi Sübvansiyon (Dolaylı Vergiler - Sübvansiyonlar)	353894906 (11,4)	389174707 (10,4)	426105636 (10)
İşgücüne Yapılan Ödemeler (A)	946978372 (30,4)	1128955645 (30,3)	1354039259 (31,6)
Üretim Üzerindeki Net Vergiler (B) (Vergiler – Sübvansiyonlar)	-24900410 (-0,8)	-24897262 (-0,7)	-35683394 (-0,8)
Sabit Sermaye Tüketimi (C)	472155653 (15,2)	607495417 (16,3)	725280272 (16,9)
İşletme Artığı/Karma Gelir; Net (D)	1362521634 (43,8)	1623659429 (43,6)	1810639372 (42,3)
İşletme Artığı/ Karma Gelir; Brüt (C+D)	1834677287 (59,0)	2231154846 (59,9)	2535919644 (59,2)
Gayrisafi Katma Değer (A+B+C+D)	2756755249	3335213229	3854274509

Kaynak: TÜİK, ( ) GSYH İçindeki Pay

Ele aldığımız bu üç yöntem de TÜİK tarafından kullanılmakla birlikte, temel yöntem olarak üretim yöntemi esas alınmaktadır. GSYH, fiyatlar genel düzeyindeki artışlar ile birlikte o günün piyasa fiyatları kullanılarak ölçüldüğünde nominal GSYH (cari fiyatlarla GSYH); fiyat artışlarını barındırmadan yani belli bir referans yılın fiyatları kullanarak ölçüldüğünde reel GSYH (sabit fiyatlı) olarak adlandırılır. 2016 yılı öncesindeki eski hesaplama yöntemlerinde belli bir dönemin fiyatlarının baz alındığı (örneğin 1998, 1987 vb.) reel GSYH yaygın olarak kullanılmaktaydı. Ancak 2016 yılı üçüncü çeyrek dönemi ile birlikte yeni GSYH serisi *"zincirleme hacim endeksi"* kullanılarak hesaplanmaktadır. Zincirleme hacim endeksiyle hesaplanan GSYH, cari yıldaki (t) her bir döneme ait fiyatlar için bir önceki yılın (t-1) ağırlıklandırılmış ortalama fiyat düzeyiyle yapılan hesaplamalar sonucu ortaya çıkmaktadır. Yeni hesaplama yöntemi ile baz yılı bir önceki yıla ait fiyatlar (t-1) olmasına karşılık, referans yılı ise 2009 yılıdır. Kısacası zincirleme hacim endeksi ile hesaplanan GSYH'de, endeks değerinin 100 kabul edildiği bir referans yıl belirlenmekte (2009) ve hesaplanan yıldan bir önceki yılın ortalama fiyatları kullanılarak GSYH reel olarak hesaplanmaktadır.

P: fiyat, Q: miktar, n: mal ve hizmet sayısı olmak üzere, GSYH şu şekilde hesaplanmaktadır:

$$\textit{Cari Fiyat Düzeyi ile} = \sum_{i=1}^{n} (P_{i(ilgili\ Dönem)} * Q_{i(ilgili\ Dönem)})$$

$$\textit{Sabit Fiyatlar ile} = \sum_{i=1}^{n} (P_{i(Baz\ Dönem)} * Q_{i(ilgili\ Dönem)})$$

Özetle, hangi türden hesaplama yapılırsa yapılsın milli geliri ortaya koyan temelde iki ölçüm gereklidir. Bu ölçümlerin ilki milli gelirin hesaplanacağı dönemi ifade eden *nominal,* ikincisi ise belli bir dönemi esas alan *reel* dediğimiz ölçümdür. *Cari fiyatlar ile hesaplamada o döneme ait fiyatların geçerli olduğu tek bir yöntem olmakla birlikte, reel geliri hesaplamada birden fazla yöntem söz konusu olmaktadır.* Döneme ait üretilen mal ve hizmetlerin fiyatları ile üretim miktarlarından yola çıkarak hesaplanan milli gelir nominal olarak ifade edilmektedir. Aynı zamanda bu tür hesaplamalar ekonomide *"Cari Fiyat Düzeyi ile Milli Gelir"* olarak adlandırılmaktadır.

Reel geliri hesaplamada kullanılan yöntemler ülkeler açısından tamamen tercih meselesidir. Reel olarak hesaplanan gelire ait yöntemler *sabit fiyat ve zincirlenmiş hacim endeksi* olmak üzere ikiye ayrılmaktadır. Belli bir dönemin fiyatlarının esas alınması sonucu elde edilen milli gelir reel olarak ifade edilmektedir. Belli bir dönemin fiyatları ile yapılan bu hesaplamaya ise *"Sabit Fiyat Düzeyi ile Milli Gelir"* denmektedir. Sabit fiyatlar ile yapılacak hesaplamada esas alınan dönem *"Baz Dönem"* olarak adlandırılmaktadır. Bu şekilde yapılan hesaplama ile, fiyatlar sabit tutularak, ülkenin üretim artışının ortaya konması amaçlanmaktadır. Sabit fiyatlar ile ölçülen milli gelirin gerçek durumu yansıtması için baz dönemin dünyadaki gelişime bağlı olarak sürekli güncel tutulması gerekmektedir. Aksi takdirde özellikle günümüzde teknolojik ürünlerin fiyatlarının hızlı bir şekilde değişim göstermesi nedeniyle baz dönemdeki fiyatlar gerçeği yansıtmayabilmektedir.

Bu durumu ortadan kaldırmak ve fiyat düzeylerini sürekli güncel tutmak amacıyla *"Zincirleme Hacim Endeksi"* milli gelir hesaplama ölçümü geliştirilmiştir. Zincirleme hacim endeksi ile hesaplamada kullanılan üç zincirleme yöntemi bulunmaktadır. Birincisi, *önceki yıl ortalaması ile zincirleme;* ikincisi *önceki yılın son çeyrekliği ile zincirleme;* üçüncüsü ise *önceki yılın aynı çeyreği ile zincirlemedir.* Türkiye, zincirleme hacim endeksi ile tahmini GSYH hesaplanmasında *"önceki yılın yıl ortalaması ile zincirleme yöntemi"* ni tercih etmektedir. Bu zincirleme yöntemi ile çıkacak sonuçların daha tutarlı ve daha gerçekçi olduğu ifade edilmektedir (TÜİK). Bu ölçümde, milli gelirin hesaplanacağı dönem, baz olarak seçilen bir önceki döneme ait değer ile kıyaslanmaktadır. Özellikle fiyatlar genel düzeyi değişim hızı yüksek olan ülkelerde bir önceki yılın ya da dönemin fiyatlarının esas alınması, mal ve hizmet fiyatlarının güncelliğini koruyarak, GSYH tahmini değerini gerçek değerine yaklaştırmaktadır. Bundan dolayı zincirleme hacim endeksinde baz yıl, hesaplamanın yapıldığı yıldan bir önceki yıldır ve her yıl baz yılı değişmektedir. Ayrıca bu ölçümde ekonomik gelişimi ortaya koyabilmek amacıyla 100 rakamı temelinde bir endeks oluşturmak için belli döneme ihtiyaç duyulmaktadır. Endeks oluşturmak için esas alınan bu döneme *"referans dönem"* denmektedir. TÜİK en son revizyonunda Türkiye için 2009 yılını referans yıl olarak belirlemiştir.

Türkiye açısından ele aldığımızda, 2016 yılı Aralık ayına kadar milli gelir ölçümleri cari ve belli bir yılın fiyatlarının baz alındığı sabit fiyat düzeyleri ile olmaktaydı. Fakat bu dönem sonrasında milli gelir, 2009 yılının referans dönem olarak ele alındığı zincirleme hacim endeksi ile ölçülmeye başlanmıştır. Gerek sabit fiyatlar ile gerekse zincirleme endekse göre milli gelir hesaplaması; *ocak, şubat, mart (I. Çeyrek); nisan, mayıs, haziran (II. Çeyrek); temmuz, ağustos, eylül (III. Çeyrek) ve ekim, kasım, aralık (IV. Çeyrek)* dönemler olmak üzere yılda dört kez hesaplanmakta ve yıllık olarak raporlanmaktadır. Yalın halde çeyrek dönemler için ekonomik büyüme rakamları, aynı çeyrek dönemin bir önceki aynı çeyrek döneme göre yüzdesel değişim hızı ile ortaya konmaktadır. Birbirini takip eden çeyrek dönemler arasında mukayese yalın halde olmamaktadır. Çünkü bir verinin zaman serisi şeklinde verilmesi durumunda mevsimlere ya da aylara göre özel bazı etkiler barındırabilmektedir. Bu şekilde yıl içerisindeki periyodik verilere ait değerlerin inişli-çıkışlı ya da artan-azalan seyir göstermesine mevsimsel etki denmektedir. Zira yılın ilk aylarında kış mevsimi olduğu için özellikle tarım üretiminin yeteri miktarda olmaması, bahardan itibaren canlanması, yaz döneminde tarım üretiminin milli gelire destek vermesi ve sonbahar döneminde tarımsal üretim ile birlikte sanayi üretiminde meydana gelen artışlar her çeyrek dönemde büyümenin aynı olmayacağını göstermektedir. Bu sebeple mevsimsel etkiden arındırılmış ya da mevsim ve takvim etkisinden arındırılmış[1] veriler, birbirini takip eden bir önceki aya-döneme göre yapılacak kıyaslamalarda kullanılırken, sadece takvim etkisinden arındırılmış veriler ise bir önceki yılın aynı ayına ya da dönemine göre yapılacak kıyaslamalarda kullanılmaktadır.

Özetle veriler üzerindeki mevsimsel ve takvimsel etkiler, geçici nitelikte olduklarından verilerin genel eğiliminin gözlemlenmesini ve analiz edilmesini zorlaştırmaktadır. TÜİK'in cari fiyatlarla GSYH ile zincirlenmiş hacim endeksi hesaplamalarında mevsim etkisi bulunurken, aynı zamanda zincirlenmiş hacim endeks hesaplanmalarının bir kısmında ise takvim etkisi de bulunmaktadır. Bundan dolayı verileri analiz ederken, üç farklı şekilde ilan edilen "mevsim etkilerinden arındırılmış", "takvim etkisinden arındırılmış" ya da "mevsim ve takvim etkilerinden arındırılmış" verileri kullanmak gerekmektedir. Bunun için TÜİK, cari fiyatlar kullanarak harcama, üretim ve gelir yöntemine göre hesapladığı GSYH'de sadece mevsim etkisinden arındırarak verileri ilan ederken, zincirlenmiş hacim endeksi yardımıyla harcama ve üretim yöntemine göre hesaplanan GSYH verilerini ise hem mevsim hem de takvim etkilerinden arındırılmış şekilde ilan etmektedir.

---

1 Hesaplama içerisindeki verilerde yıldan yıla yinelenen ve yılın bazı ay/dönemlerinde oluşan periyodik artış ve azalışlar mevsimsel etki; ay/dönem/yıl içindeki takvim kompozisyonuna bağlı olarak ortaya çıkan etkiler takvim etkileri olarak adlandırılmaktadır. Bunun yanında mevsim ve takvim etkisinde arındırma ise; mevsim ve takvim etkilerinin istatistiksel yöntemler ile tahmin edilerek, eğer anlamlı sonuçlar elde edildi ise veriden ayrıştırılması işlemini ifade etmektedir.

Bununla birlikte, seriye her yeni gözlem ilave edildiğinde, mevsimsel düzeltme prosedürü gereği arındırılmış veriler, cari yıl ve önceki üç yıllık geçmiş veriye dönük revizyonların yapılması gerekmekte ve bu durum verilerin ilk açıklandığı dönemden farklılaşmasına neden olmaktadır. Ayrıca TÜİK, Türkiye'nin zincirleme hacim endeks hesaplama yöntemi ile ilgili verilerini geriye dönük olarak 1998 yılına kadar revize etmiştir.

Buraya kadar açıkladığımız yöntemlerle ilgili bir örnek vermek, aradaki farklılığı görmek için faydalı olacaktır.

Örnek: Basit bir ekonomide X, Y ve Z gibi üç malın üretildiğini varsayalım. Bu mallara ait bazı yıllardaki ortalama fiyat ve üretim düzeyleri aşağıdaki tabloda verilmiştir. Tabloda yer alan fiyat ve miktarlar birim olarak ifade edilmiştir. Ayrıca sabit fiyatlar için baz yıl 2016 yılıdır.

Tablo 5: X, Y ve Z Mallarının Hayali Üretim Miktarları ve Fiyatları

	X malı		**Y Malı**		**Z Malı**	
	Fiyat	**Miktar**	**Fiyat**	**Miktar**	**Fiyat**	**Miktar**
2016	10	100	5	500	50	20
2017	10	120	6	550	52	20
2018	11	130	6	600	50	25
2019	12	130	6	600	55	30

Bu bilgilere göre farklı GSYH hesapları şu şekildedir:

Çözüm:

Cari Fiyat Düzeyleri ile GSYH

2016 için = (10 x 100) + (5 x 500) + (50 x 20) = 1000 + 2500 + 1000 = 4500

2017 için = (10 x 120) + (6 x 550) + (52x20) = 1200 + 3300 + 1040 = 5540

2018 için = (11 x 130) + (6 x 600) + (50 x 25) = 1430 + 3600 + 1250 = 6280

2019 için = (12 x 130) + (6 x 600) + (55 x 30) = 1560 + 3600 + 1650 = 6810

2016 yılı Sabit Fiyat Düzeyi ile GSYH

2016 için = (10 x 100) + (5 x 500) + (50 x 20) = 1000 + 2500 + 1000 = 4500

2017 için = (10 x 120) + (5 x 550) + (50 x 20) = 1200 + 2750 + 1000 = 4950

2018 için = (10 x130) + (5 x 600) + (50 x 25) = 1300 + 3000 + 1250 = 5550

2019 için = (10 x 130) + (5 x 600) + (50 x 30) = 1300 + 3000 + 1500 = 5800

Zincirleme Hacim Endeksi ile GSYH (2017 yılı için 2016 fiyatları, 2018 yılı için 2017 yılı fiyatları ve 2019 yılı için 2018 yılı fiyatları kullanılmıştır)

2017 için = (10 x 120) + (5 x 550) + (50 x 20) = 1200 + 2750 + 1000 = 4950

2018 için = (10 x 130) + (6 x 600) + (52 x 25) = 1300 + 3600 + 1300 = 6200

2019 için = (11 x 130) + (6 x 600) + (50 x 30) = 1430 + 3600 + 1500 = 6530

Yukarıda basit bir ekonomi için yapılan GSYH düzeylerinin 2016, 2017, 2018 ve 2019 yılları için üç farklı ölçüm yöntemi ile hesaplanması verilmiştir. Reel anlamda ekonomik büyüme rakamlarının hesaplanması için özellikle fiyatlar genel düzeyinden arındırılmış ve sadece üretim artış düzeyinin esas alındığı düşünüldüğünde ya sabit fiyatlar ya da zincirlenmiş hacim endeksi ölçümlerinin kullanılması gerekmektedir.

3. Milli Gelir ile İlgili Diğer Kavramlar

Bu başlık altında safi yurtiçi hasıla, yurtiçi gelir, milli gelir, kişisel gelir ile harcanabilir gelir tanımlanacak ve bunların nasıl elde edildiği açıklanacaktır.

Safi Yurtiçi Hasıla (SYH)

GSYH kavramlarındaki gayri kelimesi çıkarıldığında safi yani net hasıla kavramına ulaşılmaktadır. Bunu yapmamızın sebebi, milli geliri hesaplayabilmek için net parasal değerlere ihtiyaç duyulmasıdır. GSYH içerisinde üretim sırasında kullanılan yatırım mallarının yıpranan kısımları da yer aldığından, bu kavramlar net gelire tekabül etmemektedir. Bu nedenle yatırım mallarının aşınma paylarına karşılık olarak ayrılan amortismanların toplam hasıladan çıkartılması gerekmekte, bu işlem yapıldığında SYH'ye ulaşılmaktadır. Şöyle ki;

$$SYH = GSYH - Amortismanlar$$

Bu formül aracılığı ile safi hasılaya ulaşıldığında milli gelir kavramına yaklaşılmış olunur. SYH, yıpranma dediğimiz amortismanları içermediği için elde dilen yatırımlar net yatırımlardır. Net yatırımların pozitif değer alması o dönemin sonuna ait stokların bir dönem öncesine göre artış gösterdiği anlamına gelmektedir. Bu durum ekonomide bir genişleme olduğunu gösterir (Ünsal, 62:2017). Ekonomik büyüklüklerde çok fazla kullanılmayan SYH değeri, genellikle çevre ekonomisi alanı ile birlikte sürdürülebilirlik ve refah göstergesi bağlamında kullanılmaktadır (Yalta v.d., 2019:58).

Yurtiçi Gelir (YG)

SYH'den milli gelire ulaşmak için öncelikle YG'yi bilmek gereklidir. YG, ülke sınırları içerisinde üretilen nihai mal ve hizmetler sonucu üretim faktörlerine yapılan (ücret/maaş, faiz, rant ve kar) ödemeler toplamına eşittir. Hasıla tanımlarında yer alan piyasa değeri hesaplanırken, nihai mal ve hizmet fiyatlarına ihtiyaç duyduğumuzu yukarıda belirtmiştik. İşte bu fiyatlar içerisinde saklı olan çeşitli unsurlar vardır ki bunlar üretim değeri üzerine eklenen ve aslında yaratılan bir katma değer olmayıp, devletin kasasına giden kısımdır. Katma Değer Vergisi (KDV) ve Özel Tüketim Vergisi (ÖTV) gibi dolaylı vergiler dediğimiz doğrudan üretim ile alakası olmayan ve nihai tüketicilerin mal ve hizmet fiyatı içerisinde ödediği bu unsurların SYH'den düşülmesi ile YG'ye ulaşırız.

$$YG = \text{Emek Gelirleri (Ücret/Maaş)} + \text{Sermaye Gelirleri (Faiz, Rant, Kar)}$$

$$YG = SYH - \text{Dolaylı Vergiler}$$

Bu şekilde daha gerçek bir gelir kavramına ulaşılmıştır. Şimdi YG'yi kullanarak milli geliri elde edebiliriz.

Milli Gelir (MG)

MG'ye ulaşmak için YG'den NDFG'nin çıkarılması gerekmektedir.

$$MG = YG \pm NDFG$$

Daha önce açıklandığı gibi, NDFG değerinin pozitif olması durumunda ülkeye ait GSMH değerinin GSYH değerinden büyük olması dolayısıyla MG YG'den daha büyük olur. Buna karşılık NDFG'nin negatif işaretli olması ise ülkeye ait GSYH değerinin GSMH değerinden büyük olmasına ve sonuç olarak YG'nin MG'den büyük olması anlamına gelmektedir.

Bu şekilde MG'ye ulaştıktan sonra şimdi ilişkili olan diğer kavramları inceleyebiliriz.

Kişisel Gelir (KG)

Üretilen milli gelirin bir kısmı vatandaşların gelirini oluştururken, bir kısmı vatandaşların eline geçmez. Benzer şekilde üretim payları dışında bir üretim karşılığı olmadan elde edilen gelirler de bulunmaktadır. İşte bu tür gider ve gelirlerin hesaba dahil edilmesi ile şahsi gelir de denilen kişisel gelir elde edilir. KG'ye MG'den hareketle şu şekilde ulaşılır:

$$KG = MG + (Transfer\ Harcamaları + Sübvansiyonlar + Kamu\ Borçlanma\ Faizleri) - (Kurumlar\ Vergisi + Şirketlerin\ Dağıtılmayan\ Kârları + Sosyal\ Kesenekler)$$

Topluca transfer ödemeleri diyebileceğimiz transfer harcamaları (sosyal yardımlar, öğrenci bursları, işsizlik maaşı, yetim aylığı, vb. gibi sosyal amaçlarla yapılan ödemeler), sübvansiyonlar (farklı iş kollarına üretimi ya da ihracatı arttırmak gibi ekonomik amaçlarla verilen desteklemeler) ve kamu borçlanma faizleri (devletin borçlanma kağıtlarını satın alan gerçek ya da tüzel kişilerin elde ettiği faiz geliri) üretim haricinde elde edilen gelirlerdir ve kişisel geliri arttırıcı unsurlardır. Kurumlar vergisi (KV) (şirketlerin kârlarından ödedikleri bir gelir vergisi), dağıtılmayan kârlar (şirket ortaklarına verilmeyip yatırıma yönlendirilmesi planlanan kâr) ve sosyal kesenekler (sağlık sigortası, emeklilik kesenekleri gibi sosyal güvenlik primleri) ise üretim karşılığı hak edilen fakat bireylerin eline geçmeyen giderleri oluşturmakta ve KG içerisine dahil edilmemektedir.

Harcanabilir Gelir (HG)

Yukarıda geçen KV dışında, bireylerin devlete ödemekle yükümlü olduğu diğer dolaysız vergileri de MG'den düşerek, bireylerin ellerine nihai olarak kalan HG'ye ulaşmış oluruz. Dolaysız vergiler, servet ve gelir üzerinden alınan vergilerdir (örneğin, gelir vergisi, kurumlar vergisi, emlak vergisi, motorlu taşıtlar vergisi, veraset ve intikal vergisi gibi). Bu nedenle harcayabileceğimiz ya da tasarruf edebileceğimiz geliri etkilemektedir.

$$HG = KG - Dolaysız\ Vergiler$$

Dolaysız vergilerin de düşülmesi ile elimize kalan son gelir kısmı olan HG'yi, tercihlerimize, fiyatlara, gelirimizin büyüklüğüne vb.'ye bağlı olarak tüketim (C) ve tasarruf (S) arasında bölüştürebiliriz. Bu nedenle;

$$HG = C + S$$

yazmak da mümkündür.

C. Kişi Başına Düşen Milli Gelir (KBDMG)

GSYH, ülke iktisadi faaliyetlerinin durumunu görebilmemiz için en iyi ölçütlerden bir tanesidir. Ancak makroekonomik göstergelerden belki de en önemlisi olan GSYH tek başına refah ölçütü değildir. GSYH'nin ne anlam ifade ettiğini anlamak için GSYH'yi doğrudan ve dolaylı ilişkili olduğu göstergelerle birlikte analiz etmek daha doğru olacaktır. Başka bir ifade ile bir ekonomide GSYH'nin sürekli olarak artması parasal zenginliğin arttığını gösterirken, bu zenginliğin ülke içindeki ekonomik birimler arasında nasıl dağıtıldığını göstermez. Bu yüzden tek başına refah ölçüsü değildir. Refah ölçüsünün en önemli göstergelerinden biri; GSYH verisinin nüfusa oranlanmasıyla elde edilen KBDMG göstergesidir. Bu şekilde elde edilen gelir, her ne kadar ortalama bir değer olsa da ülke vatandaşlarının ortalama refah düzeyi hakkında bize bilgi verir.

Ayrıca kişi başına düşen gelir, kalkınma ekonomisi alanında yapılan çalışmalarda öncü gösterge olarak kabul edilmekte ve büyük önem taşımaktadır. Hatta ülke ekonomik büyüklüklerinin karşılaştırılmalarında kullanılan temel değişkenlerden birisidir. Milli gelirin ülkelerin ekonomik güçlerini göstermesi nedeni ile önemli olduğunu daha önce belirtmiştik. Ancak bu tek başına yeterli bir gösterge değildir. Ülke gelirinin büyüklüğü, o ülkede yaşayan kişilerin ekonomik gücünü yansıtmayabilir. Bu nedenle kavrama nüfus etkisinin de dahil edilmesi gerekmektedir.

$$KBDMG = \frac{MG}{Toplam\ Nüfus}$$

TÜİK tarafından kişi başına GSYH dört farklı şekilde açıklanmaktadır. Bunlar; dönemlik verilerle kişi başına GSYH, yıllık verilerle kişi başına GSYH, kişi başı bölgesel GSKD ve il bazında kişi başına GSYH şeklindedir. Dönemlik verilerle kişi başına GSYH, dönemlik GSYH'nin yıl ortası nüfus tahminine bölünmesi ile TL olarak elde edilir. Hesaplanan bu değerlerin ortalama dolar kuruna bölünmesi ile dolar değeriyle kişi başına GSYH'ye ulaşılmaktadır (TÜİK, Ocak-Mart 2020). Yıllık verilerle kişi başına GSYH, yıllık GSYH büyüklüğünün yıl ortası nüfus tahminine bölünmesi ile TL olarak elde edilir. Hesaplanan bu değerin ithalat ağırlıklı ortalama dolar kuruna bölünmesi ile dolar değeriyle kişi başına GSYH'ye ulaşılmaktadır (TÜİK). Cari fiyatlarla bölgesel gayri safi katma değerin yıl ortası bölge nüfus tahminine bölünmesi ile TL cinsinden Kişi Başı Bölgesel Gayri Safi Katma Değer elde edilir. Hesaplanan bu değerin ithalat ağırlıklı ortalama dolar kuruna bölünmesi ile dolar değeriyle kişi başı bölgesel GSKD'ye ulaşılmaktadır. Bölgesel bazda hesaplanan kişi başına GSYH, ülke içerisinde bölgeler karşılaştırılırken kullanılacak bir orandır. İl bazında kişi başına GSYH, cari fiyatlarla il düzeyinde GSYH'nin yıl ortası il nüfus tahminine bölünmesi ile bulunan değerdir. İl bazında hesaplanan kişi başına GSYH, ülke içerisinde iller karşılaştırılırken kullanılacak bir orandır (TÜİK).

Hesaplamada kullanılan gelir cari fiyatlarla hesaplanan gelir iken, nüfus yıl ortası nüfusudur. Kişi başına düşen GSYH'nin diğer ülkelerle karşılaştırılabilmesi için iki yaklaşım bulunmaktadır. Bunlar döviz kuru yaklaşımı ve satın alma gücü paritesi yaklaşımıdır. Döviz kuru yaklaşımına göre ulusal para cinsinden hesaplanan bu değerin ortalama dolar kuruna bölünmesi ile dolar cinsinden kişi başına düşen gelir elde edilir ki bu yöntem ulusal paradaki değer değişiminin de bir göstergedir. GSYH ya da kişi başına düşen GSYH'nin dolar cinsinden hesaplanması, doların rezerv para olarak kabul görmesinden ve uluslararası veri bankalarının ülke raporlarını dolar üzerinden açıklamasından ileri gelmekte ve ülkeler arası karşılaştırmalarda bütünlük sağlamaktadır. Bundan dolayı bu gösterge üzerinden yapılan ülke karşılaştırılmalarında, ülkelerin karşılaştırılan dönemlere ait döviz kuru istikrarı/istikrarsızlığının da gözlenmesi, bulunan sonuçların değerlendirilmesinde önemlidir. Örneğin A ülkesinde döviz kuru istikrarlı iken B ülkesinde döviz kurunun istikrarsız olması, değişkenin değerlendirilmesini zorlaştırmaktadır. Ayrıca her ülkede aynı miktar dolar ile aynı miktar mal ve hizmeti satın almak mümkün olmadığından, yapılan karşılaştırmaların ülkelerin refah düzeyleri hakkında yanıltıcı sonuçlar verebileceği unutulmamalıdır. İşte bu sorundan dolayı ikinci yaklaşım olan, *satın alma gücü paritesi yaklaşımı* (SAGP) geliştirilmiştir.

D. Satın Alma Gücü Paritesi Yaklaşımı (SAGP)

MG'nin ya da KBDMG'nin ifade ediliş biçimlerinden bir diğeri de SAGP yaklaşımıdır. Tek fiyat kanununu temel alan SAGP yaklaşımı, ülkeler arasındaki fiyat farklılıklarını ortadan kaldırmaya yönelik hesaplanan bir kurdur. Bu yapılarak farklı ulusal paraların dolar karşısındaki satın alma güçleri (değeri) eşitlenmiş olur. Başka bir ifade ile ülkeler açısından hesaplanan milli gelir kendi ulusal parası cinsinden olmaktadır. Ancak ülkelerin ekonomik büyüklüklerini (özellikle KBDMG) diğer ülkeler ile kıyaslamada kullanılan en önemli göstergelerin başında gelmektedir. Bu nedenle kıyaslamanın her ülke tarafından geçerli olan bir para birimi ile yapılması gerekmekte ve ulusal para cinsinden ifade edilen ekonomik büyüklükler uluslararası rezerv para olan dolar kurundan ölçülerek kıyaslamaya tabi tutulmaktadır. Fakat ülkelerde farklı dönemlerde ulusal paranın yabancı paralar karşısındaki değerinin düşmesi (sabit kurda devalüasyon, serbest kurda depresiasyon) ya da değerinin artması (sabit kurda revalüasyon, serbest kurda apresiasyon), ekonomik büyüklüklerde ciddi derecede oynaklığa neden olmaktadır. Bu durumda ekonomik büyüklük anlamında ülkeler arası kıyaslamanın daha düzgün yapılabilmesi için milli gelirin SAGP ile ifade edilmesi gerekmektedir. SAGP, ülke içindeki mal ve hizmetlerin alım gücüne göre hesaplanan bir değerdir.

SAGP, iktisadi literatüre Cassel tarafından 1918 yılında kazandırılmıştır. Ancak temeli 1960'lı yılların sonunda BM ve 1989 yılından sonra da Avrupa Birliği İstatistik Ofisi (EUROSTAT) ve Ekonomik Kalkınma ve İşbirliği Örgütü (OECD) tarafından organize edilen uluslararası karşılaştırma programı çerçevesinde uygulanmaya başlanmıştır. Tek fiyat kanunu bireysel mallar için uygulanabilir iken, SAGP ile genel fiyat düzeyi içerisinde bulunan bütün malların fiyatlarının bileşiminden oluşan bir fiyatlar genel düzeyi uygulanabilir hale getirilmiştir. Böylece SAGP kullanılarak yapılan ülke karşılaştırmalarında, fiyat düzeyi farklılıkları ortadan kaldırılarak güvenilir sonuçlar elde edilmiştir (TÜİK).

Bunun yanında ülkeler arasında var olan bu farklılıklar, bir ülkenin farklı bölge ve şehirleri arasında da görülebilir. Her ne kadar ülke siyasal sınırları içinde aynı ulusal para birimi kullanılıyor olsa da ekonomik ve coğrafi/iklimsel koşullar fiyat düzeylerinin farklı şekilde oluşmasına neden olabilir. Bundan dolayı bölgesel SAGP hesaplaması, aynı ülke içindeki bölgeler arasında bu farklılığı ortadan kaldırarak doğru satın alma gücünün tahmin edilmesine yardımcı olur (TÜİK).

SAGP sonucunda endeks değeri 100'den büyük ise, bu ülke karşılaştırıldığı ülke grubu fiyat endeksi ortalamasına göre "pahalı", endeks değeri 100'den küçük ise bu ülke karşılaştırıldığı ülke grubu fiyat endeksi ortalamasına göre "ucuz" olarak değerlendirilmektedir. SAGP yaklaşımında her ülkede ortak bir mal sepetinin maliyeti hesaplanır ve 1 dolar (ortak para birimi yine dolardır) her ülkede bu sepeti satın alacak şekilde GSYH düzeltilir. Örneğin bu temsili mal sepeti 2020 yılında ABD'de 1 dolar ve Türkiye'de 8 TL olsun. Bu durumda ABD ile Türkiye arasındaki satın alma gücü paritesi 1 dolar = 8 TL şeklindedir (Acemoğlu vd.,2016:116). Bu parite kullanılarak Türkiye'de SAGP cinsinden GSYH ve kişi başına gelir bulunabilir.

SAGP'nin hesaplanmasında kullanılan farklı yöntemler bulunmaktadır. SAGP, bir bakıma ülkelerdeki nominal döviz kurları ile ulusal enflasyon oranlarını içerdiği için iki şekilde (nispi ve mutlak olarak) açıklanmaktadır. *Nispi SAGP*, iki para birimi arasındaki döviz kurunda meydana gelen yüzde değişmelerin, ülkelerin kendi fiyat düzeylerindeki yüzde değişmeler arasındaki farka eşit olduğunu göstermektedir. *Mutlak SAGP*, belirli bir mal ya da hizmetin aynı para birimi cinsinden fiyatının iki ülkede aynı olması gerektiğini belirten tek fiyat kanuna dayanmaktadır. Böylece iki farklı ülkede bir ürün grubunun belirlenen kurda fiyatlarının eşitlenerek, mutlak SAGP'nin geçerliliği test edilmektedir (Acar, 2020). Bu teoriden hareketle ortaya çıkan Big Mac endeksi, KFC endeksi ve iPod endeksi gibi endeksler geliştirilmiştir. Ancak bunların içerisinden Big Mac endeksi en fazla ilgi gören endeks olmuştur. Bu endeksler SAGP yaklaşımını anlamayı kolaylaştırdığı için dikkat çekicidir.

İlk kez 1986 yılında The Economist dergisi tarafından geliştirilen ve her yıl hesaplanan Big Mac Endeksi, SAGP yaklaşımının tek mala indirgenmiş halidir. Big Mac hamburger, serbest döviz piyasası olan hemen her ülkede Mc Donald's bulunması ve ürünün neredeyse homojen olması sebebiyle seçilmiştir. Bu endeks ABD ve diğer ülkedeki Big Mac fiyatlarının birbirine oranlanması ile elde edilir. Başka bir ifade ile bu paritenin hesaplanabilmesi için ülkeler açısından geçerli olan, Big Mac fiyatlarından yararlanılmaktadır. Bu paritede ABD'de satın alınan bir adet hamburger fiyatına diğer ülkelerde kaç tane satın alınabilir şeklindeki sorudan yola çıkılmaktadır.

15 Temmuz 2020 tarihinde yayınlanan Big Mac Endeksi'ne göre (The Economist, 2020), Big Mac'in ABD'deki fiyatı 5,71 dolar, Türkiye'de ise 13,99 TL'dir. Türkiye fiyatı ABD fiyatına oranlandığında SAGP kuru (Big Mac kuru) 2,45 olarak bulunur. Aynı tarihte Türkiye'deki dolar kurunun 1 dolar = 6,86 TL olduğunu da düşündüğümüzde, TL'nin %64,3 oranında eksik değerli olduğunu söyleyebiliriz.

Avustralyalı bir finans ve hisse hizmetleri şirketi olan Commonwealth Securities Bankası, Ekim 2007'de Big Mac endeksinden esinlenerek, bir para biriminin aşırı değerli olup olmadığını göstermenin bir yolu olarak 2 gigabytelik iPod nano oynatıcının maliyetine dayalı bir iPod endeksi uygulamaya başladı. iPod endeksi, Big Mac endeksinde olduğu gibi, aynı mal ve aynı fiyat teorisi üzerinden çalışmaktadır. Başka bir ifade ile iPod ile uluslararası para birimlerinin gerçek değerini ölçmek için bir satın alma gücü parite endeksinin temeli oluşturulmuştur.

Bir başka örnek olan KFC endeksi ise, Afrika kıtasında piyasa araştırmaları yapan Sagaci Research firması tarafından önce Afrika ülkeleri, daha sonra ABD, Fransa, İspanya ve Birleşik Krallık'ı kapsayacak şekilde geliştirilen ve ülke paralarının değerlerinin en doğru şekilde belirlenmesi amacı taşıyan bir endekstir. KFC endeksi de yapı olarak Big Mac endeksini model almıştır. KFC endeksi, ülkelerin döviz kuru oranlarını aynı miktardaki bir ürünün her iki ülkedeki satın alma fiyatını eşitleyecek şekilde ayarlamasına dayanan SAGP örneğidir. Bahsettiğimiz bu endeksler, SAGP'yi %100 doğru hesaplama amacıyla yaratılmış endeksler değildir. Aşağıda Türkiye açısından 2019 yılına ait SAGP hesaplanmasına örneği verilmiştir.

Tablo 6: SAGP Hesaplanması (2019)

GSYH Cari Fiyatlar ile (Milyar TL)	**GSYH Dolar Cinsinden (Milyar $)**	**Nüfus (Milyon kişi)**
4280 Milyar TL	4280/6,5 = 659	80
Dolar Kuru (Ortalama)	**Kişi Başına Düşen Gelir (TL)**	**Kişi Başına Düşen Gelir ($)**
6,50	4280/80 = 53500	659/80 = 8237
ABD'de Bir Hamburger Fiyatı (Big-Mac Menu Endeksine göre)	**Türkiye'de Bir Hamburger Fiyatı (Big-Mac Menu Endeksine göre)**	**SAGP Endeks Değeri**
6,20	3,70	3,70/6,20 = 0,60
SAGP'ye göre olması gereken Dolar Kuru (Ortalama)	**SAGP'ye Göre GSYH**	**SAGP'ye Göre Kişi Başına Düşen Gelir**
0,60 x 6,50 = 3,90	4280/3,90 =1097	1097/80 = 13712

Yaklaşık olarak ifade edilen yukarıdaki tabloya ait veriler yardımı ile ülkenin SAGP hesaplanmıştır. Ülkelere ait hamburger fiyatları oranlandığında SAGP ait bir endeks değer elde edilmektedir. Bu değer yardımı ile yeniden kur hesaplaması yapılmakta ve olması gereken kur hesaplanmaktadır. Yukarıda yapılan hesaplamalar yardımı ile ülkeye ait dolar cinsinden gelir 659 milyar iken, SAGP'ye göre bu durum 1097 milyar dolara çıkmıştır. SAGP endeks değerine göre elde edilen 0,60 çarpan katsayısı ise Amerika'da ortalama olarak alınan mal ve hizmetlere 1 birim harcama yapılırken, aynı mal ve hizmetlerin Türkiye'de 0,60 birime satın alınabileceğini söylemektedir.

Bu açıkladığımız yöntemlerden herhangi biri ile elde edebileceğimiz KBDMG, o ülkedeki kişilerin ortalama gelirini yansıtmaktadır. Bir ülkenin MG'si çok yüksek olmasına rağmen, kalabalık nüfustan dolayı ortalama geliri düşük olabilecekken (Çin, Hindistan, Nijerya, Brezilya, Rusya, vb), az nüfuslu ülkelerde ise ortalama gelir kat kat yüksek (Lüksemburg, Lihtenştayn, Bermuda, Man Adası, vb.) olabilmektedir. Aynı zamanda bir ülkede ortalama gelirin yüksek olması, ülke refahının ve gelir adaletinin de yüksek olduğunu (Kuveyt, S. Arabistan, Birleşik Arap Emirlikleri, Hong Kong, vb.) göstermeyebilir. Toplumsal refah açısından ülkenin kişi başına gelirinin yüksek olması yanında gelir adaletinin yüksekliği de önem arz ettiğinden, gelir dağılımı konusuna kısaca değinmek yararlı olacaktır. GSYH'de meydana gelen büyümeden toplumun tamamı değil de bir kısmı yararlanıyor ise gelir dağılımdaki eşitsizlik gün geçtikçe artıyor anlamına gelmektedir. Bu sebeple ekonomik büyüklüğün yanı sıra gelir dağılımdaki adaletin sağlanması da ülkeler açısından büyük önem arz etmektedir.

E. Gelir Dağılımı

Gelir dağılımı, toplumsal adaletin ekonomik boyutunu ortaya koyan çok önemli bir kavramdır. Bu önemine rağmen, günümüz iktidarlarının genelinin amacı yüksek gelir ve yüksek büyüme çerçevesinde oluşmakta, fakat bu gelirin toplumda nasıl paylaşıldığı ve nasıl daha adil bir ekonomi haline gelineceği çoğunlukla göz ardı edilmektedir. Bu önemsizleştirmenin arkasında yatan nedenler olarak bir yandan gelir adaletini iyileştirmenin çok kolay bir süreç olmaması, diğer yandan da toplumun yüksek gelirli sınıflarının tepkisini göze alamama durumu gösterilebilir. Bu nedenle ülkeler açısından milli gelirin rakamsal değeri her ne kadar gelişmişlik ve refahın bir göstergesi olarak kabul edilmiş olsa da elde edilen bu gelirin nasıl dağıldığı da önem arz eden bir soru olmaya devam etmiştir.

Gelir dağılımı ülkede elde edilen gelirin kişiler, bölgeler ve üretim faktörleri arasında dağılımını göstermektedir. Gelir dağılımının ne olduğunu anlatabilmek, türlerini ortaya koymaktan geçmektedir. Ortaya çıkan gelirin üretim faktörleri (faiz, ücret, rant ve kar) arasında dağılımına *fonksiyonel gelir dağılımı*, kişiler arasındaki dağılımına *kişisel gelir dağılımı* ve tarım, sanayi ve hizmet sektörlerinin gelirden aldıkları paya ise *sektörel gelir dağılımı* denmektedir. Bunlara ilaveten milli gelirin bölgesel dağılımını ortaya koyan *bölgesel (coğrafi) gelir dağılımı* bulunmaktadır.

Fonksiyonel gelir dağılımı, üretime katılan faktörlerin (emek, sermaye, girişimci, toprak, ...), üretime katılmaları sonucu elde ettikleri gelirlere dayalıdır ve üretim faktörü sahiplerinin milli gelirden aldığı payı göstermektedir. Başka bir ifade ile milli gelirin ücret, faiz, kar ve rant arasındaki paylaşımına fonksiyonel gelir dağılımı denir. Toplumdaki iş bölümünün bir sonucu olarak ortaya çıkan fonksiyonel dağılım, esasında temel sosyal sınıfların gelir payları arasındaki farklılıkları ortaya koyması nedeni ile büyük önem taşımaktadır.

İktisat literatüründe özellikle kişisel gelir dağılımı kavramının daha yaygın olduğu görülmektedir. Kişisel gelir dağılımı ise daha önce gösterdiğimiz şekilde gelirin nüfusa bölünmesi ile elde edilmektedir ve yine daha önce değindiğimiz gibi bu bireylerin ortalama gelirine işaret eder. İşte önemli olan bu ortalamadan ziyade, gelirin dağılımıdır. Kişisel gelirin toplumda ne şekilde dağıldığı çeşitli göstergelerle ortaya konulmaktadır. Bunlardan, yüzdelik grupların gelir payları, buradan elde edilen Gini katsayısı ve P80/P20 oranına değinelim.

Gelir dağılımını ölçmede kullanılan bir yöntem yüzde payları olarak adlandırılan *P80/P20 oranıdır*. P80/P20 oranı, düşük gelirden yüksek gelire doğru oluşturulmuş %20'lik hane halkı gruplarının toplam gelirden aldıkları payların oranlanması ile elde edilen bir göstergedir. Şöyle ki;

$$P80/P20 = \frac{\text{Son \%20'lik Grubun Toplam Gelirden Aldığı Pay}}{\text{İlk \%20'lik Grubun Toplam Gelirden Aldığı Pay}}$$

Buna göre bu gelir dağılımında nüfus %20'lik dilimler halinde beş eşit parçaya bölünmektedir. Bu durumda, her %20'lik grubun gelirden ne kadar pay aldığı hesaplanır ve böylece en fakir %20'lik kesim ile en zengin %20'lik kesimin gelirden aldığı pay ortaya konur. Böylelikle zengin-fakir arasındaki fark görünür. Ayrıca ekonomide en yüksek dilimi ifade eden %20'lik dilim P80, en düşük dilimi ifade eden %20'lik kesim P20 olarak gösterilir. Bu durumda P80/P20 oranı ekonomide zengin fakir arasındaki uçurumu ya da farklılığı ortaya koyar. Bu farkın ya da bu oranın büyük olduğu ekonomilerde ciddi düzeyde gelir dağılımı eşitsizliği ve adaletsizliği söz konusu olmaktadır. Görüldüğü gibi bu formül ile en zengin grubun gelir payı, en fakir grubun gelir payına oranlanmış olur. Oranlanma sonucunda, örneğin sonucun 8,5 çıkması demek, o ülkedeki en zengin %20'lik grubun gelir payının, en fakir %20'lik grubun gelir payından 8,5 kat daha fazla olması demektir. Yani bu oran toplumdaki gelir uçurumunun oldukça açık bir göstergesidir.

Kişisel gelir dağılımının, beş eşit parçaya ayrılmış nüfus dilimleri (%20'lik dilimler) ile bu dilimlerin gelirden elde ettikleri paylar dikkate alınarak hesaplanması da mümkündür. Birikimli (kümülatif) olarak elde edilen nüfus ve gelir payları ile elde edilecek grafiğin gösterdiği eğriye Lorenz eğrisi denmektedir.

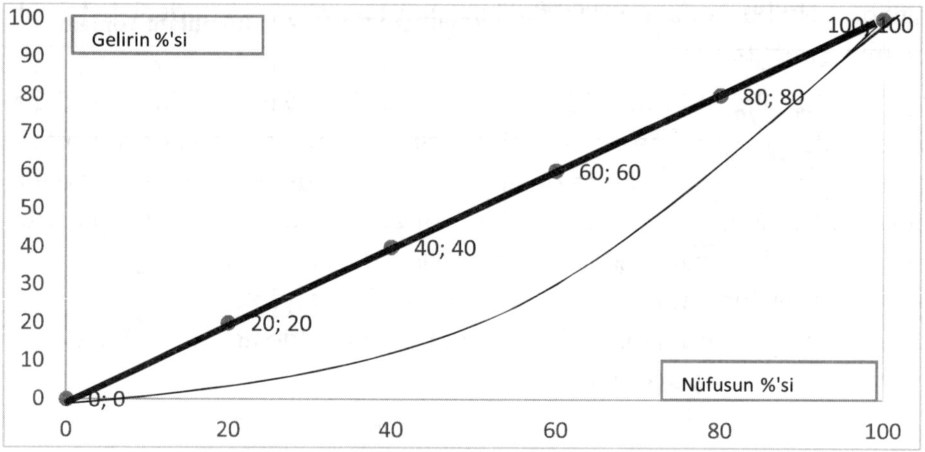

Şekil 1: Lorenz Egrisi

Şekil 1'de, dikey eksende milli gelirin, yatay eksende ise nüfusun birikimli yüzdelik dilimleri yer almaktadır. Köşegen doğrusuna mutlak eşitlik doğrusu adı verilir. Çünkü bu doğru üzerinde örneğin nüfusun %10'u gelirin de %10'unu ya da nüfusun %80'i gelirin de %80'ini elde etmektedir. Fakat dünyada böyle bir ekonomi ya da ülke söz konusu olmamaktadır. Toplumda bu mutlak eşitlik doğrusundan uzaklaşıldıkça, gelir adaletsizliği giderek artmaktadır. İşte gelir adaletsizliğinin ölçüsünü gösteren bu eğri 1905 yılında Max Otto Lorenz tarafından gelir dağılımının ifade edilmesi amacıyla geliştirilmiştir ve günümüzde Lorenz Eğrisi olarak adlandırılmaktadır. Lorenz eğrisi mutlak eşitlik doğrusundan uzaklaştıkça gelir adaletsizliği artmakta, mutlak eşitlik doğrusuna yaklaştıkça gelir adaletsizliği azalmaktadır.

Bu eğriye ait alan hesaplaması yardımı ile gelir dağılımı eşitsizliği rakamsal olarak ortaya konulmakta ve bu değer G*ini katsayısı* olarak adlandırılmaktadır. Bunu bir örnek ile açıklayalım.

Aşağıdaki tabloda hayali bir ekonomide, nüfus %20'lik dilimlere ayrılmış ve gelirden aldıkları pay da % olarak verilmiştir. Buna göre bu veriler ışığında Lorenz eğrisini çizerek, Gini katsayısını hesaplayalım.

Tablo 7: Hayali Bir Ekonomide Gini Katsayısı Hesaplama Örneği

Nüfus	Gelir (%)	Nüfus (%) Kümülatif Toplam	Gelir (%) Kümülatif Toplam
0	0	0	0
İlk %20	5	20	5
İkinci %20	10	40	15
Üçüncü %20	15	60	30
Dördüncü %20	30	80	60
Beşinci %20	40	100	100
P80/P20		8 (40/5)	

Lorenz eğrisinin çizilebilmesi için öncelikle ilk iki sütun (nüfus ve gelirden aldıkları pay) birikimli olarak yeniden oluşturulur. Nüfusun ilk %20'si gelirden %5 pay almakta, sonraki %20'lik kesim ile birlikte (%40'lık kesim) gelirden toplam %15 (%5+%10) pay almakta, sonraki %20'lik kesim ile (%60'lık kesim) gelirden toplamda %30 (%5+%10+%15) pay almakta, sonraki %20'lik kesim ile birlikte (%80'lik kesim) gelirden toplamda %60 (%5+%10+%15+%30) pay almakta ve nüfusun tamamı (%100) gelirin tamamını (%100) almaktadır. Sırası ile birikimli bu değerlerden yola çıkarak elde edilen çizim Lorenz eğrisi olarak ifade edilmektedir. Bu eğri ile mutlak eşitlik doğrusu arasındaki alan A, eksenler ile mutlak eşitlik arasındaki kalan alan B ile adlandırıldığında; gelir dağılımı ölçüsü olan Gini katsayısı;

$$G = \frac{A}{A+B}$$

olarak hesaplanmaktadır.

Bu veriler ışığında oluşturulan Lorenz eğrisine ait grafik aşağıda gösterilmiş ve bu eğri yardımı ile elde edilen Gini katsayısı hesaplanmıştır. Katsayının 0 olması, mutlak bir eşitliğin göstergesi iken, 1 olması tüm gelirin tek bir kişide toplandığı en adaletsiz durumu gösterir. Hiçbir toplumda bu iki durum da söz konusu olamayacağından, Gini katsayısı her zaman 0 ile 1 arasında yer alır. Katsayının 0'a yaklaşması gelir adaletsizliğinin azaldığını, 1'e yaklaşması ise gelir adaletsizliğinin arttığını gösterir.

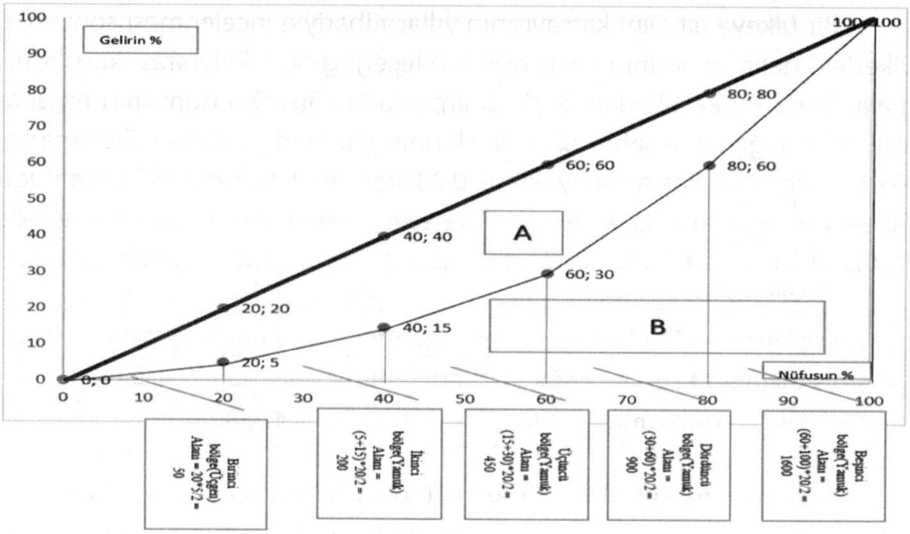

Şekil 2: Gini Katsayısı

Buna göre B alanı için toplam
alan değeri = 50 + 200 +450 + 900 + 1600 = 3200

Yatay ve dikey eksende 100 değerleri ile sınırlı dik üçgen

(A+B) alanı ise 100x100/2 = 5000 birim kare şeklinde elde edilmiştir.

B alanı 3200 olduğuna göre A alanı ise (5000 – 3200 = 1800 birim kare) olmaktadır. Buna göre;

Gini katsayı değeri = 1800/5000 = 0,36 olarak elde edilmektedir.

Ayrıca P80/P20 oranına bakıldığında bu oranın 8 olduğu görülmektedir. Bu katsayı en zengin kesim ile en fakir kesim arasındaki farkın sekiz kat olduğu, yani en zengin kesimin gelirden aldığı payın en fakir kesimin gelirden aldığı paydan tam sekiz katı daha fazla olduğu anlamına gelmektedir. P80/P20 oranı ile Gini katsayısı arasındaki pozitif yönlü ilişki ise en zengin ile en fakir kesim arasında uçurumun açıldığı ve zenginlerin daha zengin, fakirlerin ise daha fakir olduğu bir ekonomiyi göstermektedir. Böyle bir durum fonksiyonel gelir dağılımı olarak ele alındığında emek gücü ile çalışan fakir kesimlerin elde ettikleri ücret gelirlerinin toplam milli gelir içindeki payının azalması, sermaye sahiplerinin elde ettikleri kar, faiz ve rant (işletme artığı) gelirlerinin milli gelir içindeki payının ise daha da artması anlamına gelmektedir.

Bir ülkeye ait Gini katsayısının yıllar itibariyle incelenmesi sonucu, o ülkedeki gelir adaletinin seyri görülebileceği gibi, ülkelerarası karşılaştırmalarda da bu katsayıdan faydalanılmaktadır. Örneğin dünyanın en adaletli gelir dağılımına sahip olan ülkelerinin (Finlandiya, Çekya, Danimarka, Norveç gibi) Gini katsayıları yaklaşık 0.24 iken, adaletsizliğin yüksek olduğu ülkelerde (Botsvana, G. Afrika gibi) katsayı 0, 65 civarındadır. 2019 yılında OECD ülkelerinin Gini katsayı ortalaması 0, 316 iken, Türkiye'nin Gini katsayısı 0, 395'dir. Ancak en az gelişmiş dediğimiz dünyanın en fakir ülkelerinin pek çoğunda Gini katsayısı, beklenilenin aksine gelişmekte olan ya da gelişmiş ülkelere kıyasla düşük yani adaletli bir gelir dağılımı sonucu çıkabilmektedir. O toplumda yaşayan bireylerin büyük çoğunluğunun gelirinin düşük ve dolayısıyla birbirine yakın olması, gelirin nispeten adaletli olmasına sebep olmaktadır. Benzer şekilde bazı gelişmiş ülkelerde ise Gini katsayısı, pek çok ülkenin üzerinde olabilmektedir. Örneğin ABD'nin katsayısı kendi gelir seviyesine yakın olan ülkelere kıyasla yüksektir, başka bir ifade ile gelir adaletsizliği göreceli olarak fazladır. Bunun sebebi olarak, ABD'nin dünyada en fazla göç alan ülke olması gösterilebilir.

Bir diğer gelir dağılımı çeşidi ise *sektörel gelir dağılımıdır*. Sektörel gelir dağılımı ekonomideki tarım, sanayi ve hizmetler sektörünün gelirden aldıkları payı göstermektedir. Ülkelerin gelişmişlik düzeylerine göre bu sektörlerin ekonomik büyümeden aldıkları paylar da değişim göstermektedir. Gelişmiş ekonomilerde sanayi ve hizmet sektörü gelirden çok pay alırken, az gelişmiş ekonomilerde ise tarım kesiminin gelirden aldığı pay biraz daha fazladır.

Son olarak *bölgesel (coğrafi) gelir dağılımı* ise; gelirin ülkedeki bölgeler itibarıyla nasıl dağıldığını göstermekte ve bölgesel gelişim farklılıkların daha net bir şekilde görülmesine katkı yapmaktadır. Başka bir ifade ile bölgesel gelir dağılımı; bir ülkenin farklı bölgelerinde yaşayan insanların milli gelirden aldıkları payları gösterir. Bu gelir dağılımı ülkenin gelişmiş ve az gelişmiş bölgeleri arasındaki farklılıkları tespit etmede yarar sağlar (Pehlivan, 2009:23).

Milli gelir kavramından başlayarak geldiğimiz noktada görmekteyiz ki bireylerin ve toplumların ekonomik refahları, yüksek bir milli gelir ile beraber pek çok makroekonomik göstergeye bağlıdır. Örneğin kişi başına düşen gelirin yüksekliği ve iyi bir gelir adaleti temel kalkınma göstergeleri iken bunların yanında, eğitim, sağlık, hak ve özgürlükler, toplumsal cinsiyet eşitliği, iletişim ve ulaşım vb. pek çok konuda yaşanan iyileşmeler, toplumun mutluluğu için oldukça önemli unsurlardır. Mutluluğa giden yoldaki tüm bu unsurların gerçekleştirilebilmesi için ise elde edilen milli gelirin reel olarak bir yıldan diğer yıla artması gerekmektedir. İşte buna da iktisadi büyüme adı verilir.

F. İktisadi Büyüme

Büyüme, belirli bir dönemde reel üretimde (ya da reel gelirde) yaşanan artışlardır. Fakat üretimlerin parasal değer karşılıklarını dikkate aldığımız için, bu büyüklük her daim büyüme olarak görülemez. Başka bir ifade ile üretimde meydana gelen artışa büyüme diyebilmemiz için fiyat etkilerinden arındırdığımız reel artışların yaşanması gerekmektedir. Tabi ki bu kavram kalkınma ve gelişmeyle yakın ilişkili olsa da onlarla karıştırılmamalıdır. *Ekonomik gelişme* kavramı, büyüme ve kalkınma kavramlarından biraz daha farklıdır. Çünkü gelişme, ülkenin ekonomik olarak gelişiminin yanında sosyal, politik, kültürel, dini, geleneksel vb. birçok faktörün de değişimini de ifade etmektedir. Ekonomik gelişme, bazen bir firmada, bir sektörde ya da sosyal, politik, kültürel, vb. yapıda meydana gelebilir ve ekonominin bütününe tesir etmeyebilir. Bu nedenle gelişmenin incelenmesi, ekonominin yanı sıra başka bilim dallarının da konusudur. Ancak normal olarak, büyümenin gelişmeye, gelişmenin de büyümeye etkileri olduğundan bunları birbirinden ayırmak güçtür. *İktisadi büyüme* aslında oluşumu kısa dönemli ama değerlendirilmesi uzun dönemli bir olgudur. Başka bir ifade ile büyüme teorilerinde kastedilen, tam istihdam seviyesinde olan bir ekonominin, faktör hacminde meydana gelen bir artış ya da teknolojide yaşanan yeniliklerden dolayı üretiminin artması dolayısıyla kapasitesinin de yükselmesi anlamına gelmektedir. *İktisadi kalkınma ise,* ekonominin bünye ve çatısında meydana gelen değişmeleri yani gelir artışını, eğitim ve sağlık düzeylerinin yükselmesini, teknolojik gelişmeyi, tarım, sanayi ve hizmet sektörlerinin milli hâsıla içindeki paylarının değişimini, altyapıdaki çeşitli pozitif değişmeleri ve benzer birçok faktörde ortaya çıkan değişmeleri ifade etmektedir. Kalkınma ekonomik ve sosyal yapılardaki topyekûn değişikliği içerir. Yine kalkınmada, ekonomik, kültürel ve sosyal yapı değişikliği zorunludur ve bu yeni yapılanma içinde toplumun belli bir sınıf ya da grubunun yanı sıra bölgenin artan refahtan pay alarak refah düzeyinin dengeli dağılımının sağlanması esastır. Kalkınma, aynı zamanda sosyal sorunları çözerek büyümedir (Alagöz, 2004:3). Büyüme sadece üretimde ortaya çıkan artış olarak nicel bir büyüklüktür. Kalkınma ise büyümeden farklı olarak nitel iyileşmeleri bünyesinde barındırmakta ve bir yapısal değişimi ifade etmektedir. Gelişme ile kastedilen ise büyüme ve kalkınma sonucu ekonomide görülen iyileşmelerdir.

Buna göre bir döneme ait reel ekonomik büyüme artış hızı; iki yıl arasındaki yüzdesel değişim olarak karşımıza çıkmaktadır. Ekonomik büyüme rakamları izleyen yıllarda ya da dönemlerde revize edilebilmektedir. Çünkü ekonomik büyüme rakamlarına geçici olarak eklenen bazı verilerin kesinleşmesi ve ileriki dönemlerde yeni verilerin gelmesi, açıklanan büyüme verilerinin revize edilmesine yol açmaktadır. TÜİK'in ilk verileri ile daha sonra açıklanan büyüme verilerinin birbirinden farklı olmasının da temel nedeni budur. Her ne kadar ekonomik anlamda reel büyüme hızı bu şekilde hesaplanmış olsa da bu büyüme oranı brüt büyüme oranı olarak karşımıza çıkmaktadır. Gerçek anlamda net büyüme oranı brüt büyüme oranından nüfus artış oranının düşülmesi ile ortaya çıkmaktadır.

$$\textit{Ekonomik Büyüme Hızı} = \frac{(Son\ Dönem\ Değer\ -\ İlk\ Dönem\ Değer)}{İlk\ Dönem\ Değer}\ x100$$

$$= \frac{Y_t - Y_{t-1}}{Y_{t-1}}\ x\ 100$$

formülü ile hesaplanmaktadır.

Örneğin yaptığımız işlem sonucunda %2,5 sonucuna ulaştıysak bu, o ekonominin bir önceki yıla göre %2,5 büyüdüğü, yani üretimin bir önceki yıla göre %2,5 oranında arttığı anlamına gelir. Eğer sonuçta negatif bir değer ile karşılaşırsak, mesela %-1,5 gibi, bu durumda ise o ekonominin bir önceki yıla göre %1,5 oranında küçüldüğünü ya da daraldığını, başka bir ifade ile üretimin bir önceki yıla göre %1,5 azaldığını söyleriz.

Ekonomide meydana gelen ve yukarıdaki basit formül ile hesaplanabilen yıllık büyüme oranı brüt büyüme oranıdır ve brüt büyüme oranı toplumun refah seviyesindeki iyileşme ile ilişkilendirilemez. Brüt büyüme hızı sadece üretim artışını yansıtır. Toplum refahındaki artışı ortaya koyabilmemiz için ise net büyüme hızını hesaplamamız gerekir.

Net Büyüme Hızı (%) = Brüt Büyüme Hızı (%) – Nüfus Artış Hızı (%)

Bunun için brüt büyüme hızından nüfus artış hızı çıkarılır. Örneğin brüt olarak %2,5 büyüyen bir ekonominin nüfus artış hızı %1,5 ise net büyüme hızı %1'dir. Bunun anlamı refahın %1 arttığıdır. Eğer nüfus artış hızı brüt büyüme hızını aşmışsa, yani net büyüme hızı negatifse, toplumda refah artmamış tam tersine azalmıştır deriz (Berber,2017:20). Bu nedenle, gelişmiş ülkelere kıyasla nüfus artış hızı yüksek olan en az gelişmiş ya da gelişmekte olan ülkelerin, gelişmiş ülkeler ile aralarındaki refah uçurumunu kapatmaları mümkün olamamaktadır.

TÜİK 9 Aralık 2016 tarihinde ulusal hesap sisteminde Avrupa Hesaplar Sistemine (ESA) uyum sağlamak amacıyla geniş kapsamlı revizyon yapacağını duyurmuş ve 12 Aralık 2016'da haber bülteni ile 2009=100 bazlı yeni serileri açıklamıştır. Bunun yanı sıra, yeni GSYH serisi ile enflasyondan arındırılmış büyüklükler için ESA ile uyumlu olarak zincirlenmiş hacim yöntemi kullanılmaya başlanmıştır.

Buna göre GSYH değişim oranı ya da büyüme oranı, GSYH'nin yüzde olarak artış oranıdır ve zincirlenmiş hacim endeksleriyle hesaplanan değerlerin birbirine oranı gerçek büyüme hızını vermektedir. Zincirlenmiş hacim endeksinde üç farklı yöntem kullanılmaktadır. TÜİK, dönemsel hesaplamalar için bunlardan yıllık çakışma/bağlantı yöntemini kullanmaktadır. TÜİK sitesinde bu yöntem şöyle açıklanıyor (TÜİK,): Yıllık çakışma; cari yıldaki (t) her bir dönemin ağırlıklandırılması için bir önceki yılın (t-1) ağırlıklandırılmış ortalama fiyat verisini, yıllık veriden türetilen "bağlantı faktörü" ile birlikte kullanır. Bu yöntem, mevcut dönemin değerini, bir önceki yılın dönemlerinin ortalama düzeyiyle karşılaştırır. Bağlantı, bir önceki yılın yıllık zincirleme endeks değeridir. Bu işlemin sonucunda dönemlik hacim değerleri bağımsız yıllık değerlerle uyumlu olarak elde edilir. Buna ilave olarak; bu yöntemde aynı yıl içerisindeki birinci ve dördüncü çeyreğin, çeyrekten çeyreğe değişimi kırılmalardan etkilenmemektedir. Buna karşın hacim ölçütleri önceki yılın dördüncü çeyreği ile cari yılın ilk çeyreği arasında kırılmalardan etkilenmektedir. Bu yöntemde cari yıldaki (t) her bir dönemin ağırlıklandırılması için bir önceki yılın (t-1) ağırlıklandırılmış ortalama fiyat verisi, yıllık veriden türetilen "bağlantı faktörü" ile birlikte kullanılmaktadır. Bu yöntem, mevcut dönemin değerini, bir önceki yılın dönemlerinin ortalama düzeyiyle karşılaştırmaktadır. Bağlantı, bir önceki yılın yıllık zincirleme endeks değeridir. Diğer bir ifade ile her yıl, bir önceki yıl ortalama fiyatlarıyla hesaplama yapıldıktan sonra dengelenmekte ve bir önceki yılın cari fiyatlarıyla oranlanarak büyüme oranı üretilmektedir.

SNA-2008 ve ESA-2010 hesap sistemine uyum çerçevesinde TÜİK tarafından şu değişiklikler yapılmıştır (TÜİK);

- İşlem gören mallara yönelik hesaplamaların "Ödemeler Dengesi (BoP6)" ile uyumlu olması sağlanmış,
- Girdi olarak değerlendirilen "Askeri Silah Sistemleri" ve "AR-GE" harcamaları cari harcama yerine yatırım harcaması olarak dikkate alınmış,
- Sigortacılık sektörü hesaplama yöntemi değiştirilmiş (sigorta faaliyetleri için düzeltilmiş hasar hesaplanarak sisteme eklenmiş),
- Devlet ve kamu kurum/kuruluşları sınıflaması ESA-2010 ile uyumlu hale getirilmiştir.

Ayrıca yeni seride gayri safi sabit sermaye harcamalarının kapsamı genişletilmiş, en yüksek revize gayri safi sabit sermaye harcamalarında yaşanmıştır. TÜİK 2009 baz yılı harcama serisi hesaplarında mal akımı yöntemini kullandığını açıklamıştır. 2009-2015 döneminde kendi adına yazılımlar, canlı hayvan varlığı, AR-GE, değerli madenler (mücevher, altın vb.), meyve veren ağaçlardaki artışlar "diğer aktifler" başlığı bünyesinde gayri safi sabit sermaye yatırımlarına eklenmiştir (TÜİK). 2012 Arz Kullanım Tablosu Araştırması ile ana revizyon çalışmalarının temelini oluşturan Arz-Kullanım ve Girdi-Çıktı Tabloları hazırlanmıştır. Bu tabloların hazırlanmasıyla ekonominin daha fazla ve daha güncel gösterge ile gözlenmesine olanak sağlanmıştır.

Bunun yanında dünyada pek çok ülkenin ekonomik büyüme oranının tespiti için gerekli olan GSYH verisini farklı yöntemlerle oluşturduğu unutulmamalıdır. Hatta bazı ülkeler GSYH göstergesini kullanırken, bazıları ise GSMH verisini kullanmaktadır. Ayrıca bazı ülkelerin bu veriyi (GSYH ya da GSMH) oluştururken kullandığı yöntem cari fiyatlar iken bazıları sabit fiyatlarla, bazıları ise Türkiye gibi zincirleme hacim endeksi ile ortaya koymaktadır. Buna göre 2017, 2018 ve 2019 yıllarına ait ekonomik büyüme rakamları her üç ölçüme göre aşağıda verilmiştir.

Tablo 8: Cari fiyatlar, Sabit fiyatlar ve Zincirleme Hacim Endeksi ile Büyüme Oranı

	Cari Fiyatlar ile		Sabit Fiyatlar ile (Baz=2016)		Zincirlenmiş Hacim Endeksi ile (Referans = 2017)	
Yıllar	**Büyüme Hızı**	**Endeks**	**Büyüme Hızı**	**Endeks**	**Büyüme Hızı**	**Endeks**
2016	-	100	-	100	-	-
2017	%23,1	123	%10	110	-	100
2018	%13,35	139	%12,12	123	%25,25	125
2019	%8,44	151	%4,5	129	%5,3	132

Kaynak: Tablo 5.'teki değerlere göre hesaplanmıştır.

Buna göre; üretim miktarı ve fiyat düzeylerindeki değişmenin beraberce ifade edildiği cari fiyatlar ile milli gelir artış hızlarına baktığımızda, 2017 yılı için %23, 2018 yılı için %13,35 ve 2019 yılı için %8,44 artış hızlarını görmekteyiz. 2016 yılındaki fiyatların esas alındığı sabit fiyatlar ile elde edilen büyüme hızları ise sırasıyla %10, %12,12 ve %4,5 olarak karşımıza çıkmaktadır. Zincirleme hacim endeksine göre büyüme hızına baktığımızda ise 2018 yılı için %25,25 ve 2019 yılı için %5,3 oranları ile karşılaşmaktayız.

Sabit ve zincirleme hacim endeksine göre hesaplanan reel anlamdaki büyüme hızlarını karşılaştırdığımızda, her yıl için bir önceki dönemin fiyat düzeyine göre hesaplama yapılan zincirleme hacim endeksinin rakamsal olarak daha yüksek çıktığı görülmektedir. Zincirleme hacim endeksinin uzun zaman dilimi içinde bazı mal ve hizmetlerin fiyatlarında meydana gelen hızlı değişimi daha gerçekçi yansıttığı düşünülmektedir. Örneğin, teknolojik malların fiyatı zamanla düşme eğilimi gösterirken, gıda fiyatlarının her yıl hava koşullarına bağlı olarak hızlı değişmesi, ayrıca eğlence, eğitim, sağlık vb. hizmet sektörlerine ait fiyatların ise zamanla daha yükseldiği görülmektedir. *Zincirleme hacim endeksi, sabit fiyat ile elde edilen milli gelire göre daha avantajlı sonuçlar vermekte ve nispeten daha büyük büyüme rakamları ortaya çıkmaktadır.* Ayrıca sabit fiyat ile hesaplanan milli gelirde çok hızlı bir baz dönemi değişikliği kolay olmamaktadır. Zira baz yılının hızlı bir şekilde revize edilmemesi yukarıda saydığımız bazı mal ve hizmetlerin fiyatlarını gerçek anlamda yansıtamamaktadır. Sabit fiyat ile elde edilen milli gelirde baz dönemini 3 – 5 yıl gibi kısa dönemde değiştirmek ise, geriye dönük gelir hesaplamalarının yapılmasında da zorluklar yaratacağı için dezavantajlı durum olarak karşımıza çıkmaktadır. Çağın koşullarına daha kolay ayak uydurabilmek ve mal ve hizmetlerin fiyatlarının daha kolay hesaplamaya yansıtılabilmesi zincirleme hacim endeksi ile ortaya konmaktadır. Zincirleme hacim endeksi hesaplanmasında ele alınan referans yılının doğru seçilmesi durumunda avantajı daha da artmaktadır. Yukarıdaki tabloda da ifade edildiği gibi reel anlamda ekonomik büyüme hızı zincirleme hacim endeksi; sabit fiyatlar ile karşılaştırıldığında daha büyük çıkmaktadır. Örneğin 2018 yılında sabit fiyatlar ile büyüme hızı %12 civarında iken, zincirleme hacim endeksine göre bu oran %25 civarında gerçekleşmiştir.

Zincirleme hacim endeksinin daha anlaşılır hale gelmesi için Türkiye ekonomik büyüme rakamlarıdan faydalanmak gerekmektedir. Örneğin, Türkiye için 2015, 2016 ve 2017 yılların ait çeyrek dönemler itibari ile endeks değerleri (2009=100) ve her çeyrek dönemin bir önceki çeyrek döneme göre yüzdeserl artış hızları aşağıdaki gibidir(TUİK).

Tablo 9. Yıllara göre Zincirlenmiş Hacim Endeks Değeri (Türkiye)

Yıllar (Çeyrek)	Endeks Değeri	Değişim Oranı
2015:1	132,9	3,5
2015:2	147,6	7,2
2015:3	**164,6**	6,6
2015:4	165,0	6,3
2016:1	139,0	4,6
2016:2	154,6	4,7
2016:3	**164,4**	**-0,1**
2016:4	172,4	4,4
2017:1	146,5	5,4
2017:2	164,4	6,3
2017:3	**181,7**	**10,5**
2017:4	184,8	7,2

Kaynak: TUİK

Yukarıdaki tabloda, çeyrek dönemlere ait değişim oranları her yıla a it sadece o çeyrek ile bir önceki çeyrek dönem arasındaki ilişkilerden ortaya çıkmaktadır. Bu sebeple ekonomik büyüme rakamları her yıla ait aynı çeyrek dönemlerin kıyaslanması ile olmaktadır. Ayrıca oluşturlan endeks değerleri referans yıl olarak hesaoplama da esas alınan 2009 yılını ortalama değeri 100 kabul edilerek, her yıldaki çeyrek dönemlere göre yeniden elde edilmektedir. Değişim oranları bir önceki çeyrek dönem endeks değerine bağlı olduğu için bu dönem ortalama değer bağlı olarak ortalamadan oldukça düşük ya da oldukça yüksek olursa baz etkisi dolayısıyla takip eden bir sonraki yılın aynı çeyrek dönemin de olması gerekenden daha yüksek ya da dah düşük çıkabilmektedir. Bu sebeple bu baz etkisinden dolayı o yıla ait ekonomik büyüme rakamları daha büyük bir değer almaktadır. Bu duruma örnek olarak yukarıdaki tabloda 2016 yılının üçüncü çeyrek dönemi ile 2017 yılına ait üçüncü çeyrek dönemi gösterilebilir. 2016 yılının bu döneminde meydana gelen düşük büyüme sonrasında aynı çeyrek 2017 yılında daha fazla bir büyüme gelmesi baz etkisi ile sonucu daha da büyük çıkarmıştır. Bu sebeple ekonomik yorumlamalarda bu baz etkisini dikkate almak gerekmektedir. Elde edilen çeyrek dönemlerden yola çıkarak, yıllık olarak elde edilecek büyüme rakamlarında ise referans alınan yılın katkı payları esas alınarak yapılmaktadır. Bu bağlamda, yıllık büyüme rakamları hesaplanırken ilk çeyrek değişim oranı 0.21, ikinci çeyrek değişim oranı 0.24, üçüncü çeyrek dönemi değişim oranı 0.26 ve dördüncü çeyrek dönem değişim oranı ise 0.29 rakamları ile çarğılması gerekmektedir. Örneğin 2015 yılına ait yıllık büyüme hızı;

3,5*0,21+7,2*0,24+6,6*0,26+6,3*0,29 = %6 olarak hesaplanır.

Cari fiyat düzeyi ile hesaplanan nominal milli gelir değişimi içinde hem fiyat hem de üretim miktarı değişimi söz konusu olmakta iken, sabit ya da zincirleme hacim endeksi ile hesaplanan reel milli gelir değişimi içinde ise belli bir dönem fiyatları sabit tutulması sonucunda sadece üretim miktarı değişimi söz konusu olmaktadır. Bu sebeple nominal milli gelirin reel düzeydeki milli gelire oranlanması sonucu, ülkedeki fiyatlar genel seviyesinin bir ölçüsü olan deflatör kavramı karşımıza çıkmaktadır. Deflatör kısaca cari fiyatlar ile ifade edilmiş nominal değerleri reel değere çeviren bir araç olarak ifade edilebilir. Deflatör endeksinin olmadığı durumlarda nominal değerleri reel değerlere çevirebilmek için enflasyon oranlarının da kullanılması söz konusu olmaktadır. Kısaca yapılan bu işlemlerin tamamına deflate etmek denilmektedir. Buna göre GSYH Deflatör formülü;

$$GSHY\ Deflatör = \frac{Nominal\ GSYH}{Reel\ GSYH} x\ 100$$

şeklinde gösterilebilir. Bu durumda her dönem ile elde edilen deflatör değeri bir önceki dönem deflatör değeri arasında yüzdesel değişmeler; pozitif değer alıyorsa fiyatlar genel düzeyinde bir artışa yani *enflasyona*, negatif bir değer alıyorsa fiyatlar genel düzeyinde bir azalışa yani *deflasyona* işaret etmektedir.

Tablo 10: Deflate Edilmiş Gelirler

Yıllar	Nominal Gelir	Reel Gelir (Sabit Fiyatlar)	Reel Gelir (Zincirlenmiş endeks)	Deflatör (Sabit Fiyatlar)	Deflatör (Zincirlenmiş Hacim)
2016	4500	4500	-	100	-
2017	5540	4950	4950	112	112
2018	6280	5550	6200	113	101
2019	6810	5800	6530	117	104

Kaynak: Tablo 5.'teki değerlere göre hesaplanmıştır.

Yukarıdaki örneğe göre, 2016 yılının fiyatları esas alındığında elde edilen reel milli gelirden yola çıkarak hesaplanan deflatör değeri sürekli artış eğilimi içerdiği için, ülkedeki fiyatlar genel düzeyinin arttığı yani enflasyonun olduğuna işaret etmektedir. Buna karşılık her dönem bir önceki dönemin fiyatlarının esas alındığı zincirleme hacim ile hesaplanan reel gelire bağlı yapılan deflatör değerlerinde ise 2018 yılında azalma dolayısıyla ortalama fiyatlar düzeyinde bir azalmaya, 2019 yılında ise 2018 yılına göre artış olduğu için ortalama fiyatlar genel düzeyinde bir artışa işaret etmektedir.

Sektörlerin GSYH içinde büyümeye katkısı, o sektörün GSYH içindeki payına ve dönemler itibari ile büyüme hızına bağlıdır. Bu sebeple GSYH içinde büyük bir paya sahip olan sektörlerde meydana gelen büyüme hızı muhakkak ki ekonomik büyümede önemli bir rol oynayacaktır. Buna göre her bir sektörün ekonomik büyüme içindeki katkısı şu şekilde hesaplanmaktadır.

Tablo 11: Sektörlerin GSYH ve Ekonomik Büyümeye Katkıları (%)

	Tarım, Ormancılık ve Balıkçılık	Sanayi	İnşaat	Hizmetler	Vergi - Sübvansiyon	GSYH
2017	106262848 (6,2)	341814205 (20,0)	128318671 (7,5)	936130493 (54,9)	196340450 (11,5)	1705666209
2018	108504357 (6,2)	346412663 (19,7)	125895925 (7,2)	980849196 (55,9)	196818838 (11,2)	1756136304
2019	112560772 (6,4)	343091976 (19,4)	115043508 (6,5)	1008770018 (56,9)	196607712 (11,1)	1772231904
2019 büyüme hızları (%)	3,74	-0,96	-8,6	2,85	-0,11	0,9

Kaynak: TÜİK, ( ) GSYH İçindeki Pay

Bu hesaplamalara göre GSYH büyümesine en çok katkı sağlayan, sektör payı en çok olan hizmetler sektörü olmaktadır. Fakat tam tersi eğer bu sektörün büyüme hızı negatif ise bu durumda GSYH büyüme hızını en çok aşağıya çeken sektör olmaktadır.

Sektörün Ekonomik büyümeye katkısı =

(Sektörün GSYH içindeki payı) x (Sektörün büyüme hızı)

Yukarıda verilen tabloya göre sektörlerin 2019 yılı ekonomik büyümeye katkısı;

Tarım Sektörünün Katkısı = 0,0374 x 6,4 = 0,24

Sanayi Sektörünün Katkısı = -0,0096 x 19,4 = 0,19

İnşaat Sektörünün Katkısı = - 0,086 x 6,5 = - 0,56

Hizmetler Sektörünün Katkısı = 0,0285 x 56,9 = 1,6

Vergi – Sübvansiyon = - 0,0011 x 11,1 = - 0,01

Tüm bu anlatılanlardan çıkarılabilecek sonuç; ülkelerin milli gelirle ilgili pek çok iktisadi verisinin olduğu ve bu verilerin o ülke ekonomisi hakkında oldukça önemli fikirler verdiğidir. Bundan dolayı milli gelirin nasıl hesaplandığı, hesaplanması esnasında hangi yöntemin kullanıldığı, hangi fiyatların alındığı, baz ve referans yıllarının hangi yıllar olduğu, mili gelir içerisinde sektörlerin payları, üretim faktörlerinin payları, vb. gibi detaylı bilgilere sahip olunmalıdır. Ancak bu sayede milli gelirin bir rakamdan ibaret olmadığı anlaşılabilir. Hatta milli gelir içindeki yurtiçi talep/yurt dışı talep paylarını ya da üretim/tüketim kaynaklı paylarını bilmek doğru analiz ve değerlendirmeler yapılmasını çok kolaylaştır. Bu sayede bir ülke ekonomisinin geçmiş milli gelir rakamlarını tekrar eden bir bakış açısından, o ekonomini geleceğe yönelik doğruya yakın tahminlerde bulunan bir bakış açısına sahip olunur.

Bir ülkenin milli gelirle ilgili büyüklüklerini tahmin etmek, ekonomik gidişat hakkında fikir sahibi olmak ya da beklenti oluşturmak için kullanılan farklı bazı göstergelerde bulunmaktadır. Örneğin güven endeksleri ve sanayi üretim endeksleri bu konuda oldukça çarpıcı bilgiler sunabilmektedir.

G. Ekonomik Güven Endeksi

Toplumdaki bireylerin birbirlerine, devlete, devletin de vatandaşlarına duyduğu ve kültürün, dinin, yazılı ve yazılı olmayan kuralların etkisi altında olan *güven duygusu*, günümüz ekonomilerinin sosyal sermayelerini oluşturan bir üretim faktörü gibi işlev görmektedir. Ekonomik Güven Endeksi, TÜİK tarafından aylık olarak yapılan, firma ve hane halklarının ekonominin mevcut durumu ve geleceğine yönelik beklentilerini ölçmeye çalışan bir endekstir. Ekonomik Güven Endeksi, ülke ekonomisinin reel durumunun değerlendirilmesine yardımcı olacak önemli ekonomik bilgilerin elde edilmesine imkân verir. Bu endeks hem firmaların hem de hanehalklarının gelecek 3 ay, 6 ay ya da 12 ay için beklentilerini açıkça ortaya koymakta ve politika uygulayıcılarına önceden önlem alma fırsatı vermektedir. Ayrıca sermaye/gelir sahiplerine de tasarruflarının rasyonel şekilde değerlendirmesine yardımcı olmaktadır.

En basit anlamda insanlar ekonominin gidişatına yönelik beklentileri ile uyumlu olarak yatırım ya da tüketim kararı verir. Ekonomik Güven Endeksindeki yükseliş hanehalklarının/firmaların ekonominin gidişatına güvenmeleri anlamına gelir. Bu durum ekonomi ve piyasalar açısından olumludur. Ekonomideki Güven Endeksi ile maliyetler arasında zıt/ters yönlü bir ilişki mevcuttur. Çünkü ekonomik karar birimleri, ortak değer ve normlara uygun hareket edeceklerinden birbirlerine güvenmeleri durumunda ekonomik işleri devam ettirmenin maliyeti azalacaktır. Aksine, birbirlerine güvenmeyen ekonomik birimler, nihayetinde kendini yalnızca müzakereye, anlaşmaya ve dava etmeye iten bir formel kurallar ve düzenlemeler sistemi içinde birbirleriyle iş birliği yapacaklardır. Bu da her türlü maliyetin (zaman, yönetim ve üretim maliyetlerinin) yükselmesine neden olacaktır (Fukuyama, 1998).

Genel ekonominin gidişatı hakkında tahminde bulunmak, gerekli kararları alabilmek ve yönetebilmek için Ekonomik Güven Endeksi büyük önem taşımaktadır. Bu bağlamda endeks, ekonomideki arz ve talep yönündeki üretici ve tüketici birimlerinin genel ekonomik duruma ilişkin davranış, değerlendirme, karar, beklenti ve eğilimlerini bir bütün olarak ve kapsamlı biçimde özetleyen ve öncü gösterge niteliğini taşıyan bir bileşik endekstir. Ekonomik Güven Endeksi, tüketici güven, mevsim etkilerinden arındırılmış reel kesim (imalat sanayii), hizmet, perakende ticaret ve inşaat sektörlerine ilişkin güven endekslerine ait normalleştirilmiş alt endekslerin ağırlıklandırılarak birleştirilmesinden olmak üzere beş alt endeksten oluşur (TÜİK).

Tablo 12: Ekonomik Güven Endeksinin Kapsadığı Endeks ve Alt Endeksler

Yayım. Kurum	**Güven Endeksi**	**Güven Alt Endeksi**	**Endeks Başlangıç Dönemi**
TÜİK	Tüketici Güven Endeksi	Hanenin maddi durum beklentisi (gelecek 12 aylık dönemde)	2007 Ocak
		Genel ekonomik durum beklentisi (gelecek 12 aylık dönemde)	2007 Ocak
		Mevcut Dönemde Hanenin Maddi Durumu (geçmiş 12 aylık döneme göre)	2007 Ocak
		Dayanıklı Tüketim Mallarına Harcama Yapma Düşüncesi (gelecek 12 aylık dönemde)	2007 Ocak
TCMB	Reel Kesim (İmalat Sanayi) Güven Endeksi	Toplam sipariş miktarı (mevcut durum)	2007 Ocak
		Mamul mal stok miktarı (mevcut durum)	2007 Ocak
		Üretim hacmi (gelecek 3 ay)	2007 Ocak
		Toplam istihdam (gelecek 3 ay)	2007 Ocak
		Toplam sipariş miktarı (son 3 ay)	2007 Ocak
		İhracat sipariş miktarı (gelecek 3 ay)	2007 Ocak
		Sabit sermaye yatırım harcaması	2007 Ocak
		Genel gidişat	2007 Ocak
TÜİK	Hizmet Sektörü Güven Endeksi	İş durumu (son 3 aylık dönemde)	2011 Ocak
		Hizmetlere olan talep (son 3 aylık dönemde)	2011 Ocak
		Hizmetlere olan talep beklentisi (gelecek 3 aylık dönemde)	2011 Ocak
TÜİK	Perakende Ticaret Sektörü Güven Endeksi	İş hacmi-satışlar (son 3 aylık dönemde)	2011 Ocak
		Mevcut mal stok seviyesi	2011 Ocak
		İş hacmi-satışlar beklentisi (gelecek 3 aylık dönemde)	2011 Ocak
TÜİK	İnşaat Sektörü Güven Endeksi	Alınan kayıtlı siparişlerin mevcut düzeyi	2011 Ocak
		Toplam çalışan sayısı beklentisi (gelecek 3 aylık dönemde)	2011 Ocak

Kaynak: TÜİK.

Ekonomik Güven Endeksi'nde, AB ile uyumlulaştırılmış işyeri ve tüketici anketleri ortak programında yer alan sektörel ağırlık katsayıları kullanılmaktadır. Alt endekslere eşit olarak dağıtılarak kullanılan beş sektörün; Tüketici Güven Endeksi %20, Reel Kesim (imalat sanayi) Güven Endeksi %40, Hizmet Sektörü Güven Endeksi %30, Perakende Ticaret Sektörü Güven Endeksi %5 ve İnşaat Sektörü Güven Endeksi ise %5 şeklinde ağırlıklandırılmıştır. Ekonomik Güven Endeksi; mevsim etkilerinden arındırılmış şekilde tüketici (4), reel kesim (imalat sanayi) (8), hizmet (3), perakende ticaret (3) ve inşaat (2) sektörlerine ait toplam 20 alt endeksin ağırlıklı ortalamasıdır.

Ekonomik Güven Endeksi, alt endekslerden oluşturulan denge matrisi temel alınarak şu şekilde hesaplanmaktadır (TÜİK): Öncelikle denge matrisindeki her bir alt endeksin her dönem değeri, sabit dönem ortalama ve standart sapması kullanılarak normalleştirilmektedir. İkinci olarak normalleştirilmiş denge değerlerinin ağırlıklı ortalaması alınarak bir bileşke seri elde edilmektedir. Bileşke seri, ortalaması 0 ve standart sapması 1 olacak şekilde normalleştirilmektedir. Son aşamada ise normalleştirilmiş bileşke serinin ortalaması 100'e ve standart sapması 10'a getirilerek endeks elde edilmiş olmaktadır. Ekonomik Güven Endeksi'nin 100'den büyük olması ortalama üzeri güveni, küçük olması ise ortalama altı güveni göstermektedir. Başka bir ifade ile Ekonomik Güven Endeksi ve sektörel güven endeksleri 0-200 aralığında değer alır. Ekonomik Güven Endeksi'nin 100'den büyük olması ülke genel ekonomik duruma ilişkin iyimserliği, aksine 100'den küçük olması ise genel ekonomik duruma ilişkin kötümserliği göstermektedir. Aynı şekilde Ekonomik Güven Endeksi'ni oluşturan alt beş sektörel güven endekslerinde endeks değeri, 100'den büyük olması sektörün mevcut ve gelecek döneme ilişkin iyimserliğini, 100'den küçük olması ise kötümserliğini göstermektedir. Ekonomik Güven Endeksi değerlerine 2007 yılından itibaren ulaşılabilmektedir.

TCMB'nin açıkladığı *Reel Kesim (imalat sanayi) Güven Endeksi*, imalat sanayinde faaliyet gösteren 1732 işyerinin yanıtlarının ağırlıklandırılıp toplulaştırılmasıyla elde edilir. TCMB, İktisadi Yönelim İstatistikleri ve Reel Kesim Güven Endeksi anketi yoluyla firmaların yatırım harcaması, genel gidişat, son üç aydaki toplam sipariş miktarı, mevcut toplam sipariş miktarı, mevcut mamul mal stoku, gelecek üç aydaki üretim hacmi ve gelecek üç aydaki toplam istihdama ilişkin yanıtları dikkate alınır.

Tüketici Güven Endeksi, Türkiye genelinde aylık 4884 hanedeki 16 yaş ve üstündeki fertlere uygulanan Tüketici Eğilim Anketi'ne dayanmaktadır. Anket ile mevcut durum, beklentiler ve eğilimler, kişisel mali durum[2], ge-

2 Tüketicinin, geçen 12 aylık dönemde hanesine ait maddi durumu, gelecek 12 aylık dönemde hanesine ait maddi durumu ile ilgili beklentisi, hanesi için mali durum değerlendirmesi, gelecek 3 aylık dönemde borç kullanma ihtimali.

nel ekonomi[3] ve harcama eğilimleri[4] konu başlıkları kapsamında ölçülmektedir.

Hizmet, Perakende ve Ticaret ve İnşaat Sektörü Güven Endekslerinde; İşyeri eğilim istatistikleri kapsamında uygulanan aylık eğilim anketleri, özel sektör işyeri yöneticilerinin; işyerinin mevcut duruma ilişkin değerlendirmelerini ve yakın gelecek için beklentilerini ölçmeyi amaçlamaktadır (TÜİK). Örnekleme çerçevesi olarak iş kayıtlarından 10+ çalışana sahip özel sektör girişimler esas alınmaktadır. Örnekleme çerçevesi her yıl güncellenmektedir. Bu bağlamda Hizmet Sektörü Eğilim Anketi; iş durumu, talep (iş hacmi), çalışan sayısı, satış fiyatları, mevcut kaynaklarda bir değişiklik yapılmadan faaliyeti arttırabilme durumu, faaliyeti kısıtlayan faktörler ve sabit sermaye yatırımını kapsamaktadır. Perakende Ticaret Sektörü Eğilim Anketi; iş hacmi (satışlar), stok seviyesi, sipariş miktarı, çalışan sayısı, satış fiyatları, mevcut kaynaklarda bir değişiklik yapılmadan faaliyeti arttırabilme durumu, faaliyeti kısıtlayan faktörler ve sabit sermaye yatırımını kapsamaktadır. İnşaat Sektörü Eğilim Anketi ise; inşaat faaliyeti, faaliyeti kısıtlayan faktörler, sipariş düzeyi, çalışan sayısı, satış fiyatları, mevcut kaynaklarda bir değişiklik yapılmadan faaliyeti arttırabilme durumu ve sabit sermaye yatırımını kapsamaktadır.

Dünyanın genelinde uygulama alanı bulan ekonomik güven endeksi, AB üyesi ve euro bölgesi ülkelerinde (Avusturya, Belçika, Bulgaristan, Güney Kıbrıs Rum Yönetimi, Çekya, Danimarka, Estonya, Finlandiya, Fransa, Almanya, Yunanistan, Macaristan, İrlanda, İtalya, Letonya, Litvanya, Lüksemburg, Malta, Hollanda, Polonya, Portekiz, Romanya, Slovakya, Slovenya, İspanya, İsveç ve Hırvatistan) *"Ekonomik Duyarlılık Göstergesi (ESI)"* olarak

---

[3] Tüketicinin geçen 12 aylık dönemde Türkiye'nin genel ekonomik durumuna ilişkin değerlendirmesi, gelecek 12 aylık dönemde Türkiye'nin genel ekonomik durumuna ilişkin beklentisi, Türkiye'de gelecek 12 aylık dönemde işsiz sayısı beklentisi, mevcut dönemin dayanıklı tüketim malları satın almak için uygunluğuna ilişkin düşüncesi, mevcut dönemin tasarruf etmek için uygunluğuna ilişkin düşüncesi, geçen 12 aylık dönemde tüketici fiyatlarının değişimine ilişkin düşüncesi, gelecek 12 aylık dönemde tüketici fiyatlarının değişimine ilişkin beklentisi, gelecek 12 aylık dönemde ücretlerin değişimine ilişkin beklentisi.

[4] Tüketicinin, gelecek 3 aylık dönemde yarı-dayanıklı tüketim mallarına yönelik harcama yapma düşüncesi, gelecek 12 aylık dönemde dayanıklı tüketim mallarına yönelik harcama yapma düşüncesi, gelecek 12 aylık dönemde otomobil satın alma ihtimali, gelecek 12 aylık dönemde konut satın alma ya da inşa ettirme ihtimali, gelecek 12 aylık dönemde konut tamiratı için para harcama ihtimali ve gelecek 12 aylık dönem içerisinde tasarruf etme ihtimali.

adlandırılmakta ve Türkiye'de olduğu gibi aynı 5 alt endeks ve aynı birleşik oranlar ile ağırlıklı ortalaması şeklinde hesaplanmaktadır. Endeks değeri hesaplanırken aynı şekilde mevsimsel etkilerden arındırılmaktadır (Eurostat, 2020). Türkiye'de TÜİK, AB üyesi ve euro bölgesi ülkeleri için Almanya merkezli Avrupa Ekonomik Araştırmalar Merkezi (ZEW) tarafından aylık olarak yayımlanmaktadır (Eryüzlü ve Hopoğlu, 133:2020). Türkiye ve euro bölgesi için endeks değerlerinin ifade ediliş şeklinde farklılık bulunmaktadır. Türkiye'de ekonomik güven endeks değeri 0-200 arasında değer alabilmekte, endeksin 100'den büyük olması mevcut ve gelecek döneme ilişkin iyimserliğini, 100'den küçük olması ise kötümserliğini göstermektedir. Ancak İngiltere, Almanya ve diğer euro bölgesi ülkelerinde ise ekonomik duyarlılık endeksi -100 ile 100 arasında değerler almaktadır. Endeks değeri -100 ile 0 değerleri arasında olması ekonomide kötümserliği, 0 ile 100 arasındaki değer ise mevcut ve geleceğe yönelik ekonomik iyimserliği ifade etmektedir. Bunun dışında ankette sorulan sorularda da kısmen farklılıklar bulunmaktadır.

Japonya'da ise reel (imalat) güven endeksine karşılık gelen "Tankan İmalat Güven Endeksi" hesaplanmaktadır. Japonya bu endeks ile işletmelerin kısa vadeli iş eğilimlerinin doğru bir şekilde tespit etmek ve böylelikle para politikasının uygun şekilde uygulanmasına katkıda bulunmayı amaçlamaktadır. "Tankan İmalat Endeksi" anketi, üç ayda bir, yaklaşık 10.000 işletmeyi kapsayacak şekilde liste ürünler ve envanterler, fiyatlar, satışlar ve istihdam durumları için arz ve talep koşulları gibi konulardaki sorular ile yapılmaktadır (The Bank of Japan, 2020). Endeks değeri euro bölgesinde olduğu gibi -100 ile 100 arasında bir değerdir.

H. Sanayi Üretim Endeksi

GSYH verilerinin anlık olarak döneme ilişkin ekonomik durumu göstermesi mümkün değildir. GSYH tıpkı bir dikiz aynası misali içinde bulunan durumu değil daha geri döneme ait durumu göstermektedir. GSYH verilerinin geç açıklanmasından dolayı, aylık olarak açıklanan Sanayi Üretim Endeksi ve onun en önemli belirleyicisi olan İmalat Sanayi Üretim Endeksi'nin takip edilmesi önem arz etmektedir. Hiç şüphe yok ki sanayi üretim endeksleri ile ekonomik büyüme arasında sıkı bir korelasyon ilişkisi mevcuttur. Bu sebeple Sanayi Üretim Endeksi, ekonominin lokomotifi kabul edilen sanayi sektöründeki iyileşme ya da kötüleşmeyi, ekonomide alınan politik kararların olumlu ve olumsuz etkilerini gözler önüne seren ve aylık olarak hesaplandığı için kısa dönemli etkileri anlamayı sağlayan bir göstergedir. NACE Rev.2'ye göre Sanayi Üretim Endeksi'ni oluşturan alt endeksler; Madencilik ve Taşocakçılığı, İmalat Sektörü ile Elektrik, Gaz, Buhar ve İklimlendirme Üretimi ve Dağıtımı şeklindedir.

Küresel ekonominin tamamında Sanayi Üretim Endeksi'nin yönünü belirleyen en önemli alt kalem imalat sanayideki üretim faaliyetleridir. Sanayi Üretim Endeksi hesabında kullanılan veriler aylık sanayi üretim soru kâğıdından elde edilen veriler ve Gelir İdaresi Başkanlığı verilerinden hesaplanan ciro bilgilerinden oluşmaktadır. Yayımlanan veriler geçici olup, her ay son iki ayın verisi revize edilmektedir. Aylık sanayi üretim soru kâğıdında firmaların o ayın; üretim miktarı, üretim değeri, satış miktarı, satış değeri ve KDV hariç ciro değerleri ile ilgili verileri istenmektedir. Verilerin, mevsim ile takvim etkilerinden *arındırılmamış* ve mevsim ile takvim etkilerinden *arındırılmış* serilerle açıklaması yapılmaktadır. Aylık olarak açıklanan endeks değeri 0 ile 100 arasındadır. TÜİK tarafından 2015 yılı baz yıl kabul edilerek, her ay 5067 sanayi işyeri ve 1868 madde kapsanarak sanayi üretim endeksi hesaplanmaktadır.

Sanayi Üretim Endeksi'ni oluşturan alt kalemlerin büyük bölümünde mevsim ve takvim etkisi bulunduğundan mevsim ve takvim etkilerinden arındırılmaktadır. Bu bağlamda TÜİK haber bültenleri ile birlikte standart olarak altı temel tablo yayımlanmaktadır. Aylık değişimler mevsim ve takvim etkilerinden arındırılmış serilerden, yıllık değişimler ise takvim etkilerinden arındırılmış serilerden elde edilmektedir. Mevsim ve takvim etkilerinden arındırılmış veriler TÜİK tarafından 3 farklı şekilde kamuoyu ile paylaşılmaktadır (TÜİK). Birincisi arındırılmamış veriden, takvim ve tatilden kaynaklanan etkiler arındırıldığında elde edilen takvim etkisinden arındırılmış veriler, bir önceki yılın aynı ayına/dönemine göre yapılan kıyaslamalarda kullanılmalıdır. İkincisi arındırılmamış veriden, mevsimsel etkilerden kaynaklanan hareketler arındırıldığında elde edilen mevsim etkilerinden arındırılmış veriler, bir önceki aya/döneme göre yapılan kıyaslamalarda kullanılmalıdır. Son olarak arındırılmamış veri, hem mevsim hem de takvim ve tatil etkilerinden arındırıldığında elde edilen mevsim ve takvim etkilerinden arındırılmış veriler, bir önceki aya/döneme göre yapılan kıyaslamalarda kullanılmalıdır (TÜİK). Sanayi Üretim Endeksi'nin belirleyicisi İmalat Sanayi Üretim Endeksi'dir. Sebebi imalat sanayinin toplam sanayi üretimi içerisindeki payının %85 seviyesinde (Akar, 68: 2019) olmasıdır.

Küresel ekonomi içindeki neredeyse tüm ülkelerde de durum buna yakındır. Küresel ekonomilerde imalat sanayi üretim endeksine karşılık gelen gösterge ise, Market Group Index ya da Purchasing Manager Index (PMI)'dir. Satın alma yöneticileri endeksi olarak ifade edilen PMI endeksi, şirketlerin satın alma yöneticilerinin mal ve hizmet satın alma eğilimlerini inceleyen bir göstergedir. PMI endeksi ile imalat sanayide faaliyet gösteren firmaların yeni üretimler için girdi satın alma eğilimleri (yeni siparişler, üretim, istihdam, girdi stoku vb.) belirlenirken hem sanayi üretiminin en gerçekçi verilerinin oluşmasına katkı sağlar hem de GSYH verisinin geç açıklanmasından dolayı büyümenin öncü göstergesi niteliğindedir. PMI endeksi verileri IHS Markit Grup[5] tarafından (Çin ve ABD hariç) hesaplanmaktadır. Bu gösterge her ayın sonunda (ABD) ya da her ayın ilk günü (İngiltere) açıklanmaktadır. Türkiye'de ise, İstanbul Sanayi Odası sadece İstanbul ili PMI endeksini Eylül 2015 tarihinden itibaren açıklamaktadır. Ayrıca HSBC de mevsimsel etkilerden arındırılmış Türkiye imalat sanayi satınalma yöneticileri endeksi (PMI) ni her ayın ilk günü açıklamaktadır.

PMI, sanayi üretim pazar payı yüksek olan firmalardaki üretimin ilk aşamasından satış aşamasına kadar her alanında görev alan yöneticilerin, geleceğe yönelik üretimler için girdi satın alma eğilimini, yani stoklardaki değişimlerini, personel sayısındaki değişimleri, yeni sipariş oranı/miktarını, teslimat sürelerini ve üretim oranındaki değişimleri ölçmektedir. İster İmalat Sanayi Üretim Endeksi ister PMI olarak ifade edelim, bu gösterge ekonomideki değişimleri belirleyen öncü göstergelerin başında gelmektedir. Özellikle GSYH verisinin gecikmeli açıklanması, PMI ve imalat sanayi endeksinin önemini bir kat daha artırmakta ve ekonomik büyümenin yönünün erken tahmin edilmesine imkân vermektedir.

Sanayi Üretim Endeksi de onun alt kalemi olan İmalat Sanayi Üretim Endeksi de 0-100 arasında bir değer alır. Ancak ekonomiler hangi konjonktüre maruz kalırsa kalsın talep asla sıfır olmayacağı için de üretim mutlaka devam edecek dolayısıyla her iki endeks değeri de sıfır olamayacaktır. Başka bir ifade ile konjonktüre maruz kalmış olsa da ekonomilerde üretim devam edecektir. Buna karşılık Sanayi Üretim Endeksi, İmalat Sanayi Üretim Endeksi ve PMI'nın %100 olması da teorik açıdan söylenmesi mümkün an-

5 IHS Markit, özel sektör ve kamuda 50.000'den fazla müşteriye hizmet veren, dünya ekonomisine yön veren pazarlar ve sektörler hakkında bilgi, analiz ve çözümler üreten bir şirkettir.

cak pratik açıdan mümkün olmayan bir durumdur. Çünkü ekonomi içerisinde yer alan firmaların ve firmaların yer aldığı sektörlerin kendi iç dinamiklerinden kaynaklanan birtakım avantajları ve dezavantajları bulunmaktadır. Örneğin bazı sektörler ve firmalar hammaddeye, diğer üretim faktörlerine ve pazara kolay erişirken bazıları ise aynı kolaylığa sahip olamaz. Firmaların teknolojik değişimleri ve verimlilikleri farklı düzeylerde ya da farklı zamanlarda olabilir. Dolayısıyla sektörlerde gelişim ve değişimlerin, diğer ekonomik birimlerin tutum ve davranışlarının farklı şekilde ortaya çıkmasının endeks değerinin 100 olmasının önündeki engeller olarak söyleyebiliriz. Bu bağlamda sanayi üretim endeks değeri, imalat sanayi üretim endeks değeri ya da PMI endeks değerinin 50'nin altında çıkması imalat sanayide kötü gidişat beklentilerini dolayısıyla yavaşlamayı, endeks değerinin 50'nin üstünde çıkarsa imalat sanayide üretim artışını dolayısıyla büyüme beklentisini ortaya koymaktadır.

İmalat sanayi güven ve PMI endekslerinin, diğer makroekonomik göstergelerin çoğuna göre gecikmesi en az olarak (aylık olarak) açıklanan veri olması, ekonomideki öncü gösterge konumlarını kuvvetlendirmektedir. Ancak bu endeks değerinin analizi yapılırken imalat sanayi kapasite kullanım oranları ile birlikte yapılması, ekonomik tahminin/öngörünün güvenirliğinin kuvvetlenmesine imkân verecektir. Aslında endekslerin tamamında kapasite kullanım oranlarını takip etmek gerekir. Ancak tüm üretim sektörlerini içeren bir kapasite kullanım oranı hesaplanmamaktadır. Türkiye'de Merkez Bankası, "İktisadi Yönelim Anketi" kapsamında işyerlerine yönelik her ay yaptığı anket çalışmalarına dayanarak sadece imalat sanayi kapasite kullanım oranlarını hesaplamakta ve her ayın sonuna doğru yalın halde ve mevsimlik etkilerden arındırılmış olarak açıklamaktadır. Bankanın yayımladığı bültenlerde, hem imalat sanayi alt gruplarına ilişkin kapasite kullanım oranlarını, hem de endeksin mal grupları düzeyinde verilerini görmek mümkündür. Mal gruplarının alt grupları dayanıklı tüketim malları, dayanıksız tüketim malları, toplam tüketim malları, gıda ve içecekler, ara malları ve yatırım mallarından oluşmaktadır. İmalat sanayi kapasite kullanım oranı, tıpkı üretim verilerinde olduğu gibi, genellikle sanayi üretiminin ve GSYH'nin öncü göstergesi gibi düşünülmektedir. Kapasite kullanım oranının yükselmesi üretim artışına, düşmesi de üretim azalmasına işaret etmektedir. İmalat sanayi verilerini okumak ve üretimle ilişkisini kurmak genel olarak güç olmakla birlikte, uzun dönemli eğilimler bu noktada bize bazı ipuçları vermektedir (Alkaçar, 71: 2016). Özetle, İmalat Sanayi Üretim

Endeksi'nin kötüleşmesi, ekonomide bir daralma beklentisi oluştururken, yükselmesi olumlu beklentilere sebep olmaktadır. Üretim endeksi yanında imalat sanayi kapasite kullanım oranlarının izlenmesi de ekonomik kararları ve dolayısıyla ekonominin büyümesini ya da daralması yönündeki tahmin edilebilirliği şekillendirir. Çünkü endeks değeri ile kapasite kullanım oranları birbirini teyit eden ve destekleyen verilerdir.

Sanayi üretim endeksini oluşturan alt endeksler hemen hemen tüm dünyada benzer şekilde oluşturulmuştur. Örneğin ABD'de sanayi üretim endeksi, "Endüstriyel Üretim (IP) endeksi" olarak adlandırılmaktadır. Türkiye'deki sanayi üretim endeksi gibi "Endüstriyel Üretim Endeksi" de imalat, madencilik ve elektrik ve gaz hizmetleri endüstrilerinin gerçek çıktılarını ölçmektedir. IP indeksi için toplama yöntemi olarak, Fisher-Ideal indeks formülünün bir versiyonu kullanılmaktadır. ABD elde ettiği verileri yani bir aylık ilk çıktı tahmini, bir sonraki ayın 15'inde yayınlanmaktadır. Açıklanan endüstriyel üretim endeksi verisi; beklentiden yüksek ise pozitif/boğa, beklentiden düşük ise de negatif/ayı piyasası olarak yorumlanmaktadır (federalreserve, 2020). Bunun yanında sanayi üretim endeks değerinin belirlenmesinde euro bölgesi ülkeleri ile Türkiye hemen hemen aynı yöntemi kullanmaktadır. Farklı şekilde adlandırılmış olsa da sanayi üretim endeksinin alt endeksleri benzer ve bu alt endeksler içerisinde her ülkede imalat sanayi endeksinin baskın şekilde ağırlığı bulunmaktadır. Örneğin sanayi üretim endeksi içerisindeki alt endeks olan imalat sanayi üretim endeksinin ağırlığı, Türkiye'de %84 iken, İngiltere'de %70 ve Almanya'da %79'dur. Ayrıca sanayi üretim endeksi ülkeler tarafından takvim ve mevsimsellikten arındırılmış veriler olarak açıklanmaktadır (eurostat, 2020). İtalya sanayi üretim endeksi, temel ürünlerden oluşan bir sepet için aylık olarak üretim hacimleri hakkında bilgi veren, genellikle 20'den fazla çalışanı olan işletmelerin bilgilerine dayanmaktadır. Yunanistan, sanayi üretim endeksi hesaplanmasında Türkiye'deki gibi aynı alt sektör endeksler ile bu sektörlerde faaliyet gösteren 1263 firmada ve 325 ürünü kapsayan bir anket yapmaktadır. Veriler ve ankete katılan ürünlerin ölçümü, ekonomik faaliyetin her bir dalındaki belirli özelliklere göre çıktı miktarları, üretim değeri ya da ciro açısından yapılmaktadır (elstat, 2020).

Ülkelerin sanayi üretim endeksi verilerini elde ederken sektör kapsamları ve verilerin açıklanma sıklığı hemen hemen aynıdır. Buna karşılık ülkelerin ekonomik büyüklüklerine bağlı olarak örneklem büyüklüğü farklılık göstermekte ve ayrıca baz yıllarında da kısmen farklılıklar bulunmaktadır. Aşağıdaki tabloda bazı ülkelerin sanayi üretim endeksi verilerini elde ederken kullandığı sınıflandırmalar verilmiştir.

Tablo 13: Sanayi Üretim Endeksi ve Bazı Ülke Örnekleri

Ülke	Sektör kapsamı	Baz yıl	Sıklık	Örneklem büyüklüğü	Zaman
Türkiye	Madencilik ve taşocakçılığı, imalat ile elektrik, gaz, buhar ve iklimlendirme üretimi ve dağıtımı sektörleri	2015	Aylık	2019 yılı sonunda 7296 işletme, GİB verileri	Referans ayı + 47 gün
Almanya	Maden ve taş ocakçılığı, imalat ve elektrik, gaz ve su temini	2015	Aylık	5200 mal türü 230 endeks	Referans ayı + 38 gün
Arnavutluk	İmalat, madencilik, kamu hizmetleri	2015	3 aylık		
Avustralya	Madencilik, taş ocakçılığı, imalat, elektrik, gaz, buhar, su temini, inşaat.	2017-2018	3 aylık		Referans ayı + 75 gün
Bulgaristan	Madencilik, taş ocakçılığı, imalat, elektrik, gaz, buhar, iklimlendirme, su toplama arıtma ve temini,	2015	Aylık	32280 sanayi işletmesi (10'dan fazla çalışanı olan 9200 işletme) 3800 birimlik örneklem	Referans ayı + 40 gün
Çin	Maden ve taş ocakçılığı, imalat, ileri teknoloji, sanayi imalatı, elektrik, ısıtma gücü, gaz, su üretim ve dağıtımı	2010	Aylık		
Danimarka	Maden ve taş ocakçılığı, kamu hizmetleri	2015	Aylık	20 ya da daha fazla kişiyi istihdam eden tüm birimler	Referans ayı + 40 gün
Fransa	Maden ve taş ocakçılığı, imalat ve elektrik, gaz ve su temini	2015	Aylık	4800 birim (cirosu 5 milyarın üzerinde ya da 20'den fazla çalışanı olan	Referans ayı + 40 gün
İngiltere	Madencilik, taş ocakçılığı enerji tedariki, su temini, atık yönetimi.	2016	Yıllık	25 üretim bölümü 234 endüstri,3800 ürün ve 21500 işletme	

Japonya	Madencilik ve imalat endüstrileri, elektrik, gaz ve buhar hizmetleri	2015	Aylık	385 ürün (revize raporda 412 ürün) ve 1600 emtia	
Katar	Sadece petrol sektörünü kapsıyor	2015	Aylık	15-20 önemli endüstriyel ürüne dayanır	
Makedonya	Madencilik, taş ocakçılığı, imalat sanayi, elektrik, gaz.	2010	Aylık	500 işletme	Referans ayı + 25-28 gün
Romanya	Madencilik ve taş ocakçılığı, imalat ve elektrik, gaz, buhar ve havalandırma üretimi ve tedarik.	2015	Aylık	3359 ürün için 10650 anket yapılmıştır	Referans ayı + 41 gün

Kaynak: Farklı çalışmalardan derlenmiştir.

İ. TÜİK Göstergelerinin Okunması

Türkiye İstatistik Kurumuna ait internet adresinde ülke ekonomisine ait ekonomik anlamda büyüklükler İstatistik segmesi altında Ulusal Hesaplar başlığında incelenmektedir. Ulusal hesaplar başlığı altında ülke ekonomisine ait cari fiyatlar ve zincirleme hacim endesksine göre reel fiyatlar ile milli gelir değerleri Üretim, Harcama ve Gelir yöntemlerine göre ayrı ayrı verilmektedir. Her ülke açıasından önemli olan ve ekonomik büyüklüğün göstergesi olan milli gelir değeri, ülke içerisindeki maliyet ve fiyat artışlarının farklı olması nedeniyle tek bir para birimi ile ifade edilerek karşılaştırma yapılması önem arz etmektedir. Bu durumda ülkelerin karşılaştırması Satın Alma Gücü Paritesine göre takip edilmesi gerekmektedir. Bu bağlamada bu parite Enflasyon ve Fiyat başlığı altında takip edilebilmektedir. Ayrıca ülke büyüklüğü hakkında bilgi veren milli gelir hesaplamaları gecikmeli olarak açıklanması nedeniyle, ekonominin gidişatıyla ilgili göstergeler Ekonomik Güven Endeksi başlığı altında incelenebilir. Bu endeks içerisinde ekonomik, sektörel ve tüketici güven endeksine ilişkin alt başlıklar söz konusudur. Ayrıca ekonomiye yön veren sanayi sektöründeki gelişmeler sanayi başlığı altında incelenebilmektedir. Ülkedeki gelirin kişi, faktör, sektörel ve bölgesel açıdan dağılımları ise Gelir, Yaşam, Tüketim ve Yoksulluk başlığı altında incelenebilmektedir.

TÜRKİYE İSTATİSTİK KURUMU **Haber Bülteni**

Sayı: 33606 30 Kasım 2020 Saat: 10:00

Dönemsel Gayrisafi Yurt İçi Hasıla, III. Çeyrek: Temmuz - Eylül, 2020

Gayrisafi Yurt İçi Hasıla (GSYH) 2020 yılı üçüncü çeyreğinde %6,7 arttı

Künye: Dönemsel Gayrisafi Yurt İçi Hâsıla

Q-R Kodu:

Amaç: Ülkelerinin sınırları içerisinde üretilen mal ve hizmetlerin parasal değeri olarak ifade edilen GSYH aynı zamanda ülkenin diğer ülkeler ile ekonomik büyüklüğünü karşılaştırmak için kullanılır. GSYH ülkelerin üretim sonucu elde ettikleri gelir ve buna bağlı olarak yaptıkları harcamaların bir göstergesi olarak kullanılır.

Açıklanma Sıklığı: Yılda dört defa, çeyrek dönemler itibariyle. (Her çeyrek dönemi takip eden ikinci ayın sonunda). I. Çeyrek mayıs ayı sonunda, II. Çeyrek ağustos ayı sonunda, III. Çeyrek kasım ayı sonunda IV. Çeyrek ise takip eden sonraki yılın mart ayı sonunda açıklanır.

İnternette Haber Bülten Adresi: https://www.tuik.gov.tr

Anahtar Kelimeler: Cari Fiyatlar ile GSYH, Zincirlenmiş Hacim Endeksleriyle GSYH, GSYH Değişim Oranı, Kişi Başına GSYH, Gayrisafi Sabit Sermaye Oluşumu, İşgücü Ödemeleri, Sabit Sermaye Tüketimi, İşletme Artığı, Temel Fiyat

İktisadi anlamda GSYH bir rakamdan ibaret değildir. GSYH'yi rakamın ötesine taşıyabilmek ve bir ülkenin GSYH'sini doğru okuyabilmek için içeriğinin bilinmesi gerekir. Örneğin GSYH'nin oluşumuna tüketim ve yatırım harcamalarının katkısının ne oranda olduğunu, GSYH'nin oluşumunda faktör gelirlerinin paylarının ne olduğunu, GSYH'nin oluşumunda iç talep ve dış talebin paylarının ne olduğunu, GSYH'nin oluşumunda para arzının etkilerini, GSYH'nin oluşumunda ana sektörlerin katkı oranlarını bilmek gerekmektedir. Bunlardan biri ya da birden fazlası hakkında bilgi sahibi olmak, GSYH'nin doğru analiz edilmesine büyük katkılar sunacaktır. Örneğin sektörlerin (tarım, sanayi ve hizmet) GSYH içindeki paylarını biliyorsak, buradan o ülke ekonomisinin ve toplumun yapısı hakkında fikir sahibi olunabilir. Ayrıca sektörlere ait yorumlamalarda, GSYH içindeki payının nicel olarak büyük olmasının yanı sıra GSYH'ye sağlayacakları katma değerinin de yüksek olması gerekmektedir.

TÜİK'in resmi internet sitesinden haber bültenlerine ulaşarak, ekonomik büyüklük göstergelerinin başında gelen GSYH değerini takip etmek önem taşımaktadır. Bu büyüklüğü ortaya koyan haber bülteninin içerisinde rakamsal değerler söz konusu olmakla birlikte, farklı şekillerde hesaplama sonucu ortaya çıkan alt bileşen kalemlerinin seyri de ayrı ayrı ele alınmaktadır. Ayrıca GSYH pek çok ekonomik göstergenin oluşmasına da doğrudan ya da dolaylı katkı sağlamaktadır. Örneğin; Bütçe Açığı/GSYH, Cari Açık/GSYH, Borç Stoku/GSYH, Kısa Vadeli Yabancı Sermaye/GSYH, İhracat/GSYH gibi ekonomik göstergelerin hesaplanması ve ekonomik analizlerin yapılması açısından da GSYH önem arz etmektedir. Böylece GSYH, literatürde kriz erken uyarı sinyalleri olarak ele alınan göstergelerin elde edilmesine imkân vermektedir.

Bu haber bülteni içerisinde ilk olarak GSYH değerinin geçmiş iki yıla ait çeyrek dönemler itibari ile cari fiyat düzeyinde o döneme ait yapılan hesaplamalar sonucu nominal olarak elde edilen değerleri yer almaktadır. Nominal değer ile yapılan hesaplamalar ülkenin ulusal para birimi ile ifade edilmesi ile birlikte, içinde hem üretimden kaynaklanan değişmeyi hem de mal ve hizmetlerin fiyatlarında meydana gelen değişmeyi gösterir. Fakat ekonomik büyüklük hesaplamalarında ülkenin üretim ile yaptığı gelişme dikkate alındığından, nominal büyüklük yerine fiyatlar düzeyindeki değişmeleri sabit bırakacak reel bir büyüklük hesaplanması gerekmektedir. Nominal anlamda yapılan hesaplama bir tane olmasına rağmen reel anlamda yapılacak olan bu hesaplamalar birden fazla olmaktadır. Daha önce belirttiğimiz gibi, Türkiye'nin reel anlamda yaptığı hesaplama, zincirleme hacim endeksi ile olmaktadır.

Ekonomik büyüklük ölçütü için takip edilmesi gereken zincirleme hacim endeks değeri, takvim etkisinden arındırılmış (tatil günleri hariç tutularak) olarak çeyrek dönemin geçmiş yıla ait aynı çeyrek dönemi arasındaki değişim oranı ile ifade edilmektedir. Bu oran çeyrek dönem için ülkenin ekonomik büyüklüğünü göstermektedir. Bu şekilde her dönem için ayrı ayrı hesaplanan ekonomik değişim oranı, referans alınan 2009 yılına ait çeyrek dönemlerin ekonomik büyülüğe yaptığı katkı oranları ile hesaplanarak ülkeye ait yıllık ekonomik büyüme rakamı elde edilmektedir. Örneğin 2020 yılı III. çeyrek döneme ait büyüme hızı rakamı hesaplanırken, 2019 yılı III. çeyrek dönemine ait zincirlenmiş hacim endeks değeri esas alınır. İki dönem arasındaki değişim oranı 2020 yılının III. çeyrek dönemine ait büyüme rakamı olarak karşımıza çıkmaktadır. Ayrıca zincirlenmiş hacim endeksine göre mevsimsellikten ve takvim etkisinden arındırılarak yapılan hesaplamalar da mevcuttur. Bu şekilde yapılan hesaplamalar ise o döneminin ekonomik değerini takip eden bir önceki değere göre kıyaslayabilmek için kullanılmaktadır. Örneğin 2020 Yılı II. çeyrek dönemine ait mevsimsellik ve takvim etkisinden arındırılmış değer ile 2020 III. çeyrek dönemi rakamları mukayese edilebilir.

Haber bülteninde ekonomik büyüklüğü kolayca takip etmek için referans yılı olarak seçilen 2009 yılına ait zincirlenmiş hacim değeri 100 kabul edilerek bir endeks oluşturulmuştur. Referans yılı olarak yeni seride 2009 yerine 2010 yılı da seçilebilirdi. TÜİK, son yıllarda tüm serileri (sanayi üretim endeksi, sanayi ciro endeksi, sanayi işgücü girdi endeksleri, perakende satış endeksi, işgücü maliyeti endeksi, ticaret ve hizmet endeksleri, inşaat ciro ve üretim endeksi, inşaat işgücü girdi endeksleri ve dış ticaret endeksleri) AB ile uyum çerçevesinde, 2010=100 bazlı olarak hesaplamaya başlamıştır. Ayrıca, AB'de milli muhasebe verileri 2010=100 referans yıllı hazırlanırken, TÜİK'in OECD'ye verdiği milli muhasebe verileri de 2010=100 bazlıdır. Bu bilgiler çerçevesinde, TÜİK'in referans yılı olarak, yeni seride 2010 ya da 2012 yılı yerine, kriz yılı olan 2009 yılını seçmesinin mantığı ve gerekçesi anlaşılamamıştır. Sonuç olarak zincirlenmiş hacim ile oluşturulan bu endeks değeri arasındaki değişim oranı ekonomik büyüklüğe ait rakam olarak karşımıza çıkmaktadır. Ayrıca diğer ülke ekonomileri ile karşılaştırma yapılabilmesi için ortak bir para birimi olan ortalama dolar kuru ile yapılan hesaplamalar da söz konusudur. Dolar kuru ile yapılan bu hesaplama, ülkenin nicel anlamda dünya ekonomisinde yerini göstermek için gerekli bir gösterge niteliği taşımaktadır.

GSYH büyüme hızları, II. Çeyrek: Nisan-Haziran, 2020

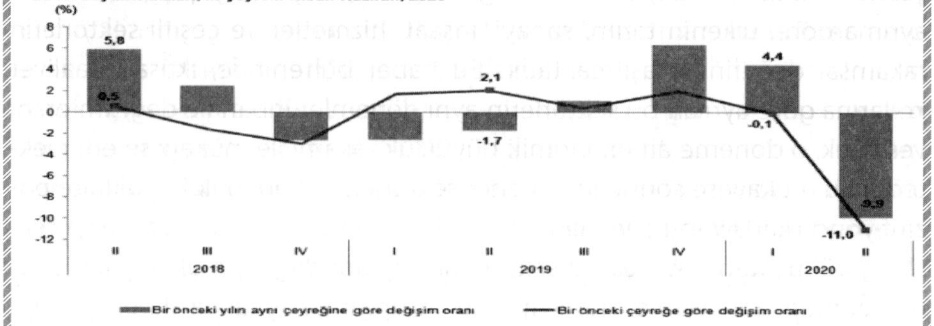

GSYH sonuçları, II. Çeyrek: Nisan-Haziran, 2020

		GSYH			
Yıl	Çeyrek	Cari fiyatlarla (Milyon TL)	Cari fiyatlarla (Milyon $)	Zincirlenmiş hacim endeksi	Değişim oranı (%)
2018	**Yıllık**	**3 758 316**	**797 124**	**174,5**	**3,0**
	I(r)	796 554	208 954	158,5	7,5
	II(r)	898 229	207 698	173,5	5,8
	III(r)	1 036 561	191 877	165,0	2,5
	IV(r)	1 026 971	188 594	161,0	-2,7
2019	**Yıllık**	**4 320 191**	**760 778**	**176,1**	**0,9**
	I(r)	925 360	172 414	154,4	-2,6
	II(r)	1 028 470	175 231	170,5	-1,7
	III(r)	1 158 060	204 169	187,0	1,0
	IV(r)	1 208 300	208 965	192,5	6,4
2020	I(r)	1 073 600	176 591	161,3	4,4
	II(r)	1 041 643	153 180	153,6	-9,9

(r) İlgili çeyreklerde güncelleme yapılmıştır.

Kaynak: TÜİK

- GSYH hem cari fiyatlar ile hem de zincirlenmiş hacim endeksine göre hesaplanmaktadır.
- GSYH takvim etkisinden ve mevsimsel- takvim etkisinden arındırılarak hesaplanmaktadır.
- Takvim etkisinden arındırılarak hesaplanan GSYH ile bir önceki yılın aynı dönemine göre değişim oranı ifade edilmektedir.
- Değişim oranı aynı zamanda çeyrek dönemler itibari ile ekonomik büyüme hızını gösteren rakamdır.
- Mevsimsel ve takvim etkisinden arındırılarak hesaplanan GSYH ise bir önceki döneme göre değişim oranını vermektedir.
- Ekonomik büyüme oranı hesaplanırken referans alınan yıl 2009 yılıdır (2009=100). 2009 referans yılına ait değere göre endeks oluşturulup, bu endeksteki artışlar diğer döneme yansıtılmaktadır.
- Ekonomik büyüme oranı hesaplanırken ele alınan ilgili döneme ait fiyatlar bir önceki yıla (baz yılı) ait fiyatlardır.
- GSYH ortalama dolar kuru ile dolar cinsinden hesaplanmaktadır.
- GSYH'nin nüfusa oranlanması ile kişi başına düşen gelir bulunmaktadır.

Ülkeler açısından ekonomik anlamda bu büyüklüğün hesaplanması için çeşitli yöntemler kullanılmaktadır. Bu yöntemlerden bir tanesi de ülkedeki sektörlerden yola çıkarak yapılan üretim yöntemi ile hesaplamadır. Bu yönteme göre yapılacak hesaplamalar NACE Rev. 2 kodlamasına tabi tutularak iktisadi faaliyet kollarına göre A10* düzeyinde yapılmaktadır. Bu ayrıma göre, ülkenin tarım, sanayi, inşaat, hizmetler ve çeşitli sektörlerin rakamsal değerine ulaşılmaktadır. Bu haber bülteninde, iktisadi faaliyet kollarına göre ayrılan bu sektörlerin aynı dönemler itibari ile değişim oranı verilerek, o döneme ait ekonomik büyüklük rakamı ile mukayese edilmektedir. Bu mukayese sonucunda hangi sektörlerin ekonomik büyüklüğe pozitif yönde katkı yaptığı ve hangi sektörlerin büyüme rakamını aşağıya çektiği görülmektedir. Ayrıca bu sektörlerin toplam değeri, o ülkenin elde etmiş olduğu GSKD'yi verdiği için ülkenin üretim aşamalarında elde ettiği katma değerleri görmek açısından da önem arz etmektedir.

Ekonomik büyüme verisinde ana sektörlerin milli gelire yaptığı katkı oranı, ekonomik büyümenin kalitesini ve sürdürülebilirliğini değerlendirmek açısından önemli bir göstergedir. Çünkü GSYH verileri değerlendirilirken ana sektörlerin büyüme oranları ve toplam büyümeye yaptıkları katkının bilinmesi gerekmektedir. Bu katkılar hakkında bilgi sahibi olmadan ekonomik büyüme oranı üzerinden yapılan değerlendirmeler/tahminler/öngörülerin hatalı yapılması ihtimali kuvvetlidir (Alkaçar, 2016). GSYH'yi oluşturan ana sektörlerin (tarım, sanayi ve hizmet), hatta ana sektörlerin alt sektörlerinin ekonomi içerisinde payı yüksek olanlarının performansları takip edilmelidir. Böylece ekonomik büyümeye yön veren ana sektörün hangisi/hangileri olduğunun bilinmesi hem uygulanacak politikaların etkinliğini hem de gelecek döneme ilişkin stratejik yatırımların ya da ekonomik planlamanın nasıl yapılması gerektiği konusunda yardımcı olacaktır.

---

* A10 İktisadi faaliyet Kolları şu şekilde ayrılmıştır.
A: Tarım
BCDE: Sanayi
F: İnşaat
GHI: Hizmetler
J: Bilgi ve İletişim
K: Finans ve Sigorta Faaliyetleri
L: Gayrimenkul Faaliyetleri
MN: Mesleki, İdari ve Destek Hizmet faaliyetleri
OPQ: Kamu Yönetimi, Eğitim, İnsan Sağlığı ve Sosyal Hizmet Faaliyetleri
RST: Diğer Hizmet Faaliyetleri

GSYH, iktisadi faaliyet kollarına göre A10[1] düzeyinde büyüme hızları, II. Çeyrek: Nisan-Haziran, 2020

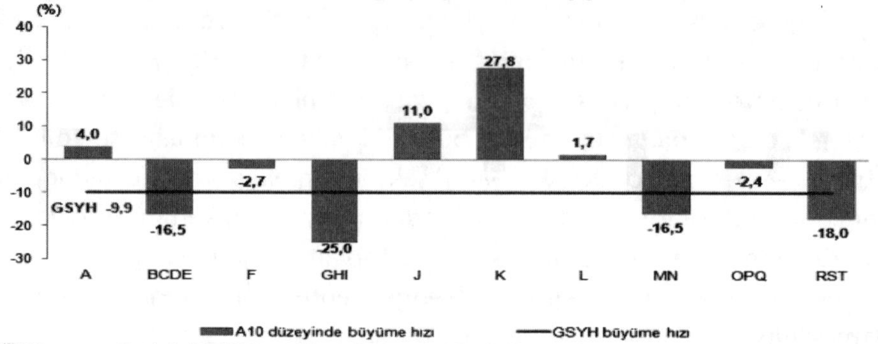

(1) A-Tarım, ormancılık ve balıkçılık BCDE-Sanayi, F-İnşaat, GHI- Hizmetler, J-Bilgi ve iletişim, K-Finans ve sigorta faaliyetleri, L-Gayrimenkul faaliyetleri, MN- Mesleki, idari ve destek hizmet faaliyetleri, OPQ- Kamu yönetimi, eğitim, insan sağlığı ve sosyal hizmet faaliyetleri, RST- Diğer hizmet faaliyetleri.

Kaynak: TÜİK

- NACE iktisadi faaliyet kollarına göre tasnif edilmektedir.
- Kısaca tarım, sanayi, inşaat ve hizmetler sektörleri olarak ele alınmaktadır.
- Takvim etkisinden arındırılarak bir önceki yılın aynı dönemine göre değişim oranı elde edilmektedir.
- Sektörlerin GSYH içindeki payları hesaplanmaktadır.
- GSYH içindeki pay ve değişim oranından yola çıkarak sektörün ekonomik büyümeye yaptığı katkı hesaplanır.
- Sektörlerden elde edilen GSKD ortaya konulur.

Ayrıca milli gelir ülkedeki karar mercilerinin yapmış olduğu harcama bileşenleri esas alınarak da izlenebilmektedir. Bu yönteme göre milli gelir özel kesimin ve kamu kesiminin yapmış olduğu tüketim harcamaları ile firmaların ve devletin yapmış olduğu yatırım harcamaları ve dış alem harcamaları toplamından meydana gelmektedir. Bu haber bülteni, harcama yöntemine ait alt kalemlerdeki değişim oranlarını (büyüme hızları) dönemler itibari ile vermektedir. Bu değişim oranları ile birlikte ülkenin hangi harcama kalemine bağlı olarak büyüdüğü ortaya çıkmaktadır. Özel kesim tüketim harcaması, kamu kesimi harcaması, sabit sermaye oluşumu ve ihracat kalemlerine ait ekonomik anlamda değişim oranları pozitif ise büyümeye pozitif yönde katkı, negatif ise büyümeyi aşağıya çeken (negatif) bir unsur teşkil eder. Harcama bileşenlerinden mal ve hizmet ithalatı ise gelir ile ters orantılıdır. Bu durumda ithalattaki değişim oranının pozitif olması durumu ekonomik büyümeyi aşağıya çeken bir unsur iken, ithalattaki değişim oranının negatif olması ise ekonomik büyümeyi yukarı doğru itmektedir. Harcama yönteminde alt bileşen grupları ekonomik büyümenin hangi kalem ya da kalemlerinden olduğunu da ortaya koymaktadır.

Harcama yöntemiyle GSYH bileşenlerinin büyüme hızları, II. Çeyrek: Nisan-Haziran, 2020

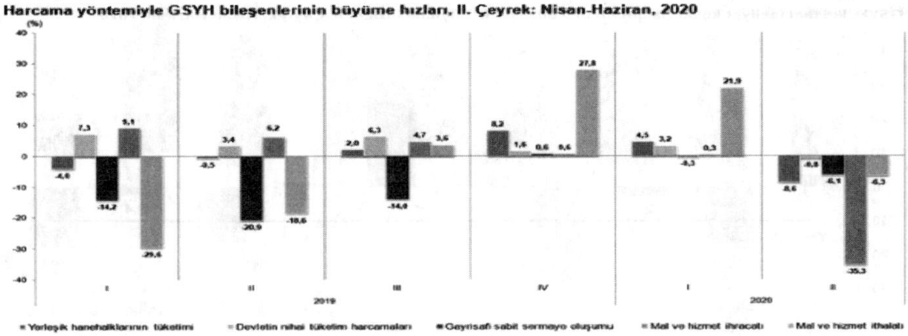

Kaynak: TÜİK

- Milli gelir denklemi Y = C + I + G + (X - M)
- C, I, G ve X değişkenleri ile GSYH doğru orantılı, M değişkeni ile ters orantılıdır.
- Harcama bileşenlerinin, takvim etkisinden arındırılmış olarak, bir önceki yılın aynı dönemine göre değişim oranı hesaplanır.
- Ayrıca bileşenlerin GSYH içindeki payı önemlidir.
- Değişim oranı ile GSYH içindeki payı değerlerinden yola çıkarak, ekonomik büyümeye yaptığı katkı hesaplanır.

Ele aldığımız dönemsel GSYH haber bülteninde, üçüncü milli gelir hesaplama yöntemi olan gelir yöntemi ile ülkenin elde ettiği gelirin ne kadarının işgücüne yapılan ödeme ve ne kadarın diğer faktör sahiplerine yapılan ödemeler (kar, faiz ve kira) olduğu ortaya konulmaktadır. Ayrıca bu yöntem ile ülkeye ait, net vergi dediğimiz, dolaylı vergiler ile sübvansiyonlar arasındaki fark da görülmektedir. Bunlara ilave olarak gelir yöntemi ile işletmelerin yapmış oldukları, yıpranma paylarını gösteren, sabit sermaye tüketimi değerine ait verilerine de ulaşılmaktadır. Bu yöntem bize ekonomiye ait gelirlerin fonksiyonel açıdan nasıl dağıtıldığının bir göstergesi olmaktadır. Ülkenin gelirin ne kadarının emekçilere, ne kadarının sermaye sahiplerine ve ne kadarının da devletin kasasına gittiği görülmektedir.

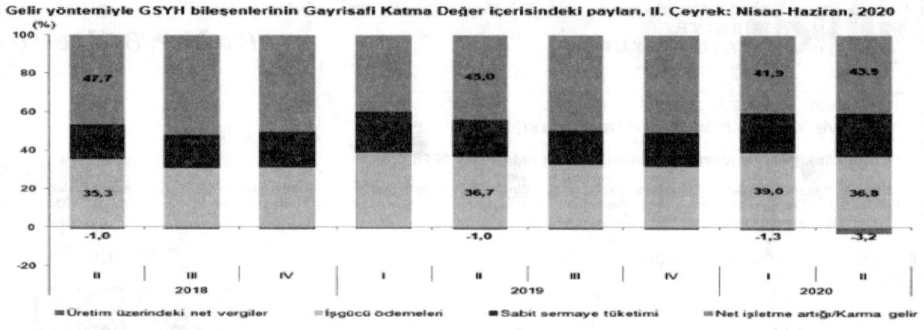

Kaynak: TÜİK

- Üretim faktörlerinin elde ettiği ücret/maaş, faiz, kira ve kar gelirlerini göstermektedir.
- Ayrıca amortisman olarak adlandırılan sabit sermaye tüketimimin rakamsal değeri verilmektedir.
- Üretim üzerinden alınan net vergilerin (dolaylı vergi – sübvansiyonlar) değeri verilmektedir.
- GSKD elde edilmektedir.
- Bütün bu değerlerin takvim etkisinden arındırılmış değişim oranı ve GSYH içindeki payı verilmektedir.
- Kısaca bu yöntem ile gelirin nasıl paylaşıldığı tespit edilebilmektedir.

Büyüme verisinde sektörlerin katkılarını ölçmek büyümenin kalitesini ve sürdürülebilirliğini ortaya koymak açısından son derece önemlidir. Ekonomik gelişmeleri veriler üzerinden izleyen gözlemcinin GSYH performansını analiz ederken mutlaka alt sektörlerin ne kadar büyüdüğünü ve toplam büyümeye ne kadar katkıda bulunduğunu bilmesi gerekir. Yoksa genel büyüme oranından yola çıkılarak yapılacak gelecek öngörüsünün yanılma payı yüksek olacaktır. Burada durup soralım; acaba mali aracılık sektörünün, imalat sanayinden daha fazla katkı yaptığı ve hatta bütün sektörler içinde en fazla katkıyı sağladığı bir ekonomik büyüme performansı ne kadar sürdürülebilir? Kuşkusuz GSYH verilerini analiz ederken kullanacağımız tek araç sektörel katkı rasyosu değildir. Birinci kısımda sözünü ettiğimiz GSYH'nin yapısal özelliklerinin de mutlaka verilerin analizinde göz önünde tutulması gerekmektedir. GSYH verileriyle ilgili değerlendirmeleri bitirmeden verinin yayınlama takvimine değinmek uygun olacaktır. Bu veri üç ayda bir yayınlanmaktadır ve yaklaşık üç ay gecikmelidir (Alkaçar, 2016).

TÜRKİYE İSTATİSTİK KURUMU — *Haber Bülteni*

Sayı: 33820 11 Eylül 2020 Saat: 10:00

Gelir ve Yaşam Koşulları Araştırması, 2019

En yüksek gelir grubunun toplam gelirden aldığı pay %46,3 oldu

Gelir ve Yaşam Koşulları Araştırması 2019 yılı sonuçlarına ilişkin gelir bilgileri, bir önceki takvim yılı olan 2018 yılını referans almaktadır. Gelir hesaplamalarında, hanehalkı gelirleri hanehalkı büyüklüğü ve kompozisyonu dikkate alınarak eşdeğer hanehalkı kullanılabilir fert gelirine dönüştürülmektedir.

Künye: Gelir ve Yaşam Koşulları Araştırması

Amaç: Gelir dağılımı ülke ekonomisinin gelişmişlik düzeyi ile birlikte özellikle insanların yaşam standartlarının ekonomik ve sosyal açıdan belirlenmesi için gerekli bir göstergedir.

Açıklanma Sıklığı: Her yılın Eylül ayında bir önceki yıla ait değerler

İnternette Haber Bülten Adresi: https://www.tuik.gov.tr

Anahtar Kelimeler: Kişisel Gelir dağılımı, Fonksiyonel Gelir Dağılımı, Sektörel Gelir Dağılımı, Lorenz Eğrisi, Gini Katsayısı, P80/P20, P90/P10

Q-R Kodu:

GSYH büyüklüğü ülkeler açısından tek başına bakılması gereken bir gösterge değildir. Bu büyüklük ile birlikte ülke nüfusunun da dikkate alınması gerekmektedir. Bu sebeple ülkelerin ekonomik gelişmişliklerinde GSYH büyüklüğü yerine kişi başına düşen gelir esas alınmaktadır. KBDMG, ortalama olarak bir kişiye düşen gelir miktarını ifade etmektedir. Fakat ülkedeki bütün kişilerin bu geliri elde etmesi söz konusu olmamaktadır. Eğer kişiler bu büyüklükten eşit şekilde faydalanmayıp, kimisi ortalama gelirden daha az, kimisi ise daha fazla gelire sahipse, bu durumda ülkenin gelir dağılımda bir adaletsizliğin olduğu ortaya çıkmaktadır. Elde edilen bu ortalama değeri anlamlaştırmak, yani refahın yayılımını öğrenmek için gelir dağılımıyla alakalı olan Lorenz eğrisi, Gini katsayısı ve P80/P20 oranı gibi göstergeler kullanılır. Sonuç olarak, GSYH büyüklüğü ile gelir dağılımı göstergelerini beraber değerlendirmekte fayda vardır.

İçinde bulunulan yıla ait gelir dağılımı anket sonuçları ülkede bir önceki yılda elde edilen gelirin nasıl dağılım gösterdiğini ortaya koymaktadır. Gelir dağılımı ortaya konulurken, ülke nüfusu %20'lik gruplar halinde eşit bir şekilde ele alınıp, bu grupların gelirden aldıkları paylar yüzdesel olarak ifade edilmektedir.

Eşdeğer hanehalkı kullanılabilir fert gelirine göre gelir dağılımı göstergeleri, 2010-2019

Anket yılı	2010	2011	2012	2013	2014	2015	2016	2017	2018	2019
Gelir referans yılı	2009	2010	2011	2012	2013	2014	2015	2016	2017	2018
P80/P20 oranı	8,0	8,0	8,0	7,7	7,4	7,6	7,7	7,5	7,8	7,4
P90/P10 oranı	13,9	14,4	14,2	13,6	12,6	13,3	13,6	13,4	13,7	13,0
Gini katsayısı	0,402	0,404	0,402	0,400	0,391	0,397	0,404	0,405	0,408	0,395

Sıralı yüzde 20'lik gruplar itibarıyla yıllık eşdeğer hanehalkı kullanılabilir fert gelirinin dağılımı (%), 2010-2019

Anket yılı	2010	2011	2012	2013	2014	2015	2016	2017	2018	2019
Gelir referans yılı	2009	2010	2011	2012	2013	2014	2015	2016	2017	2018
Toplam	**100,0**	**100,0**	**100,0**	**100,0**	**100,0**	**100,0**	**100,0**	**100,0**	**100,0**	**100,0**
İlk yüzde 20 (En düşük)	5.8	5.8	5.9	6.1	6.2	6.1	6.2	6.3	6.1	6.2
İkinci yüzde 20	10.6	10.6	10.6	10.7	10.9	10.7	10.6	10.7	10.6	10.9
Üçüncü yüzde 20	15.3	15.2	15.3	15.2	15.3	15.2	15.0	14.8	14.8	15.2
Dördüncü yüzde 20	21.9	21.7	21.7	21.4	21.7	21.5	21.1	20.9	20.9	21.4
Son yüzde 20 (En yüksek)	46.4	46.7	46.6	46.6	45.9	46.5	47.2	47.4	47.6	46.3

Tablodaki rakamlar, yuvarlamadan dolayı toplamı vermeyebilir.

Kaynak: TÜİK

- İçinde bulunulan yıl anket yılı, referans alınan (gelirin tasnif edilmesi) yıl ise bir önceki yıldır.
- %20'lik gruplar halinde ülke nüfusu ve bu nüfusun gelirden aldığı paylar verilmiştir.
- Nüfus ve gelirden aldıkları payların kümülatif olarak birikimli toplamlarından Lorenz eğrisi elde edilmektedir.
- Bu eğriden yola çıkarak gelir dağılımdaki eşitsizliğin bir göstergesi olarak Gini katsayısı hesaplanmaktadır.
- Gini katsayısının 1 olması mutlak eşitsizlik, 0 olması tam eşitlik anlamına gelmektedir.
- P80/P20 oranı, nüfusun en zengin %20'lik kısmının en fakir %20'lik kısmına göre, gelirden kaç kat fazla pay aldığını, P90/P10 ise nüfusun en zengin %10'luk kısmının en fakir %10'luk kısmına göre, gelirden kaç kat fazla pay aldığını göstermektedir.

Birikimli olarak toplanarak elde edilen nüfus ve gelir paylarının toplamı %100 olmaktadır. Bu şekilde nüfusun birikimli olarak her %20'lik kesimin gelirden aldıkları paylara ait birikimli toplamı ile gelir dağılımı eşitsizliğini gösteren Lorenz eğrisine ait grafik elde edilmektedir. Bu grafikten yola çıkarak Gini katsayısı hesaplanmaktadır. Gini katsayısı değerinin 1'e yakın olması gelir dağılımı adaletsizliğin arttığını, 0'a yakın olması ise gelir dağılımı adaletsizliğinin azaldığı anlamına gelmektedir. Ayrıca gelir ve yaşam göstergesinden yola çıkarak ülkedeki en zengin kesim ile en fakir kesim arasındaki uçurumu ortaya koyan farklar P80/P20 ve P90/P10 değerleri ile ifade edilebilmektedir.

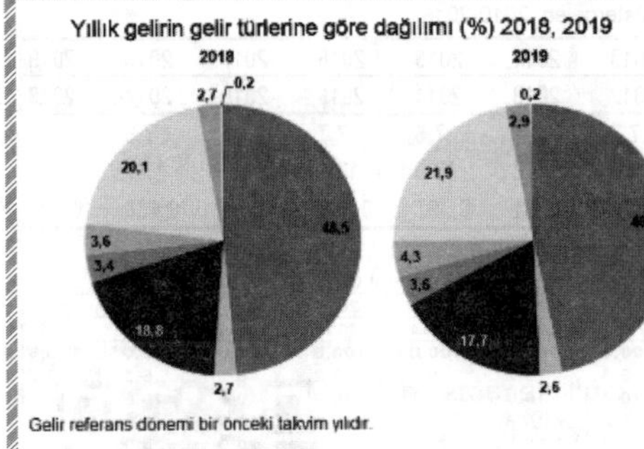

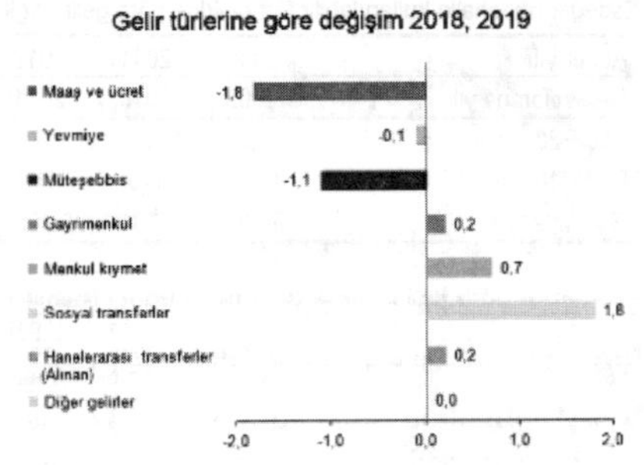

Kaynak: TÜİK

- Faktör gelirlerinin (ücret-maaş, faiz, kira, kar) gruplar arasında dağılımını göstermektedir.
- Bu gösterge ile faktör gelirlerinin toplam gelir içindeki payları ve değişim oranı verilmektedir. İlave olarak son iki yıl arasındaki gelişme durumu analiz edilmektedir.

Fonksiyonel gelir dağılımı ile belli bir dönemde elde edilen gelirin özellikle emek gelirleri (ücret-maaş, yevmiye) ve emek dışı gelirlerin (kar, kira, faiz gelirleri) arasında nasıl dağılım sergilediği ifade edilmektedir. Bu gelir dağılımı ile ülkenin üretim faktörleri olan emek, sermaye, toprak ve müteşebbisin elde ettikleri gelirlerin, bu gruplar arasında nasıl dağılım gösterdiği ortaya koyulmaktadır.

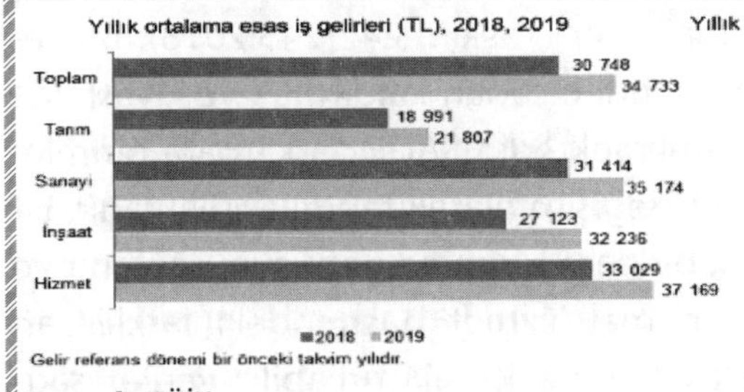

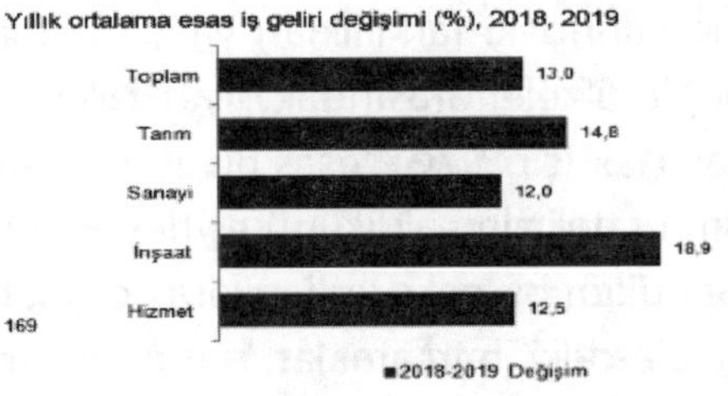

Kaynak: TÜİK

- NACE iktisadi faaliyet kollarına göre sektörlerin ortalama olarak bir yıl içinde elde ettikleri gelirler verilmektedir.
- Analiz edilen yıla ve bir önceki yıla ait rakamlar ve değişim oranları takip edilmektedir.

Ayrıca sektörel gelir dağılımı ile ülkedeki önemli sektörlerin ortalama olarak yıl içinde elde edilen gelir tutarı değeri verilmektedir. İlk olarak sektörlerin toplamına ait ortalama gelir ve değişim oranı verilmesi ile birlikte, özellikle tarım, sanayi, inşaat ve hizmet sektörlerine ait yıllık gelir tutarı değerleri son iki yıl karşılaştırmalı ve bu karşılaştırmadan elde edilen değişim oranı ile ayrı ayrı verilmektedir.

TÜİK TÜRKİYE İSTATİSTİK KURUMU *Haber Bülteni*

Sayı: 37544 15 Aralık 2020 Saat: 13:00

Satınalma Gücü Paritesi, 2019

SGP'ye göre kişi başına gayrisafi yurt içi hasıla endeks değeri 59 oldu

Künye: Satın Alma Gücü Paritesi (SGP)

Q-R Kodu:

Amaç: Satınalma Gücü Paritesi (SGP) temel olarak, ülkeler arasındaki fiyat düzeyi farklılıklarını gidererek uluslararası anlamda fiyat ve hacim karşılaştırmalarına yönelik olarak geliştirilen bir yöntemdir.

Açıklanma Sıklığı: Yıllık olarak açıklanmaktadır.

İnternette Haber Bülten Adresi: https://www.tuik.gov.tr

Anahtar Kelimeler: GSYH Endeksi, Bireysel Tüketim Endeksi, Fiyat Düzey Endeksi

GSYH'nin öncelikle ulusal para birimleri cinsinden hesaplandığını belirtmiştik. Ülkeler arasındaki kıyaslamalarda ise genel kabul görmüş bir para birimi cinsine çevrilerek karşılaştırma yapılması gerekmektedir. Bu sebeple ülkeler arasında ekonomik anlamda gelişmişlik dolar cinsinden ifade edilen GSYH ile olmaktadır. Her ne kadar ülkelere ait GSYH dolar cinsinden ifade edilmiş olsa da bu, ülkedeki yaşam maliyetleri ve enflasyon oranlarındaki farklılıkları yansıtmamaktadır (Taşkın, 242-243:2018). Bu sebeple ülkeler arasındaki fiyat farklılıklarını ortadan kaldırmak ve kıyaslama yapmak için SAGP esas alınması gerekmektedir. SAGP, farklı para birimlerinin satın alma gücünü eşitleyen bir değişim olarak tanımlanmaktadır. Elde edilen bu oran kullanılarak ortak bir para birimine dönüşüm sağlanır ve ülkelerdeki harcamalar, satın alınan mal/hizmet hacmindeki farklılıkları yansıtarak ülkeler arasında gerçek anlamda karşılaştırılabilir veriler sağlanmış olur.

Genellikle ülkelerin gelişmişliği yaşam standartlarının yüksek olması ile paralellik arz etmektedir. Fakat nicel anlamada GSYH değeri tek başına yaşam standartının yüksek olduğunun belirtisi olmamaktadır. Ülkelerin nüfus, ulusal paranın değeri, üretimdeki faktör fiyatlarının farklılık göstermesi gibi etmenler nedeniyle GSYH değeri yaşam standartı için tek başına ölçüt olmamaktadır. Bu sebeple yaşam standartının daha etkin ölçümünün KBDMG ile daha kolaya ölçülebileceğini göstermektedir.

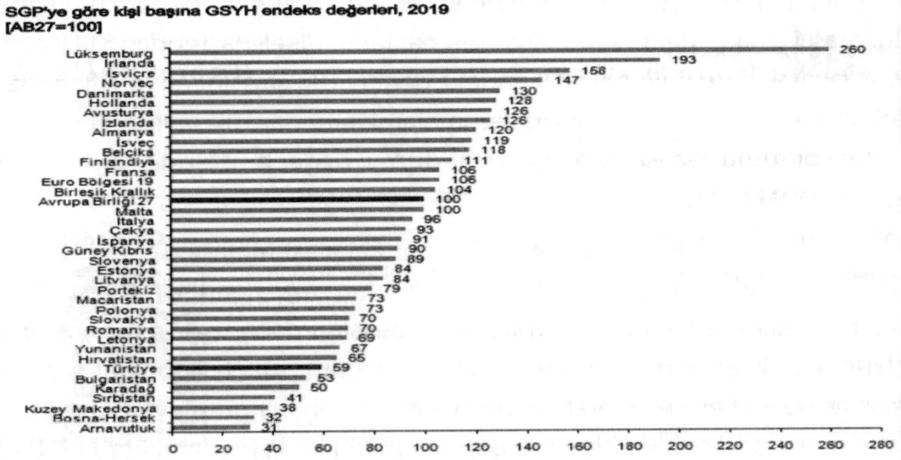

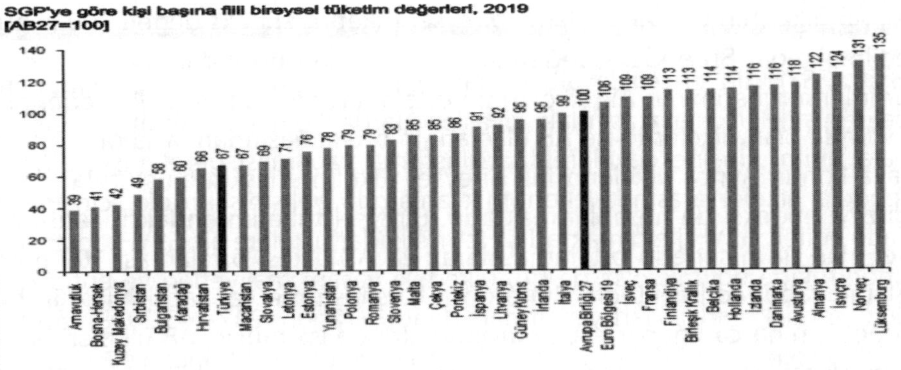

Kaynak: TÜİK

- SGP 27 AB ülkesi, 3 EFTA ülkesi, 5 aday ülke, 1 potansiyel ülke ve İngiltere olmak üzere 37 ülkeyi kapsamaktadır.
- 27 AB ülkesi ortalaması 100 olmak üzere, kişi başına düşen gelirden yola çıkarak GSYH endeks değeri oluşturulur.
- 27 AB ülkesi ortalaması 100 olmak üzere, tüketicilerin yapmış satın almış oldukları mal/hizmet ile birlikte kar amacı gütmeyen kuruluşlardan sağladığı eğitim, sağlık hizmetlerini kapsayan bir ürün sepetine ait kişi başına fiili bireysel tüketim endeksi oluşturulur.
- 27 AB ülkesi ortalaması 100 olmak üzere, bireysel fiili tüketim endeksinden yola çıkarak, fiyat düzeyi endeksi oluşturulup, ülkenin bu ürünleri tedarik etmesine bağlı olarak pahalı ya da ucuz olması ortaya konmaktadır.

TÜİK tarafından EUROSTAT verilerine dayanarak yıllık olarak sunulan SAGP, 27 AB ülkesi, 3 Avrupa Serbest Ticaret Birliği (EFTA) ülkesi (İsviçre, İzlanda ve Norveç), 5 aday ülke (Türkiye, Kuzey Makedonya, Karadağ, Sırbistan ve Arnavutluk) ile 1 potansiyel aday ülke olan Bosna Hersek ve İngiltere olmak üzere toplamda 37 ülkeyi kapsamaktadır. 27 AB ülkesinin kişi başına gelirlerinden yola çıkarak elde edilen GSYH endeks değeri 100 kabul edilmesi ile bir endeks değer oluşturulmaktadır. Ülkeler açısından KBDG'den yola çıkarak elde edilen GSYH endeks değeri 100 sayısından küçük olması AB ülkelerin gelir düzeyinin ortalama olarak altında, 100 sayısından büyük olması durumunda ise ortalama gelir düzeyi değerin üstünde kaldığı ortaya konulmaktadır.

Ülkelerin gelişmişlik düzeylerinin karşılaştırılmasında kişi başına GSYH temel alınırken, tüketicilerin göreli refah düzeylerinin karşılaştırılmasında kişi başına fiili bireysel tüketim endeksleri daha uygun bir gösterge olarak kabul edilmektedir. Fiili bireysel tüketim, tüketicilerin satın aldığı mal ve hizmetlere ek olarak devlet ya da kâr amacı gütmeyen kuruluşlar tarafından sağlanan (eğitim, sağlık vb.) hizmetleri de kapsamaktadır (TÜİK). 27 AB ülkesinin ortalama olarak bireysel tüketim endeks değeri 100 kabul edilmektedir. Bu endeks değerinin altında kalan ülkelerde, kapsanan bu ürünlerin tüketiminin AB ülkelerinin ortalamasından az, endeks değerinin üstünde olan ülkelerde ise AB ülkelerinin ortalamasından fazla olduğu ortaya konur. Ayrıca ülkelerin fiili bireysel tüketime ilişkin oluşturulan fiyat düzeyi endeksi de hesaplanmaktadır. Bireysel tüketim endeksi içerisinde yer alan ürün sepetin ortalama olarak 27 AB ülkesi ortalaması 100 euro olarak kabul edilmektedir. Buna göre karşılaştırma yapılacak ülkenin bu sepet için harcadığı para 100 euronun altında ise o ülke, AB ülkeleri ortalamasına göre daha "ucuz", buna karşılık sepete yapılan harcama 100 euronun üstünde ise AB ülkeleri ortalamasına göre "pahalı" olarak adlandırılmaktadır.

TÜRKİYE İSTATİSTİK KURUMU **Haber Bülteni**

Sayı: 33933 29 Eylül 2020 Saat: 10:00

Ekonomik Güven Endeksi, Eylül 2020

Tüketici güven endeksi Eylül 2020 haber bülteninde gerçekleştirilen güncelleme ekonomik güven endeksine de yansıtılmıştır. Ayrıntılı metodolojik bilgiye bülten ekinde verilen "Ekonomik güven endeksinde yapılan ana revizyona ilişkin metodolojik doküman" dosyasından ulaşılabilir.

Ekonomik güven endeksi 88,5 oldu

Ekonomik güven endeksi Ağustos ayında 85,9 iken, Eylül ayında %3,1 oranında artarak 88,5 değerine yükseldi. Ekonomik güven endeksindeki artış, tüketici, reel kesim (imalat sanayi) ve hizmet sektörü güven endekslerindeki artışlardan kaynaklandı.

Künye: Ekonomik Güven Endeksi

Amaç: Ekonomik Güven Endeksi, gerek tüketici gerekse üreticilerin genel ekonomik duruma ilişkin değerlendirmelerini, beklentilerini ve eğilimlerini ortaya koyup özetleyen bir endekstir. Bu endeks, geleceğe yönelik tüketici, imalat sanayi, hizmet, perakende ve inşaat sektörüne ait güven endeksleri belli bir oranda birleştirilerek elde edilmektedir.

Q-R Kodu:

Açıklanma Sıklığı: Ekonomik Güven Endeksi oluşturan alt endeksler her ayın ilk haftasında mevsimsel etkilerden arındırılıp derlenmekte ve ekonomik güven endeks değerine etkisi ayın son haftasında hesaplanmaktadır.

İnternette Haber Bülten Adresi: https://www.tuik.gov.tr

Anahtar Kelimeler: Ekonomik Güven Endeksi, Tüketici Güven endeksi, Reel kesim Güven Endeksi, Hizmet Sektörü Güven Endeksi, Perakende Ticaret Sektörü Güven Endeksi, İnşaat Sektörü Güven Endeksi

Ekonomik güven endeksi, ülke içindeki tüketici ve üreticilerin geçmiş dönemdeki ve gelecek 3 ay, 6 ay ve 12 aylık ekonomik durumuna ilişkin değerlendirmelerini, ekonomiden beklenti ve eğilimlerini ölçen bir bileşik endekstir. TÜİK-TCMB işbirliği ile yürütülen Tüketici Eğilim Anketi, TCMB tarafından yürütülen İktisadi Yönelim Anketi ve TÜİK tarafından gerçekleştirilen Hizmet Sektörü Eğilim Anketi, Perakende Ticaret Sektörü Eğilim Anketi ve İnşaat Sektörü Eğilim Anketlerinden her ayın ilk iki haftasında elde edilen veriler yoluyla Ekonomik Güven Endeksi elde edilmektedir. Hesaplama adımları öncesi hazırlık aşamasında ilk olarak 20 alt endekse ait veri matrisi oluşturulmakta, daha sonra veri matrisinde yer alan her bir değerden 100 çıkarılarak denge matrisi elde edilmektedir. Ekonomik Güven Endeksi hesaplamasında kullanılan alt endeksler mevsim etkilerinden arındırılmış değerlerdir. Bu veriler ilgili ayın bitiminden önce haber bülteni ile açıklanmaktadır. Ekonomik Güven Endeksi 0 ile 200 arasında bir endeks değeri alır. Endeks değerinin 100'den büyük olması ortalama üzeri güveni, küçük olması ise ortalama altı güveni göstermektedir (TÜİK).

Ekonomik Güven Endeksi; mevsim etkilerinden arındırılmış tüketici (4), reel kesim (imalat sanayi) (8), hizmet (3), perakende ticaret (3) ve inşaat (2) sektörlerine ait toplam 20 alt endeksin normalleştirilmiş denge değerlerinin ağırlıklı ortalamasıdır. Buna göre aşağıda gösterildiği şekilde ağırlıklandırılmıştır (TÜİK).

Tüketici Güven Endeksi'nin alt endeksleri:

- Geçen 12 aylık döneme göre mevcut dönemde hanenin maddi durumu
- Gelecek 12 aylık dönemde hanenin maddi durum beklentisi
- Gelecek 12 aylık dönemde genel ekonomik durum beklentisi
- Geçen 12 aylık döneme göre gelecek 12 aylık dönemde dayanıklı tüketim mallarına harcama yapma düşüncesi

Reel kesim (imalat sanayi) güven endeksinin alt endeksleri:

- Toplam sipariş miktarı (mevcut durum)
- Mamul mal stok miktarı (mevcut durum)
- Üretim hacmi (gelecek 3 ay)
- Toplam istihdam (gelecek 3 ay)
- Toplam sipariş miktarı (son 3 ay)
- İhracat sipariş miktarı (gelecek 3 ay)
- Sabit sermaye yatırım harcaması
- Genel gidişat

Hizmet sektörü güven endeksinin alt endeksleri:

- Son 3 aylık dönemde iş durumu
- Son 3 aylık dönemde hizmetlere olan talep
- Gelecek 3 aylık dönemde hizmetlere olan talep beklentisi

Perakende ticaret sektörü güven endeksinin alt endeksleri

- Son 3 aylık dönemde iş hacmi-satışlar
- Mevcut mal stok seviyesi
- Gelecek 3 aylık dönemde iş hacmi-satışlar beklentisi

İnşaat sektörü güven endeksinin alt endeksleri:

- Alınan kayıtlı siparişlerin mevcut düzeyi
- Gelecek 3 aylık dönemde toplam çalışan sayısı beklentisi

Ayrıca alt endekslere dağıtılarak kullanılan beş sektörün ağırlıkları; Tüketici (%20), Reel Kesim (%40), Hizmet (%30), Perakende Ticaret (%5) ve İnşaat (%5) şeklindedir.

Ekonomik güven endeksi, sektörel endeksler ve değişim oranları, Eylül 2020

	Endeks		Bir önceki aya göre değişim oranı (%)	
	Ağustos	Eylül	Ağustos	Eylül
Ekonomik güven endeksi	**85,9**	**88,5**	**3,4**	**3,1**
Tüketici güven endeksi	79,4	82,0	-3,5	3,2
Reel kesim güven endeksi	105,2	105,7	5,8	0,5
Hizmet sektörü güven endeksi	70,5	74,9	5,7	6,4
Perakende ticaret sektörü güven endeksi	94,9	93,5	0,2	-1,5
İnşaat sektörü güven endeksi	85,0	83,3	-2,3	-2,0

Endeks değerleri mevsim etkilerinden arındırılmış değerlerdir.

Kaynak: TÜİK

- Ekonomik Güven Endeksi; tüketici, imalat sanayi, hizmet, inşaat ve perakende ticaret sektörlerine ait belli bir oranın birleşmesidir.
- Ekonomik Güven Endeksi;
  - Tüketici Güven Endeksi'nin %20'si,
  - İmalat Sanayi Güven Endeksi'nin %40'ı,
  - Hizmet Sektörü Güven Endeksi'nin %30'u,
  - Perakende Ticaret Güven Endeksi'nin %5'i ve
  - İnşaat Sektörü Güven Endeksi'nin %5'i alınarak elde edilmektedir.
- Ekonomik Güven Endeksi'nin hesaplanmasında, tüketici, reel kesim, hizmet, perakende ticaret ve inşaat sektörlerine ait 20 alt kalem endeks değeri kullanılmaktadır.

Tüketici Güven Endeksi ile geçmiş bir yıl içinde tüketicilerin hanehalkı durumu ile birlikte ekonominin durumu ve gelecek 12 aylık dönemde yapmayı planladığı dayanıklı tüketim malları gibi değerler ölçülmektedir. Endeks 0 ile 200 aralığında değer almaktadır. Endeksin 100'den büyük olması tüketici güveninde iyimser durum, 100'den küçük olması tüketici güveninde kötümser durum olduğunu göstermektedir

Ekonominin lokomotifi olarak ifade edilen Reel Kesim Güven Endeksini (imalat sanayi) oluşturan veriler incelendiğinde, son üç ayın toplam sipariş miktarında bir azalma ve bununla birlikte mevcut toplam siparişlerde de bir düşüş gözleniyorsa, bu durum hem çıktı miktarının hem de istihdamın azalacağına işaret etmektedir. Bu olumsuz duruma gelecek üç ayki beklentilerimiz de (üretim, istihdam ve ihracat siparişlerine bağlı olarak) eşlik ediyorsa ekonominin resesyona doğru gittiğini düşünebiliriz. Bu yüzden reel kesim olarak adlandırdığımız İmalat Sanayi Güven Endeksi'nin sürekli takip edilmesi gerekmektedir. Böylece geleceğe yönelik reel anlamda rasyonel kararlar alabilir ve firmamızın ve ülke ekonomisinin karşı karşıya kaldığı riski minimize edebiliriz. Bunun tam aksi bir durum söz konusu olursa, yani mevcut durum ve geleceğe yönelik beklentiler ekonomik anlamda pozitif olur ise o zaman ekonomik anlamda iki farklı sonuç ortaya çıkarabilir. Birincisi, normal dönemler itibariyle ekonomide yüksek işsizlik oranı ve düşük bir kapasite varsa (genellikle gelişmemiş ülkelerde) gelişim pozitif olacaktır. Başka bir ifade ile ekonomik büyüme diğer makroekonomik göstergeleri de iyileştirerek olumlu katkı yapacaktır. İkincisi ise, normal dönemler itibariyle ekonomide düşük işsizlik oranı ve yüksek bir kapasite varsa (genellikle gelişmiş ülkelerde) gelişimin etkisi bazı makroekonomik göstergeler üzerindeki etkisinin olumsuz olma ihtimali bulunmaktadır. Örneğin böyle bir durumu yaşayan ekonomilerde fiyatlar yükselerek enflasyon oranını artırabilir, söz konusu sektörlerde ithalat artabilir. Bundan dolayı siparişlerde değişimler ekonomide erken uyarı sinyali olarak değerlendirilir. Örneğin reel kesim (imalat sanayi) içerisinde dikkate alınan sektörlerden biri otomotiv sektörüdür. Bir ekonomide araç satışları ekonomik hareketliliğin test edilmesinde takip edilen önde gelen göstergelerinden biridir. Dolayısıyla insanlar tarafından satın alınan bir araç tüketim harcaması ve firmalar tarafından satın alınan araçlarda yatırım harcaması olarak sınıflandırılır. Bu yüzden değişim (artış), firmaların satın aldığı ticari araç, hafif kamyon ve traktör, vb. satışlarındaki değişimden kaynaklanıyorsa ekonominin geleceğine yönelik beklentinin pozitif olduğunun göstergesidir.

Ekonomilerde imalat sanayi üretim endeksi ile birlikte takip edilmesi gereken endekslerinden bir tanesi de Hizmet Sektörü Güven Endeksidir. Özellikle ülkelerin sektörel kompozisyonlarına baktığımızda, hizmet sektörün birçok ülkede tarım ve sanayi sektöründen daha fazla yer teşkil ettiği görülmektedir. Bu bağlamda hizmet sektörüne ait güven endeks değeri ile son 3 ay içinde iş durumu ile hizmete olan talep ölçülmektedir.

Perakende Ticaret Güven Endeksi, sektörde yer alan firmaların son üç aylık ve gelecek üç aylık dönemdeki iş hacmi-satışları ile firmaların mevcut mal stok seviyelerine yönelik elde ettiği verileri kullanmaktadır. Perakende ticaret verileri genellikle mevsimsel etkilerden arındırılarak düzenlenir. Ancak elde edilen veriler dikkatle yorumlanmalıdır. Çünkü perakende ticaret sektöründeki firmaların promosyonlu satış fiyatı iskontoları, sıcak havalar ya da satış vergilerinde beklenen bir artış tüketicileri harcamalarını öne çekmeleri için teşvik edebilir. Ekonomik beklentiler, iklim ve firmalar bunun aksi bir davranış ve tutum içinde kendini gösterirse, o zamanda tüketim harcamaları ertelenir. Bu durumlar perakende ticaret sektörünün gelişimini etkiler. Ayrıca perakendecilerce satılan malların tamamı sadece tüketiciler tarafından satın alınmaz. Aynı zamanda ticaret yapanlar tarafından da satın alınabilir ve bu harcamalar toplam tüketici harcaması içerisinde gösterilir. Bundan dolayı Perakende Ticaret Güven Endeksi'nin yorumlaması yapılırken dikkatli olunmalıdır. Burada mümkün olduğu kadar fiyatlar üzerinden değil miktar satışları üzerinden bir bakış açısı oluşturmak tahminlerin doğruluğunu kuvvetlendirir. Ayrıca perakende ticaretin, satışların, tüketici güveninin ve talebinin anahtar göstergesi olduğu unutulmamalıdır. Özetle perakende ticaret verileri aylık yayınlandığı için ekonomik trendlerin öncü göstergesidir. Perakende ticaret satışlarındaki bir düşüş, toptan satışların azalmasına, fabrika siparişlerinin gevşemesine, stoktaki malların birikmesine ve sonuç olarak üretimde bir kesintiye sebep verebilir. Ayrıca Tüketici Güven Endeksi'nin azaldığına yönelik önemli bir işarettir.

Türkiye'de son dönemlerde popülerliği artış gösteren İnşaat Sektörüne Ait Güven Endeksi ile mevcut dönemde alınan sipariş kayıtları ile gelecek 3 ay içindeki toplam çalışan sayısı beklentisi ölçülmektedir. İnşaat sektörü faaliyetleri sabit yatırım özelliği taşımaktadır. Bundan dolayı gerçekleştiği dönemde GSYH'nin büyümesine ve gelecek ekonomik gelişim hakkında temel bir dayanak oluşturur. Çünkü yeni fabrikaların, ofislerin inşası ekonomide daha fazla mal ve hizmet çıktısının olacağına yönelik önemli bir işarettir. Dolayısıyla bu tür inşaat faaliyetleri öncelikle üretkenliğin sonrasında sosyal refahın artmasına katkı sağlanacağı ihtimalini kuvvetlendirir. Bu durumun tek istisnası tabi ki konut sektörüne yapılan yatırımlardır. Zira konut sektörü özellikle ülkemiz açısından değerlendirildiğinde gayrimenkul faaliyetleri ile birlikte ekonomide uzun soluklu bir katkı sağlamaktan ve dışsallık yaratmaktan uzak, iktisat karar mercilerin ekonomik anlamda bir kar elde etmelerine yol açan bir durum arz etmektedir. Başka bir ifade ile konut inşaatı faaliyetleri her ne kadar sabit yatırım olarak

GSYH içerisinde yer alsa da toplam hasılada meydana getirdiği değişiklik sayısal anlamdaki büyüklüğünden çok daha düşük katkı sağlamaktadır. Ayrıca şu da unutulmamalıdır; aynı konutun tekrar eden satışları (ikinci el) önceki dönemlerde kaydedilmiş üretimin transferi olduğundan, konutun kendisi GSYH'ye katkı sağlamaz. Ancak yasal ve finansal ücretler ve komisyonlar, hizmet bedelleri, yeni eşya ve diğer dayanıklı mallar için talep oluştururrsa GSYH'ye katkıda bulunabilir. İnşaat sektörü faaliyetleri yüksek ölçüde döngüsel ve mevsimseldir. Veriler mevsimsel olarak düzenlenir. İnşaat Güven Endeksi'nin verileri, alınan kayıtlı siparişlerin mevcut düzeyi ve gelecek üç aylık dönemdeki toplam çalışan sayısı beklentisinden oluşmaktadır. Dolayısıyla endeks içerisinde yer alan iki temel değişken hakkında beklentilerin pozitif çıkmasına neden olacak iki unsur vardır. Birincisi faiz oranı beklentileri, ikincisi ise gelecek taleplerdir. Çünkü düşük faiz oranları bir taraftan yatırımın geri dönüşünü hızlandırır, diğer taraftan sermaye harcamalarını destekleyici özelliğe sahiptir. Ekonomilerde inşaat sektörü siparişlerindeki değişimler, gelecek aylardaki inşaat malzemeleri ve iş gücüne duyulacak talebin sinyalini verir. Ayrıca inşaat sektöründeki değişimler zincirleme etki ile hizmet sektörünün ekonomik göstergelerini de etkiler.

TÜRKİYE İSTATİSTİK KURUMU — *Haber Bülteni*

Sayı: 33802 14 Eylül 2020 Saat: 10:00

Sanayi Üretim Endeksi, Temmuz 2020

Sanayi üretimi yıllık %4,4 arttı

Sanayinin alt sektörleri (2015=100 referans yıllı) incelendiğinde, 2020 yılı Temmuz ayında madencilik ve taşocakçılığı sektörü endeksi bir önceki yılın aynı ayına göre %4,9 azalırken, imalat sanayi sektörü endeksi %5,1 ve elektrik, gaz, buhar ve iklimlendirme üretimi ve dağıtımı sektörü endeksi %1.4 arttı.

Künye: Sanayi Üretim Endeksi

Amaç: Ekonomide sanayi kesiminde meydana gelen gelişmelerin ve ekonomi yöneticiler tarafından alınan ekonomik kararların kısa dönemde olumlu ve olumsuz etkilerini ölçebilmek için hesaplanmaktadır.

Q-R Kodu:

Açıklanma Sıklığı: Her ayın ikinci haftasının son işgünü

İnternette Haber Bülten Adresi: https://www.tuik.gov.tr

Anahtar Kelimeler: Sanayi Üretim Endeksi, Düşük teknoloji, Orta-Düşük teknoloji, Orta-Yüksek Teknoloji, Yüksek teknolojisi

Ekonomide özellikle ekonomik büyümeyi takip etmek için öncül göstergelerin başında Sanayi Üretim Endeksi gelmektedir. Bu değer 2015 yılı temel alınarak bir endeks değeri oluşturularak elde edilmektedir. Buna bağlı olarak bu endeks değerleri yardımı ile takvim etkisinden arındırılarak bir önceki yıla ait aylık değişim oranı, mevsimsel ve takvim etkisinden arındırılarak bir önceki aya göre değişim oranları takip edilir. Bu değişim oranlarının pozitif olması, ekonomide ileriki dönemlerde sanayiye bağlı olarak olumlu gelişmelerin ve bunun ekonomik büyümeye olumlu katkısının olacağı anlamına gelmektedir. Değişim oranının negatif olması ise ekonomide olumsuz gelişmelere işaret etmektedir. Böylelikle Sanayi Üretim Endeksi'nin değeri ile ekonomideki karar mercilerinin almış oldukları kısa vadeli politika kararlarının etkin olup olmadığı tespit edilebilmektedir.

Sanayi Üretim Endeksi NACE koduna bağlı olarak imalat sanayi, madencilik-taşocakçılığı ile elektrik, gaz ve buhar faaliyet kollarına bağlı olarak alt sekmenlerde incelenebilmektedir. Ayrıca üretilen malların niteliğine bağlı olarak ara mal, sermaye malı, dayanıklı-dayanıksız tüketim malları ile enerji olarak aylık ve yıllık olarak ayrı ayrı takip edilebilmektedir. Ayrıca bu endeks değeri ile ekonomide üretime konu olan mal ve hizmetler, teknoloji yoğunluğu bakımından düşük, orta-düşük, orta-yüksek ve yüksek teknoloji olarak ayrı ayrı ele alınmaktadır. Özellikle teknoloji yoğunluğu sanayi üretiminin gerek yurtiçi üretime yönelik gerekse yurtdışı ihracata bağlı olarak ele alındığında yüksek teknoloji üretimin ekonomik büyümeye daha hızlı ve fazla katkı sağladığı ortaya konulabilir.

Sanayi üretim endeksi yıllık değişim oranları (%), Temmuz 2020

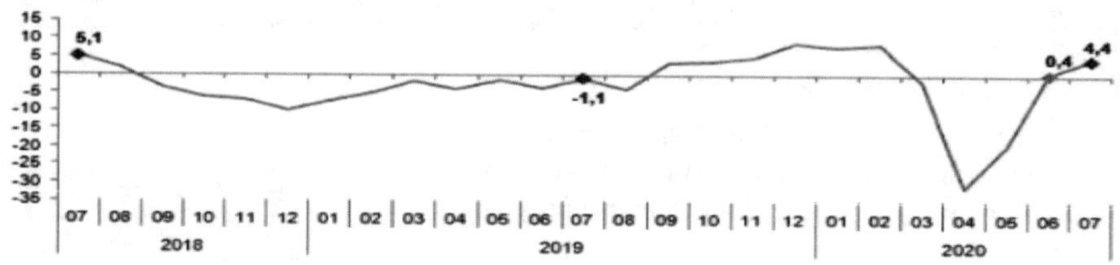

Sanayi üretim endeksi aylık değişim oranları (%), Temmuz 2020

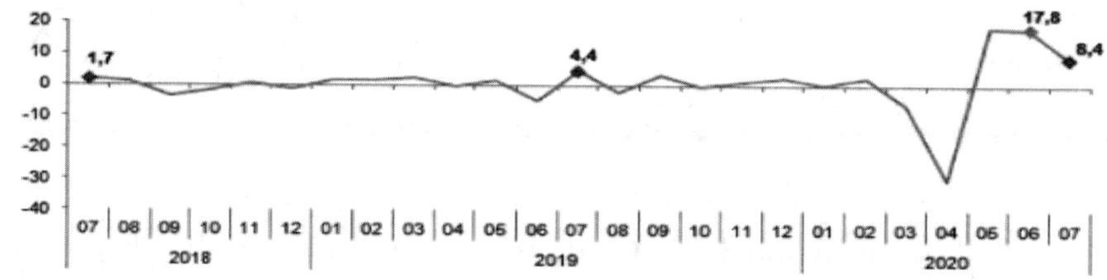

Kaynak: TÜİK

- Mevsimsel ve takvim etkisinden arındırılmış olarak 2015 yılı ortalama 100 değer üzerinden endeks olarak hesaplanmaktadır.
- Toplam Sanayi Üretim Endeksi değeri yıllık, aynı aya göre değişim oranı ve bir ay önceki döneme bağlı değişim oranı olarak verilmektedir.
- Toplam sanayi sektörü NACE koduna bağlı olarak imalat sanayi, madencilik ve taşocakçılığı ile elektrik, gaz ve buhar olmak üzere alt sektörler itibari ile takip edilebilir.
- Ayrıca ara malı, dayanıklı –dayanıksız tüketim malları, enerji ve sermaye malları olmak üzere yıllık ve aylık değişim oranları ayrı ayrı takip edilebilir.
- Bununla birlikte üretilen malların teknoloji yoğunluklarına bağlı olarak takibi söz konusu olmaktadır.

İSTİHDAM ve İŞSİZLİK

Bir ülkenin önemli göstergelerinden olan istihdam ve işsizlik ile ilgili veriler, sadece ülkenin ekonomik yapısı değil aynı zamanda sosyal özellikleri hakkında da bilgi edinmemizi sağlar. Çünkü bu göstergeler, doğrudan insan faktörüne ilişkindir. Örneğin, ülkenin işsizlik oranı, işgücüne katılma ve istihdam oranı gibi göstergeler, o ülkenin önemli bir üretim faktörü olarak sahip olduğu emek (işgücü) potansiyelini ne ölçüde değerlendirebildiğini gösterirken ya da istihdamın sektörel dağılımındaki değişim ülkedeki yapısal değişimi görmemizin araçlarından biri iken, istihdam ile ilgili verilerin eğitime, cinsiyete ve yaş gruplarına göre izlenmesi ise ele aldığımız ülkenin sosyal yanlarını görebilme imkânı sunmaktadır. Dolayısıyla istihdama dair konular ve göstergeler çok yönlü yorumlanabilmektedir.

İstihdam ve işsizlik verileri, o ülkede yaşayan bireylerin gelir elde etme çabalarının sonucunda oluşmaktadır. Yaşamını daha iyi koşullarda devam ettirebilme çabası içerisinde olan ve bu amaçla milli gelirin oluşumunda önemli bir görev alan emek faktörü, bu görevin karşılığında gelir elde etmekte ve elde ettiği geliri tüketime, tasarrufa ya da yatırıma dönüştürmektedir. Bu ekonomik faaliyeti istediği halde gerçekleştiremeyen emek faktörünün varlığı, bir yandan bireylerin yaşam kalitesinde, diğer yandan da ülke ekonomisinde pek çok soruna (üretim açığı, talep yetersizliği ve tasarruf açığı gibi) yol açmaktadır. Başka bir ifade ile, işsizlik sadece ekonomik değil, çok boyutlu bir sorundur.

İstihdam ve işsizlik ile ilgili göstergeler ülke ekonomilerinde varolan pek çok unsurun hem sebebi hem de sonucudur. Birçok unsurdan etkilenen ve yine birçok unsuru etkileyen yapısı ile bu konu hem kavramsal hem de verisel anlamda sosyo-ekonomik yapıyı analiz edebilme adına büyük önem taşımaktadır. Dolayısıyla önce kavramları, sonra açıklanan verilerin neler olduğunu ele almak gerekmektedir.

İstihdama ilişkin konulara kavramsal olarak bakmak istediğimizde bile konunun ne kadar yoğun olduğu anlaşılmaktadır. Nüfus, kurumsal olmayan nüfus, kurumsal olmayan çalışma çağındaki nüfus, işgücü, istihdam edilenler, işsizler, işgücüne dahil olmayanlar, işgücüne katılma oranı, istihdam oranı, eksik istihsam, işsizlik oranı, bağımlılık oranı, reel ve nominal ücret gibi çok sayıda kavram konunun kapsamındadır. Bu kavramların verilerini incelemek istediğimizde ise toplam göstergeler, sektörlere, cinsiyete, yaşa ve eğitime gibi kriterlere göre ayrışan spesifik göstergeler, arındırılmış veriler ve çeşitli endeksler karşımıza çıkmaktadır.

Sonuç olarak; istihdam ve işsizlikle ilgili açıklanan verileri anlayabilmemiz, öncelikle tüm bu kavramların neyi ifade ettiğini bilmemizi gerektirir. Kavramsal bilgi, konu ile ilgili açıklanan verilerin içeriğini çok daha kolay anlayabilmemizi ve doğru yorumlayabilmemizi sağlayacaktır. Ayrıca istihdam ve işsizliğin milli gelir, büyüme, kalkınma ve enflasyon gibi en temel göstergelerle de bağlantılı olması, konunun önemini attırırken, birlikte yorumlanması gereken bir dizi farklı nedensellik ilişkileri ve değişken karşımıza çıkarmaktadır. Politika yapıcı aktörlerin bu konudaki tutumlarını değerlendirebilmemiz için de bahsettiğimiz bilgilere sahip olmak gerekmektedir.

A. İstihdam Nedir? Neden Önemlidir?

Arapça kökenli bir kelime olan istihdam, bir görevde, bir işte kullanma anlamına gelmektedir. Ekonomide de aynı anlamda kullanılan istihdam kavramı, kapsamı açısından dar ve geniş anlamda olabilmektedir. Dar anlamda istihdam, sadece emek faktörünün üretim sürecinde çalıştırılması iken, geniş anlamda istihdam emeğin yanında sermaye, doğal kaynak gibi üretim faktörlerinin de üretimde kullanılmasını ifade etmektedir. Ekonomik analizlerde istihdam denildiğinde kastedilen genellikle dar anlamlı istihdamdır.

İnsanlık tarihinin başından bugüne var olan temel ekonomik faaliyetlerden (üretim, tüketim ve bölüşüm) biri olan üretim faaliyeti, emeğin istihdamı ile mümkündür. Üretim ve üretim sonrası pazarlama ve dağıtım için birçok üretim faktörünün bir araya getirilmesi gerekmekte iken, emek bunlar arasında her zaman öncelikli öneme sahiptir. Fakat günümüzde yaşadığımız hızlı teknolojik yenilikler sonucu ortaya çıkan yapay zekâ, robotik teknolojisi gibi çarpıcı unsurlar, fiziki emeğe duyulan ihtiyacı azaltmakta ve giderek emeğin önceliğini kaybetmesine neden olmaktadır. Ancak, emeğin beden gücüne duyulan ihtiyaç azalsa da beyin gücü ihtiyacı artarak devam etmektedir. Özellikle yaratıcı düşünme becerisi, günümüzün hızlı yenilik ortamında ülkeler için gerekli bir beşerî sermaye özelliğidir.

Yine de emek dediğimiz üretim faktörünün insan gücü olması, "konunun öneminin asla kaybolmayacağının garantisidir" denilebilir. Üretimde ister en ilkel ister en ileri teknoloji kullanılsın, az ya da çok emek faktörüne ihtiyaç duyulmaktadır. Ayrıca insanların ihtiyaçlarını karşılamak için gelire gereksinim duyması, emeğin istihdamını günümüz ekonomik sorunlarının başında yer almasına neden olmaktadır. İstihdam edilen faktörün insan olması, konunun ekonomik olduğu kadar sosyal bir olgu olduğunu da göstermektedir. Örneğin, emek faktörünün çalışmak istediği halde istihdam edilememesi yani işsiz olması, sadece işsiz bireyi değil, tüm toplumu ilgilendiren sosyo-ekonomik bir sorun olarak karşımıza çıkmaktadır.

Bir bireyin emek faktörü olarak istihdam edilmesi, o bireyin gelir elde etmesi ile sonuçlanır. Emek faktörünün üretime katılmasının karşılığı olarak elde ettiği gelire ücret adı verilir. Bu ücret nominal (parasal) ücrettir. Emek faktörünün çalışması karşılığı aldığı nominal ücret ile satın alabileceği mal ve hizmet miktarı ise reel ücrettir. Esas önem verilmesi gereken ücret de budur. Mal ve hizmet fiyatlarının sürekli arttığı bir ülkede, nominal ücret seviyesi aynı kalırsa ya da fiyat artış hızının altında artarsa emek faktörü fakirleşir, başka bir ifade ile satın alma gücü azalır. Bu durum reel ücretin düşmesi anlamına gelmektedir.

Ücret geliri elde eden bireyler ve hanehalkları, yaşamlarını sürdürebilmek için gerekli olan mal ve hizmetlere erişim imkânı bulur, başka bir ifade ile harcama yapar ve böylece fayda elde ederler. Diğer yandan bu harcamalar başkaca aktörlerin gelirini teşkil ettiğinden bu döngü, ekonomide toplam talep-toplam arz dengesizliğini önler. İstihdamın önemi olarak gösterebileceğimiz bu durum kısaca, istihdam edilen ve sonuçta gelir elde eden bir bireyin, sadece kendisinin ya da bakmakla yükümlü olduğu bireylerin refahını arttırmakla kalmaması, aynı zamanda üretim sürecine katkı sağlarken bir yandan da ekonomik akımların dengeli sürdürülmesine olanak sağlamasıdır. Başka bir ifade ile istihdamın artması ya da azalması, harcamalara ayrılabilecek toplam gelirin artması ya da azalması anlamına gelir. TÜİK tarafından gecikmeli olarak yayınlanan "İşgücü İstatistikleri" haber bülteni takip edildiğinde istihdama ait verilerin önemli bir kısmının bireyin (tüketicinin) elde ettiği gelir ile doğrudan ilgili veriler olduğu görülecektir. Dolayısıyla bir toplumun istihdam edilebilir olan nüfus potansiyelinin ne kadarlık bir kısmının istihdam edilip edilemediği, o ekonomide ne kadar az ya da çok sorun olduğunun önemli bir göstergesidir.

Ekonomideki emek faktörünün ne kadarının çalıştırıldığını ifade etmek amacıyla iktisat literatürü tam, eksik ve aşırı olmak üzere üç tür istihdam tanımlamasını kullanmaktadır. *Dar anlamda istihdam* çerçevesinde tam istihdam, ekonomide çalışmak isteyen herkesin istihdam edildiği durumdur. Fakat iş değiştirme gibi geçici sebeplerle ya da teknolojide yaşanan değişimlerden dolayı yaşanan dalgalanmalarla oluşan işsizlik tam istihdam durumunu bozmamakta, her ekonomide ortaya çıkabilen doğal işsizlik olarak kabul edilmektedir. *Eksik istihdam* ise ekonomide çalışmak istediği halde iş bulamayanların olduğu durumdur. Zamana bağlı eksik istihdam ve yetersiz eksik istihdam şeklinde iki tür eksik istihdam hesabı yapılmaktadır. Zamana bağlı eksik istihdam, ele alınan dönemde istihdamda olan, esas işinde ve diğer işinde/işlerinde toplam olarak 40 saatten daha az süre çalışmış olup, daha fazla süre çalışmak istediğini belirten ve mümkün olduğu taktirde daha fazla çalışmaya başlayabilecek olan kişilerdir. Yetersiz istihdam ise zamana bağlı eksik istihdam kapsamında yer almamak koşuluyla, ele alınan dönemde istihdamda olan, son 4 hafta içinde mevcut işini değiştirmek için ya da mevcut işine ek olarak bir iş aramış olan ve böyle bir iş bulduğu takdirde 2 hafta içinde çalışmaya başlayabilecek olan kişilerdir (TÜİK). Bu durumda ekonomi emek faktöründen tam olarak yararlanamıyor ve böylece üretebileceği potansiyele de ulaşamıyor demektir. *Aşırı istihdam kavramı* ile de tam istihdamda çalışan bir ekonomide üretilen mal ve hizmetlerin toplumun talebine yetmemesi nedeniyle emek talep edilmesi durumu kastedilmektedir.

Bunların yanında başka bir istihdam türü de referans haftasında yaptığı işten dolayı herhangi bir sosyal güvenlik kuruluşuna kayıtlı olmayanların oluşturduğu *kayıt dışı istihdam*dır. Kayıt dışı istihdam, işçi ya da işverenlerin üzerine düşen bir takım mali sorumlulukları yerine getirmemek için, işçinin resmi olarak beyan edilmeden istihdam edilmesi durumudur. Bazı durumlarda da istihdam kayıt içiyken, çalışma saatleri eksik gösterilerek kayıt dışılık yaratılmaktadır. Kayıt dışı istihdam öncelikle devletin elde etmesi gereken gelirden mahrum edilmesi ile sonuçlanmaktadır. Bunun yanında, işgücünün bir takım sosyal hakları ortadan kalkmakta, sağlık hizmetlerinden yeterli düzeyde faydalanamama ve uzun dönemde emekli olamama gibi sorunlara da neden olmaktadır. Kayıt dışı istihdamın varlığı istihdama ilişkin iktisadi verilerin olduğundan farklı görünmesine de yol açmaktadır. Örneğin, kayıt dışında istihdam edilenler, resmi olarak istihdam edilmedikleri ve herhangi bir iş aramadıkları için, çoğunlukla işgücüne dahil olmayanlar arasında yer almaktadırlar. Bu durum hem işgücüne katılma hem de istihdam oranının olduğundan daha küçük çıkmasına neden olmaktadır.

Kısaca açıkladığımız istihdamın neyi ifade ettiği ve neden önemli olduğu konusunu açabilmemiz, bu konu ile ilişkili bazı kavramları bilmemize bağlıdır. Bu nedenle şimdi bu kavramları inceleyelim.

B. İstihdama İlişkin Kavramlar

Bir ülke ekonomisinin istihdam yapısını ve istihdama ilişkin sorunlarını ortaya koyabilmek için çeşitli kavramlardan ve göstergelerden faydalanırız. Örneğin, nüfusun ne kadarı istihdam edilebilir potansiyeldedir, ne kadarı istihdam edilmektedir, istihdama katılım oranı nedir, istihdam edilenlerde cinsiyet oranları nasıldır, bu ekonomide işsiz kime nedir, işsizlik oranı kaçtır gibi soruları cevapladığımızda, o ülkenin sosyo-ekonomik pek çok özelliğine ışık tutmuş oluruz. Şimdi bu sorulara cevap verebileceğimiz kavramları açıklayalım.

1. Kurumsal Olmayan Nüfus ve Kurumsal Olmayan Çalışma Çağındaki Nüfus

Dar anlamda istihdam kavramının sadece emek faktörünün bir işte çalıştırılması olduğundan bahsetmiştik. İşte bu emek faktörünün kaynağı o ülke nüfusudur. Fakat ülke nüfusunun tamamı istihdamın konusu değildir. Bunun nedeni bireylerin çalışabilecek yaşta olmamaları (15 yaş altı) ya da çalışmaya engel bir durumlarının olması gibi sebepler olabilmektedir.

İstihdamla ilgili rakamların dayandığı temel nüfus göstergesi kurumsal olmayan nüfustur. *Kurumsal olmayan nüfus*, TÜİK tarafından "üniversite yurtları, yetiştirme yurtları (yetimhane), huzurevi, özel nitelikteki hastane, hapishane, kışla vb. yerlerde ikamet edenler dışında kalan nüfus" olarak tanımlanmıştır. Kurumsal olmayan nüfusun içerisinde yaşı gereği çalışamayacak insanlar da dahildir.

Kurumsal olmayan nüfus içerisindeki 15 ve daha yukarı yaşta olan nüfusa ise *kurumsal olmayan çalışma çağındaki nüfus* denilmektedir. Bazı çalışmalarda aktif nüfus da denilen ve istihdama ilişkin veriler oluşturulurken kullanılan temel büyüklük bu kurumsal olmayan çalışma çağındaki nüfustur. Kurumsal olmayan çalışma çağındaki nüfusun bir kısmı işgücü, diğer kısmı ise işgücüne dahil olmayanlardır.

Kurumsal Olmayan Çalışma
Çağındaki Nüfus = İşgücü + İşgücüne Dahil Olmayanlar

Birazdan daha ayrıntılı göreceğimiz gibi işgücü dediğimiz nüfusun ise bir kısmı istihdamda iken, bir kısmı işsizdir. Demek ki kurumsal olmayan 15 ve daha yukarı yaştaki nüfus içerisinde üç grup bulunmaktadır: İstihdam edilenler, işsizler ve işgücüne dahil olmayanlar.

Kurumsal Olmayan Çalışma Çağındaki Nüfus = İstihdam Edilenler + İşsizler + İşgücüne Dahil Olmayanlar

2. İşgücü, İşgücüne Dahil Olmayan Nüfus, İşgücüne Katılma Oranı ve İstihdam Oranı

Çalışma isteği olan kurumsal olmayan çalışma çağındaki nüfusa *işgücü* denir. İşgücü o ülkenin toplam emek arzını oluşturmaktadır. Fakat bu emek arzının tamamı yani kurumsal olmayan 15 ve daha yukarı yaştaki çalışma isteği olan herkes, istihdam alanlarında yer alamamaktadır. İşgücü içerisinde istihdam edilenler ve işsizler bulunur. Öyleyse toplam işgücünü şu şekilde formüle edebiliriz:

İşgücü = İstihdam Edilenler + İşsizler

Görüldüğü gibi, işgücü olarak kabul ettiğimiz nüfus büyüklüğünün bir kısmı hali hazırda istihdamda yer almakta iken, bir kısmı ise çalışma isteği olduğu halde iş bulamamaktadır.

TÜİK'in yaptığı tanımlamaya göre, istihdam edilenler; *işbaşında olanlar* ve *işbaşında olmayanlar* şeklinde iki grupta toplanmaktadır. Yevmiyeli, ücretli, maaşlı, kendi hesabına, işveren ya da ücretsiz aile işçisi olarak referans dönemi içinde en az bir saat bir ekonomik faaliyette bulunan kişiler işbaşında olan nüfus diye tanımlanırken, işi ile bağlantısı devam ettiği halde, referans haftası içinde çeşitli nedenlerle işinin başında olmayan kendi hesabına çalışanlar ve işverenler ise işbaşında olmayan nüfus olarak tanımlanmakta ve istihdam edilen nüfus olarak kabul edilmektedir. Ücretli ve maaşlı çalışan ve çeşitli nedenlerle referans döneminde işlerinin başında bulunmayan bireyler; 3 ay içinde işlerine geri döneceklerse ya da işten uzak kaldıkları süre zarfında maaş/ücretlerinin en az %50 ve daha fazlasını almaya devam ediyorlarsa istihdamda kabul edilmektedir. Yevmiyeli çalışan ve çeşitli nedenlerle referans döneminde işlerinin başında bulunmayan fertler ise; işten uzak kaldıkları süre zarfında ücretlerinin en az %50 ve daha fazlasını almaya devam ediyorlarsa istihdamda kabul edilmektedir (TÜİK). Örneğin, 2020 yılında yaşanan pandemiden dolayı Türkiye'de uygulamaya konulan "kısa çalışma ödeneği" bunun en iyi örneğidir.

Ayrıca üretici kooperatifi üyeleri, bir iş/meslekte bilgi ya da beceri kazanmak amacıyla belirli bir menfaat (ayni ya da nakdi gelir, sosyal güvence, yol parası, cep harçlığı vb.) karşılığında çalışan çıraklar ve stajyer öğrenciler de istihdam halinde olanlar kapsamındadır. Bunlara karşılık referans haftası içinde bir saat bile çalışmamış olan ücretsiz aile işçileri ve yevmiyeliler istihdamda kabul edilmemektedir (TÜİK).

2021 yılı Ocak ayından itibaren uygulamaya konulan düzenlemelere göre yeni belirlenen istihdam tanımı, kullanılan eski tanıma göre daha dar kapsama sahiptir. Kendi tüketimi için üretim yapan çiftçiler, gerçekleştirdikleri üretim miktarı yıllık gıda harcamalarının önemli bir bölümünü (%50'den fazlasını) karşılıyorsa istihdamda sayılmaktayken, yeni düzenlemelere göre bu kişiler istihdam kapsamından çıkarılarak ayrı bir çalışma türü içerisinde değerlendirilmiştir. Ayrıca yeni düzenleme ile istihdamda olup olmama durumunun belirlenmesi kriteri de değiştirilmiştir. Geçici olarak başında bulunmadığı bir işi olduğunu belirten kişilerin istihdamda olup olmadığı eski uygulamada işteki durumlarına göre belirlenirken, yeni tanımlara göre işten uzak kalma nedenlerine göre belirlenmektedir. Normal şartlarda bu tanım farklılığı istihdam kapsamında önemli bir fark yaratmamaktadır. Ancak, pandemi koşullarında işten uzak olan kişilerin sayısı önceki yıllara göre belirgin olarak daha yüksek olduğu için, bu kapsam farklılığı günümüzde daha fazla etki yaratmıştır (TÜİK).

Toplam işgücü içinde istihdam edilenlerden geriye kalan kısım ise işsizlerdir. Demek ki işsiz dediğimiz bireyler de o ülkenin toplam işgücü içerisindedir. İşsiz ve işsizlik oranı gibi kavramları ileride daha ayrıntılı inceleyeceğiz.

Yukarıda ifade ettiğimiz gibi, işgücü dediğimiz nüfus büyüklüğünün haricinde kurumsal olmayan ve çalışma çağında olmasına rağmen *işgücüne dahil olmayan* bir büyüklük de vardır. İşgücüne dahil olmayan bu nüfus, Türkiye'de olduğu gibi, işgücü kabul ettiğimiz nüfus büyüklüğü kadar olabilmekte, hatta zaman zaman onu aşabilmektedir.

Peki bu büyük çoğunluğun sebebi nedir, insanlar neden işgücüne dahil olmamaktadırlar?

TÜİK tarafından yapılan Hanehalkı İşgücü Anketi'ne (HİA) göre, işgücüne dahil olmayanlar şu şekilde gruplara ayrılmıştır (TÜİK):

- *İş aramayıp çalışmaya hazır olanlar:* Çeşitli nedenlerle bir iş aramayan, ancak 2 hafta içinde işbaşı yapmaya hazır olduğunu belirten kişilerdir. İki alt başlıkta ele alınmaktadır:

- o İş bulma ümidi olmayanlar: Daha önce iş aradığı halde bulamayan ya da kendi vasıflarına uygun bir iş bulabileceğine inanmadığı için iş aramaktan vazgeçen ancak işbaşı yapmaya hazır olduğunu belirten kişilerdir. Bunlar *kendilerini işsiz olarak nitelendirse* de TÜİK bu grubu işgücüne dahil etmediği için açıklanan *resmi rakamlara göre işsiz sayılmazlar.*
- o Diğer: Ev kadını olma, öğrencilik, irad sahibi olma, emeklilik ve çalışamaz halde olma gibi nedenlerle iş aramayıp ancak işbaşı yapmaya hazır olduğunu belirten kişilerdir.

- *Mevsimlik çalışanlar:* Mevsimlik çalışması nedeniyle iş aramayan ve iş başı yapmaya da hazır olmayan kişilerdir.
- *Ev işleriyle meşgul*: Kendi evinde ev işleriyle meşgul olması nedeniyle iş aramayan ve iş başı yapmaya da hazır olmayan kişilerdir.
- *Eğitim/öğretim:* Bir öğrenim kurumuna devam etmesi nedeniyle iş aramayan ve iş başı yapmaya da hazır olmayan kişilerdir.
- *Emekli:* Bir sosyal güvenlik kuruluşundan emekli olduğu için iş aramayan ve işbaşı yapmaya da hazır olmayan kişilerdir.
- *Çalışamaz halde:* Bedensel özür, hastalık ya da yaşlılık nedeniyle iş aramayan ve iş başı yapmaya da hazır olmayan kişilerdir.
- *Diğer:* Ailevi ve kişisel nedenler ve bunun dışındaki diğer nedenler ile iş aramayan ve iş başı yapmaya da hazır olmayan kişilerdir.

Burada bireyler, temelde iki grupta toplanmıştır: Birinci gruptakiler iş aramamakta fakat iş başı yapmaya hazır bulunmaktadırlar. İkinci gruptakiler de iş aramamakta, fakat zaten iş başı yapmaya da hazır bulunmamaktadırlar. Kısacası işgücüne dahil olmayanlar çeşitli nedenlerle iş aramamaktadırlar. İş bulma umudunun olmaması, farklı tür gelire sahip olma, mevsimlik çalışma, emekli olma, öğrenci olma, fiziksel sebeplerle çalışamaz durumda olma gibi sebeplerle iş aramayan ve sonuç olarak işgücüne dahil olmayan bu kişilerin büyük çoğunluğu ülke ekonomisi için bir kayıp olarak görülebilir. Çalışabilecek gücü olan, hatta belki de oldukça eğitimli olan nüfusun işgücü dışında kalması, beşerî kaynakların kullanılamaması ve aslında ülke potansiyelinin yakalanamaması anlamına gelmektedir. Bu durum ekonomideki pek çok makro ekonomik göstergenin adeletsiz/dengesiz bir şekilde oluşmasına yol açmakta ve hatta ekonomik istikrarsızlığın temel nedenlerinden biri olarak görülmektedir.

İstihdama ilişkin çok önemli bir gösterge *işgücüne katılma oranıdır*. İşgücü olarak kabul ettiğimiz nüfusun (istihdam edilenler ve işsizlerin toplamı), kurumsal olmayan çalışma çağındaki nüfus içindeki oranına işgücüne katılma oranı denir. İşgücüne dahil olmayanların kurumsal olmayan çalışma çağındaki nüfus içerisindeki oranı ne kadar fazla ise işgücüne katılma oranı da maalesef o kadar düşük çıkmaktadır.

$$\text{İşgücüne Katılma Oranı} = \frac{\text{İşgücü}}{\text{Kurumsal Olmayan Çalışma Çağındaki Nüfus}} x\ 100$$

ya da

$$\text{İşgücüne Katılma Oranı} = \frac{\text{İstihdam Edilenler} + \text{İşsizler}}{\text{Kurumsal Olmayan Çalışma Çağındaki Nüfus}} x\ 100$$

şeklinde hesapladığımız işgücüne katılma oranı, ne kadar yüksek olursa yani %100'e ne kadar yaklaşırsa bu o kadar iyi bir göstergedir. İşgücüne katılım oranın yüksek olması, o ekonominin üretim imkânının yüksekliğini göstermektedir. Bu oran cinsiyete göre ayrı ayrı hesaplanabilmekte, böylece işgücüne katılım anlamında hangi grubun yetersizlik ya da eksiklikler yaşadığı açıkça ortaya konulabilmektedir. En önemli kalkınmışlık göstergelerinin arasında olan işgücüne katılım oranı takip edilerek, ülkelerin genel refah düzeyleri ve ekonomilerindeki istikrar konusunda kuvvetli tahminler yapılabilir.

İstihdam oranı ise, kurumsal olmayan çalışma çağındaki nüfus içerisinde yer alan istihdam edilenlerin oranını gösterir.

$$\text{İstihdam Oranı} = \frac{\text{İstihdam Edilenler}}{\text{Kurumsal Olmayan Çalışma Çağındaki Nüfus}} x\ 100$$

formülü ile ifade edilen istihdam oranında görüldüğü gibi işsizler dışarıda tutularak, işgücü potansiyelinin ne kadarının üretim sürecinde kullanıldığı hesaplanmış olur. Bu oranın yüksek olması önemlidir. Çünkü ülkenin ne kadar yüksek bir istihdam oranı varsa o kadar çok sayıda birey ya da hanehalkının gelir elde ettiği sonucuna ulaşılır. Bu da hem tasarruf gücünün hem de tüketimin temelini oluşturur.

TÜİK tarafından aylık dönemler itibariyle her ay açıklanan işgücü istatistikleri, bir önceki yılın aynı dönemine göre yaşanan değişimleri göstermektedir. Bu verilerde işgücü 15 yaş üstü, 15-64 ve 15-24 yaş aralıkları olarak üç grup şeklinde hesaplanmaktadır. Ayrıca tüm yaş gruplarındaki verileri cinsiyete göre ayrı ayrı görebilmemiz de mümkündür. Bunlar haricinde tarım dışı ve mevsim etkilerinden arındırılmış verilere de ulaşılabilmektedir.

3. İşsiz, İşsizlik Türleri ve İşsizlik Oranı

İşsiz, ülkenin hesaplama yöntemlerindeki değişiklikler nedeni ile tanımı sık sık değişen bir kavramdır. Yani kendisine sorduğumuzda işsiz olan bir birey, istatistiki verilerde işsiz olarak kabul edilmeyebilmektedir. Yine de işsizliğin herkes tarafından kabul edilebilecek anlaşılabilir bir tanımını yaparsak, "cari ücret düzeyinde çalışmaya razı ve hazır olmasına rağmen iş aradığı halde bulamayan kişilere" işsiz diyebiliriz. Burada tanımı verilen kişi *gayri iradi işsizdir* ve işsizlik verilerinde ele alınan da bu kesimdir. Fakat toplumda, çalışma imkânı olmasına rağmen, cari ücret düzeyini beğenmediği, geçimlerini sağlama konusunda kaygı duymadıkları için iş aramayan bir kesim de vardır. Bu kişilere *iradi (gönüllü) işsiz* denmekte ve işsizlik hesaplamalarına dahil edilmemektedir. Bu bağlamda Türkiye'de işsiz tanımlaması/kriterleri zaman içinde yenilenmiştir.

TÜİK'in *2005 öncesi tanımına göre işsiz,* referans dönemi içinde istihdam halinde olmayan kişilerden, iş aramak için *"son 6 ay"* içinde iş arama kanallarından en az birini kullanmış ve 15 gün içinde işbaşı yapabilecek durumda olan tüm kişilerdir.

2005-2013 döneminde ise TÜİK işsiz tanımında, "iş arama kriterinde referans dönemi olarak *"son 6 ay" yerine "son 3 ay"* kullanılmıştır. Bunun yanında 3 ay içinde başlayabileceği bir iş bulmuş ya da kendi işini kurmuş ancak işe başlamak ya da işbaşı yapmak için çeşitli eksikliklerini tamamlamak amacıyla bekleyenler de işsiz nüfus kapsamına dâhildirler.

2014 yılından sonra uygulamaya konulan ve 2021 yılına kadar kullanılan TÜİK tanımlamasına göre, "referans dönemi içinde istihdam halinde olmayan (kâr karşılığı, yevmiyeli, ücretli ya da ücretsiz olarak hiçbir işte çalışmamış ve böyle bir iş ile bağlantısı da olmayan) kişilerden, iş aramak için *"son 4 hafta (son bir ay)" içinde iş arama* kanallarından en az birini kullanmış ve *2 hafta içinde işbaşı yapabilecek durumda* olan 15 ve daha yukarı yaştaki fertler" işsiz nüfusu oluşturmaktadır.

2021 Ocak ayından itibaren ise iş arama kanalları aktif ve pasif iş arama kanalı olarak ayrıştırılmış ve kişinin işsiz olarak tanımlanabilmesi için şu üç koşulun birlikte sağlanması gerekliliği getirilmiştir (TÜİK): Referans dönemde istihdamda olmayan ve son 4 hafta içerisinde aktif bir iş arama kanalını kullanarak iş arayan, iş bulduğu takdirde 2 hafta içinde işbaşı yapabilecek durumda olan veya iş bulmuş olduğu için iş aramayan ve üç ay içerisinde işe başlayacak kişilerden oluşur.

2021 yılına kadar gerçekleştirilen uygulamada son 4 hafta içerisinde hem aktif hem de pasif iş arama kanallarını kullanan kişiler "iş arıyor" olarak dikkate alınmaktadır. Ancak yeni uygulama ile birlikte 2021 yılından itibaren arama kriteri olarak sadece aktif iş arama kanalları dikkate alınmaktadır. Pasif iş arama kanalları, aktif kanallara daha önce yapılan başvurulara cevap bekleme durumudur. Aktif iş arama kanalları TÜİK tarafından; Doğrudan bir işverene başvurma, eşe, dosta ricada bulunma, İŞKUR'a başvurma, özel istihdam ofislerine başvurma, gazete, dergi, internet aracılığıyla iş arama, gazeteye iş ilanı verme veya cevaplama, online CV paylaşma veya güncelleme, sözlü ya da yazılı iş sınavına/mülakata girme ve kendi işini kurmak için hazırlıklar yapma olarak sıralanmaktadır.

TÜİK, Şubat 2014'ten itibaren, Uluslararası Çalışma Örgütü (ILO) ve EUROSTAT tarafından belirlenen kriterler gereğince, işgücü hesaplamalarında aşağıdaki değişiklikleri uygulamaya koymuştur (TÜİK).

- *HİA yılın her haftasında uygulanacaktır.* Önceki uygulamalarda işgücü anketinde referans dönemi *sadece ilk hafta* dikkate alınırken, 2014 sonrası yeni uygulama ile birlikte *yılın tüm haftaları* referans dönemi olarak değerlendirilmeye başlanmıştır.
- *Örneklem tasarımı değiştirilmiştir.* Anket yapısının tüm haftalarının referans dönemi olarak ele alınması ile birlikte sürekli hale gelmesi, örneklem düzeyinde de doğal olarak değişiklik yapılmasına neden olmuştur. Bu kapsamda örneklem düzeyi 577/98 sayılı Avrupa Konseyi düzenlemesine göre şekillendirilmiştir.
- *İdari bölünüşte değişiklik yapılmıştır.* Bu bağlamda büyükşehir belediyeleri içerisinde önceden köy nüfusu olarak değerlendirilen nüfus yeni uygulama ile kent nüfusu olarak değerlendirilmeye başlanmıştır. Dolayısıyla yeni uygulamada kent ve kır nüfus düzeylerinde önemli derecede değişiklikler meydana getirmiştir. Ayrıca bu durum HİA'da da göz ardı edilemeyecek etkiler oluşturmuştur. *Sonuç olarak eski yapıya göre düzenlenen kent ve kır sınıflandırılmasına ilişkin göstergeler ile yeni düzenlemeyi esas alarak oluşturulan göstergelerin karşılaştırılması da söz konusu olmamaktadır.*

Tablo 14: Eski ve Yeni İdari Bölünüşe Göre Yerleşim Sayısı ve Nüfusu

	Eski İdari Bölünüş			Yeni İdari Bölünüş		
	Yerleşim Yeri Sayısı	Nüfus	Nüfus Oranı (%)	Yerleşim Yeri Sayısı	Nüfus	Nüfus Oranı (%)
Toplam	**32.230**	**75.627.384**	**100,0**	**19.587**	**75.627.384**	**100,0**
Kent (20.000 +)	376	54.705.188	72,3	509	65.414.107	86,5
Kır (20.000 -)	36.584	20.292.196	27,7	19.078	10.213.277	13,5

Kaynak: TÜİK.

- *Nüfus projeksiyonları değiştirilmiştir.* TÜİK eski işgücü göstergelerinde 2008 yılı nüfus projeksiyonunu dikkate alırken, Şubat 2014 yılından itibaren 2013 yılı nüfus projeksiyonunu işgücü hesaplamalarında kullanmaya başlamıştır. İki projeksiyonun birbirinden farkı, kent-kır nüfusundaki önemli farka ilave olarak, 65 yaş üzerindeki nüfustur. *65 yaş üzerindeki nüfus işgücü göstergelerinde işgücüne dâhil olmayan nüfus olarak değerlendirilmektedir.*
- *HİA'daki iş arama süresi sorusu değiştirilmiştir.* İşgücü göstergelerinde uygulanan yeni yöntem içerisinde en önemli değişiklik bu çerçevede yapılmıştır. Yeni düzenlemede iş arama süresi referans dönemi *de dâhil son 3 ay yerine son 4 hafta* olarak değiştirilmiştir. Bu düzenlemeye göre bir kişinin işsiz kabul edilmesi için son 4 haftada iş arama girişiminde bulunmuş ve iş bulması halinde de en geç 2 hafta içerisinde işbaşı yapabilecek durumda olması gerekmektedir.

Referans döneminin 6 ay iken sonra 3 aya ve en sonunda 1 aya düşürülmesi, süre içerisinde iş arama ihtimalini düşürmekte ve bu durumda işsiz sayısının olduğundan daha düşük çıkmasına neden olmaktadır. Örneğin işe başlamaya hazır bir birey, son 4 hafta içinde değil ama son 5 hafta içinde iş aramış ve bulamamış olabilir. Böyle bir durumda bu birey işsiz nüfusa dahil edilmediğinden, işsizlik aslında hesaplama yöntemi ile düşürülmüş olmaktadır. İşsiz sayısının bu yeni hesaplama yöntemi ILO ve EUROSTAT'ın norm ve standartlarına uygun olsa da yapılan tüm bu değişiklikler sonucu, eski yöntemle hesaplanan *2005 yılı öncesi veriler yeni hesaplama yöntemi ile revize edilmediği için işsizlik göstergelerinin karşılaştırılması imkânı bulunmamaktadır.* Dolayısıyla Türkiye'nin uzun dönemli işgücü/işsizlik verilerinin analizi ve çözümler için doğru stratejilerin uygulanmasında sorunlar yaşanmaktadır.

Yukarıda verdiğimiz tanımdan hareketle işsizlik oranı hesaplanır. Yani işsizlik oranını hesaplayabilmek için önce işsiz nüfus belirlenmelidir. Ardından şu formül ile işsizlik hesaplanır:

$$\textit{İşsizlik Oranı} = \frac{\text{İşsiz Sayısı}}{\text{İşgücü}} x\ 100$$

İşgücü bildiğimiz gibi istihdam edilenler ve işsizlerin toplamından oluşmakta idi. Dolayısıyla işsizlik oranını;

$$\textit{İşsizlik Oranı} = \frac{\text{İşsiz Sayısı}}{\text{İstihdam Edilenler} + \text{İşsiz Sayısı}} x100$$

şeklinde daha açık ifade edebiliriz.

TÜİK tarafından 44.000 hanehalkı üzerinde uygulayarak her ay (iki ay öncesine ait olarak) açıklanan işgücü istatistikleri, bir önceki yılın aynı ayına göre yaşanan değişimleri yansıtmaktadır. Ülkemizde hesaplanan işsizlik oranlarını farklı ayrımlar ile izlememiz mümkündür. Bunlar, toplam, kadın, erkek, genç (15-24 yaş), tarım dışı ve mevsim etkisinden arındırılmış işsizlik oranlarıdır.

Toplam işgücü içerisindeki işsiz sayısının varlığı çeşitli sebeplere bağlı olabilmektedir. Bu sebepleri ortaya koyarken işsizlik türlerinden yararlanırız. Gizli işsizlik ve açık işsizlik olarak başlıca iki işsizlik türü bulunmakta, açık işsizlik ise nedenlerine göre farklı türlere ayrılmaktadır. Şimdi bu işsizlik türlerini görelim.

i. *Gizli İşsizlik:* Bir işte çalışıyor olmasına rağmen, toplam üretime bir katkısı olmayan, yani marjinal verimi sıfır olan kişilere gizli işsiz denir. Görünmeyen bir işsizlik türü olarak gizli işsizlik, işsizlik oranı içerisinde yer almamaktadır. Çünkü bu kişilerin fiilen bir işi vardır. Özellikle tarım sektöründe gizli işsizliğin yoğun olduğu bilinmektedir.

ii. *Açık İşsizlik:* Gizli işsizlikten farklı olarak, bireyin çalıştığı bir işi olmamasından dolayı "açık" şekilde görülen ve işsizlik hesaplamalarına dahil olan işsizlik türüdür. Daha önce verdiğimiz işsizlik tanımı açık işsizliği ifade etmektedir. Yani mevcut şartlarda çalışmaya hazır olan ve iş arayan kişilerin olduğu duruma açık işsizlik denir. Açık işsizlik farklı nedenlerle ortaya çıkabilmektedir. Açık işsizliğin çeşitleri şunlardır:

- *Friksiyonel (Geçici) İşsizlik:* Eğitim sürecini tamamlayıp işgücü piyasasına yeni dahil olan gençler ve iş değişikliği yapmak için çalıştığı işini bırakıp yeni işi arayan kişilerin oluşturduğu işsizlik türüdür. Geçici (arızi) durumlardan kaynaklanan bu işsizlik türü, her ekonomide ve her zaman olabilen bir işsizlik olduğundan doğal karşılanmaktadır.
- *Yapısal İşsizlik:* Ekonominin yapısal özelliklerinde ortaya çıkan değişikliklerden dolayı yaşanan işsizliktir. Örneğin, üretim tekniklerinde ortaya çıkan değişikliklerden dolayı emeğe duyulan ihtiyacın azalması (teknolojik işsizlik) yapısal işsizlik sebeplerindendir. Ya da tüketicilerin geleneksel mallara yönelik olan tercihlerinin azalması ile bu sektörlerde ortaya çıkan işsizlik de yapısal işsizliğe girer. Ayrıca özellikle gelişmekte olan ülkelerde sanayileşme süreci ile birlikte tarımsal istihdamın daralması da bu türe girmektedir. Yine her ülkede teknolojiden ya da tercihlerden kaynaklı değişimler yaşanacağından, yapısal işsizlik de doğal bir işsizlik olarak görülmektedir.
- *Doğal İşsizlik:* Yukarıda ifade ettiğimiz ve her ekonomide görülmesinin muhtemel ve normal kabul edildiği friksiyonel ve yapısal işsizliğin toplamına doğal işsizlik denilmektedir. Gelişmiş ülkelerde %3, gelişmekte olan ülkelerde %6 oranında doğal işsizlik olduğu kabul edilmektedir.
- *Mevsimlik İşsizlik:* Doğa şartlarına bağlı olarak üretim yapan ya da hizmet veren bazı sektörlerde, dönemsel olarak ortaya çıkan işsizlik türüdür. Örneğin, deniz turizminde sezonda mevsimlik emek talebi artarken, kış aylarında bu emek işsiz kalmakta, buna da mevsimlik işsizlik denmektedir. Benzeri bir durum tarım sektörü için de geçerlidir.
- *Konjonktürel İşsizlik:* Konjonktürel dalgalanmaların (durgunluk ve canlanma), durgunluk döneminde ortaya çıkan işsizlik türüdür. Bir ekonomide sürekli bir büyüme trendi ve genişleme yaşanamayacağı gibi, sürekli daralma da yaşanmaz. Ekonomilerin canlanma dönemlerinde yükselen talebe bağlı olarak artan arz yeni işgücü talebi doğurur. Fakat tersine durgunluk dönemlerinde ise arzda ortaya çıkan daralmalar işten çıkarmalara sebep olur. İşte bu durumda ortaya çıkan işsizlik kon-

jonktüreldir. Ekonomilerde işsizlikle mücadele politikaları çoğunlukla bu tür işsizliğin ortadan kaldırılması üzerine kuruludur. Çünkü daralmanın uzun sürmesi işsizliğin yaygın hale gelmesine neden olmakta ve başa çıkılmasını güçleştirmektedir.

2021 Ocak ayından itibaren, işgücü piyasası yapısının zaman içerisinde değişiklik göstermesi, işsizlik oranının tek başına atıl işgücünü ölçmede yeterli olmaması ve ülkeler arasındaki farklılıkların daha iyi ortaya konulabilmesi için işgücü göstergelerine ek olarak yeni göstergeler tanımlanmıştır. Bu kapsamda yayımlanmaya başlanan tamamlayıcı işgücü göstergeleri şunlardır (TÜİK):

1. Zamana bağlı eksik istihdam ve işsizlerin bütünleşik oranı* [(Zamana bağlı eksik istihdamdaki kişiler + İşsizler) / İşgücü] * 100

2. İşsiz ve potansiyel işgücünün bütünleşik oranı** [(İşsiz +Potansiyel İşgücü) / (İşgücü +Potansiyel İşgücü)] * 100

3. Atıl işgücü oranı [(Zamana Bağlı Eksik İstihdam + İşsiz + Potansiyel İşgücü) / (İşgücü + Potansiyel İşgücü)] * 100

Bu hesaplamalarda kullanılan *potansiyel işgücü*, referans haftasında ne istihdamda ne de işsiz olan çalışma çağındaki kişilerden; iş arayan fakat kısa süre içerisinde işbaşı yapabilecek durumda olmayanlarla, iş aramadığı halde çalışma isteği olan ve kısa süre içerisinde işbaşı yapabilecek durumda olan kişilerdir.

2021 Mart ayı itibari ile önemli bir yenilik atıl işgücü oranı yani gerçek anlamda meydana gelen işsizlik oranı hesaplanmasıdır. Bu tarihten itibaren, AB'ye uyum çerçevesinde işsizlik verileri içinde yer almaya başlamıştır. Atıl işsizlik, zamana bağlı eksik istihdam, potansiyel işgücü ve işsizlerden oluşmaktadır. Başka bir ifade ile mevsimlik işsizler ile iş aramaktan vazgeçenlerin de eklenmesi ile bulunan işsizlik oranıdır. Çalışmaya hazır olup da iş aramayanlar aslında işsiz olduğu halde son 4 hafta içinde iş aramak için başvuruda bulunmamış olanlardır. Genel işsizlik oranlarında bunlar işsiz olarak değerlendirilmiyor. Bunları işsiz saymadığınızda ulaştığınız işsizlik rakamları gerçek işsizliği yansıtmaktan oldukça uzak kalmak-

* **Zamana bağlı eksik istihdam:** İstihdamda olan, haftalık 40 saatten az çalışan ve referans döneminde daha fazla saat çalışmak isteyen ve kısa süre içerisinde daha fazla saat çalışabilecek olan kişilerdir.

tadır. Örneğin işsizlik rakamı ülkemizde ortalama %13 civarında çıkarken, bu işsizlik rakamı geniş anlamda %28-30 civarında hesaplanmaktadır. Bu bağlamda TUİK'in işgücü ve işsizlik istatistiklerinde hesaplayıp yayınladığı atıl (geniş tanımlı) işsizlik rakamlarının okunması ve takip edilmeside oldukça önem kazanmıştır.

C. İstihdam ve İşgücü ile İlgili Endeksler

İşgücü piyasaları ile ilgili TÜİK tarafından hazırlanan endeksler iki grupta toplanmaktadır. Bunlar; İşgücü Maliyet Endeksleri ve İşgücü Girdi Endeksleri'dir. TÜİK'in bu endeksleri oluşturmadaki amacı; Türkiye'nin ekonomik durumunun değerlendirilmesinde kullanılan göstergelerin endeks düzeyinde zaman içerisindeki gelişiminin takibini, dönemler ve yıllar itibariyle sektörlerdeki değişimlerinin izlenebilmesini, AB mevzuatına uyumlu, ulusal ve uluslararası bilgi isteklerine ve karşılaştırmalara ve çeşitli araştırmalara kaynak teşkil edilmesini sağlamaktır.

Genel olarak İşgücü Girdi Endeksleri başlığı kullanılsa da maliyet ve girdi temel ayrımı ile yayımlanan endekslerin alt endeksleri şu şekildedir (TÜİK):

- *İşgücü Girdi Endeksleri:*
    - o *İstihdam Endeksi:* Bu endeks kapsamında, işyerlerinde ücretli çalışanlar dikkate alınmaktadır. Çırak ve stajyerler ile fiili çalışan iş sahibi, ortaklar ve ücretsiz aile işçileri, istihdam endeksleri içinde kapsanmamaktadır.
    - o *Çalışan Saat Endeksi:* Ücretli çalışanların temel ücret ve maaşına konu olan normal çalışma süresi ne olursa olsun işyerinde fiilen çalışılan süredir. Ücret karşılığı olan ve olmayan fazla çalışma ve fazla sürelerle çalışma süreleri, çalışılan saate dahil edilirken, yıllık izin, resmî tatil gibi ücreti ödendiği halde çalışılmayan süreler çalışılan saatten hariç tutulur. Çalışılan saat hesaplamasında, TÜİK tarafından yapılan HİA'dan elde edilen kayıtlı ücretli çalışanların fiili çalışma saat verisi ile idari kayıtlara dayanan ücretli çalışan verisi kullanılmaktadır.
    - o *Brüt Ücret/Maaş Endeksi:* Ücretli çalışanlara yapılan brüt temel ücret ve maaş ödemeleri ile ücret niteliğindeki düzenli kazançlar (her ay yapılan ikramiye, prim vb.), fazla çalışma öde-

meleri ile düzensiz kazançlar (her ay yapılmayan ikramiye, prim vb.) kapsanmaktadır.

- *İşgücü Maliyet Endeksleri:*
  - o *Saatlik İşgücü Maliyeti Endeksi:* İşveren tarafından ücretli çalışan istihdamına ilişkin olarak katlanılan kazanç ve kazanç dışı işgücü maliyetini kapsar. Mesleki eğitim, işe alma, iş elbisesi maliyetleri gibi diğer işgücü maliyeti kalemlerini kapsamaz.
  - o *Saatlik Kazanç Endeksi:* Brüt temel ücret ve maaş ödemeleri ile ücret niteliğindeki düzenli kazançları (her ay yapılan ikramiye, sosyal yardım vb.), fazla çalışma ödemelerini, düzensiz kazançları (her ay yapılmayan ikramiye, prim vb.) kapsar.
  - o *Saatlik Kayıt Dışı İşgücü Maliyet Endeksi:* Sosyal güvenlik kurumlarına yapılan işveren payı prim kesintileri, kıdem ve ihbar tazminatı ödemeleri gibi diğer sosyal güvenlik ödemelerini kapsar.

Bu endekslerin her biri, 2015=100'e göre çeyrek dönemlik izlenmekte olup, arındırılmamış, takvim etkilerinden arındırılmış ve mevsim ve takvim etkilerinden arındırılmış olarak oluşturulmaktadır. Endeksler NACE Rev. 2 sınıflandırmasına göre oluşturulan sektörler bazında ayrı ayrı da görülebilmektedir. Her düzeyde toplamların ilgili düzeyin temel yıl ortalamasına oranlanarak hesaplandığı sabit temel yıllı basit endeks yöntemi kullanılmaktadır. Veri kaynağı olarak; Sosyal Güvenlik Kurumu (SGK) Aylık Prim ve Hizmet Bildirgesi ile Gelir İdaresi Başkanlığı (GİB) Muhtasar Beyanname kayıtlarında ücretli çalışanı olduğunu belirten tüm işyerleri (tam sayım) veri kapsamındadır. Finans ve Sigorta Faaliyetleri kısmı için Bankacılık Düzenleme ve Denetleme Kurumu (BDDK) idari kayıtları, çalışılan saat hesaplamasında ise, TÜİK tarafından yapılan HİA'dan elde edilen kayıtlı ücretli çalışanların fiili çalışma saat verisi ile idari kayıtlara dayanan ücretli çalışan verisi kullanılmaktadır (TÜİK).

D. Seçilmiş Ülkelerde İşsizlik Kriterleri

Ülkelerin işsizlik oranlarının kıyaslamasını yapabilmek için ülkelerin işsizlik hesaplamalarını hangi kriterleri göz önünde bulundurarak yaptığını bilmek gerekmektedir. Çünkü ülkelerin bazıları ILO'nun önermiş olduğu geniş tanımlı işsizlikte verilen işsizlik tahmin yöntemin yanında, kısa zamanlı çalışanları, mevsimlik çalışanları, potansiyel işgücünü (iş bulursa çalışmak isteyenleri) de dahil etmektedir. Eurostat da eksik istihdamı, iş aramayıp çalışmaya hazır olanlar ve iş arayıp hemen çalışmaya hazır olamayanları da işsizlik hesaplamasına dahil etmektedir. Yine ABD Çalışma İstatistikleri Bürosu, resmi işsizlik oranlarıyla birlikte düzenli olarak geniş işsizlik oranlarını da hesaplamaktadır (DİSK,2020). ABD Çalışma İstatistikleri Bürosu'na göre, bir işleri yok ise önceki 4 hafta içinde aktif olarak iş aradıysa ve şu anda çalışmaya uygunsa, işsiz olarak sınıflandırılmakta ve bireyin işsiz olarak sayılabilmesi için görüşmeden önceki 4 hafta içinde en az bir aktif iş arama faaliyetine katılmış ve (geçici hastalık hariç) çalışmaya hazır olması gerekmektedir. Bununla birlikte ABD'de dikkate alınan nüfus; 16 yaş ve üzeri sivil ve kurumsal olmayan nüfusa; İspanya, İngiltere ve diğer AB üye ülkelerinde ise 15 ile 74 yaşları arasındaki nüfusa dayandırılmaktadır. İngiltere'de işsizlik verileri Ulusal İstatistik Bürosu tarafından ölçülmektedir. Buna göre İngiltere, 15 yaş ve üstü, iki hafta içinde çalışmaya başlayabilecek şekilde hazırda bekleyen ve son 4 hafta içinde aktif olarak iş arayan kişileri işsiz olarak tanımlanmaktadır. Bu kriterlere uymayanlar *"işgücü dışında"* olarak sınıflandırılır. Ancak, çalışmak isteyip de hastalık ya da sakatlık nedeniyle çalışmaya müsait olmayan kişileri ise işsiz değil ekonomik olarak aktif olmayan olarak sınıflandırmaktadır. Ayrıca İngiltere 16 ile 64 yaşları arasında yer alan, çalışmaya müsait olan ancak iş aramayan işsizleri "cesareti kırılmış işçiler" olarak tanımlamakta ve işsiz olarak göstermemektedir. Fransa'da ise işsiz, 15 ile 74 yaş arası, maaşlı bir işi üstlenmek ya da üç ay içinde bağımsız bir faaliyet sürdürmek için adımlar atmış ve iki hafta içinde çalışmaya hazır olan kişiler olarak ifade edilmektedir. Katar'da ise anketin uygulandığı dönemden önceki hafta boyunca işsiz olan, çalışmaya istekli ve iş arayan, 15 yaş ve üstü tüm kişiler işsiz sayılmaktadır. Katar'da iki tür işsiz arasında bir ayrım yapılmaktadır. Birincisi "yeni gelenler" olarak adlandırılan daha önce hiç çalışmamış ve anketten önceki hafta aktif olarak iş arayan kişilerdir. İkincisi ise "daha önce iş hayatında olanlar'ın oluşturduğu, iş deneyimi olan ve anketten önceki haftada aktif olarak iş arayan kişilerdir.

Aşağıdaki tabloda bazı ülkelerin işsiz verisi elde ederken dikkate aldığı kriterler görülmektedir.

Tablo 15: Seçilmiş Ülkelerde İşsizlik Kriterleri

Ülkeler	*İşsiz kişi yaş sınırı*	*İş arama zamanı*	*İşbaşı yapabilme zamanı*	*İş bulduğu halde işsiz sayılan kişi*
Türkiye	*15 -64*	*Son dört hafta*	*İki hafta içinde*	*Üç ay içinde başlayabileceği bir iş bulmuş ya da kendi işini kurmuş ancak işe başlamak için eksiklik tamamlama için bekleyenler*
Almanya	*15-74*	*Son dört hafta*	*İki hafta içinde*	*İşsiz olarak kayıtlı olup olmadığı önemli değil*
Arnavutluk	*15-64*	*Son dört hafta*	*Referans haftasını izleyen iki hafta içinde*	*En fazla 3 ay içinde başlayabileceği bir iş bulanlar*
Avustralya	*15 yaş üstü*	*Belirli bir süre içinde*	*Hemen bir işe girmeye müsait*	
Bulgaristan	*15-74*	*Son 4 hafta*	*Referans dönemi-ni takip eden iki hafta içinde*	*3 ay içinde başlaması beklenen*
Fransa	*15-74*	*Bir önceki ay aktif olarak*	*İki hafta içinde*	*Üç ay içinde başlaması beklenen*
İngiltere	*15-74*	*Son dört hafta*	*İki hafta içinde*	
Jameika	*14 yaş ve üstü*	*Son dört hafta*	*Çalışmaya hazır*	*Dört hafta ya da daha kısa bir süre içinde başlayacak yeni bir işe sahip olan*
Japonya	*15 yaş ve üstü*	*Referans haftasında*	*Çalışmaya hazır*	
K.Makedonya	*15 yaş ve üstü*	*Raporlama haftası boyunca aktif olarak*	*İki hafta içinde*	
Romanya	*15-74*	*Son dört hafta*	*İki hafta içinde*	*3 aydan daha kısa süre içinde işe başlayacaklar*

Kaynak: Farklı çalışmalardan derlenmiştir.

E. TÜİK Göstergelerinin Okunması

Türkiye İstatistik Kurumuna ait internet adresinde ülkeye ait istihdam ve işsizliğe yönelik değişmeler, istatistik segmesi altında istihdam, işsizlik ve ücret başlığında incelenmektedir. Bu başlık altında ülkedeki kurumsal olan ve olmayan nüfus ile işgücü sayısı ile birlikte sektörlere göre çalışan sayısı ve işsiz sayısına ait rakamsal değerler nicel olarak ve yüzdesel olarak verilmektedir.

TÜRKİYE İSTATİSTİK KURUMU **Haber Bülteni**

Sayı: 33792 10 Kasım 2020 Saat: 10:00

İşgücü İstatistikleri, Ağustos 2020

İşsizlik oranı %13,2 seviyesinde gerçekleşti

Türkiye genelinde 15 ve daha yukarı yaştakilerde işsiz sayısı 2020 yılı Ağustos döneminde geçen yılın aynı dönemine göre 456 bin kişi azalarak 4 milyon 194 bin kişi oldu. İşsizlik oranı 0,8 puanlık azalış ile %13,2 seviyesinde gerçekleşti. Tarım dışı işsizlik oranı 1,0 puanlık azalış ile %15,7 oldu.

Künye: İşgücü İstatistikleri

Amaç: İşgücü İstatistikleri, İstihdam edilenlerin; iktisadi faaliyet, meslek (ya da tuttuğu iş), işteki durum ve çalışma süresi, işsizlerin ise; iş arama süresi ve aradıkları meslek (ya da iş) ve benzer özellikleri hakkında bilgi derlemek amacıyla uygulanmakta olup, ülkedeki işgücü piyasasının özellikleri hakkında bilgi veren (arz yönüyle) temel veri kaynağıdır.

Q-R Kodu:

Açıklanma Sıklığı: İlgili ayın 10'unda (geçmiş iki ay öncesine ait işgücü istatistikleri)

İnternette Haber Bülten Adresi: https://www.tuik.gov.tr

Anahtar Kelimeler: Kurumsal Olmayan Nüfus, İşsizlik Oranı, İşgücüne Katılma Oranı, İstihdam Oranı, Eksik İstihdam

Ülkelerin makro düzeyde takip ettiği en önemli göstergelerden birisi işgücü ile ilgili istatistiklerdir. İşgücü ile ilgili veriler içerisinde ülkedeki işsiz sayısı, işgücü sayısı ve istihdam edilenlerin sayısı gibi önemli veriler söz konusudur. İşgücü ile ilgili istatistikler HİA (hanehalkı İşgücü Araştırması) sonucunda ortaya çıkmaktadır. HİA sonuçları 2005 yılı Ocak ayından itibaren hareketli üçer aylık dönem verileri esas alınmak suretiyle her ay yayımlanmaktadır. Yani aylık olarak yapılan işgücü göstergeleri sadece o ay için ele alınan anket çalışmasını değil aynı zamanda o ayın bir öncesi ve sonrasına ait çalışmaları da kapsamaktadır. Örneğin şubat ayına ait işgücü göstergeleri şubat ayı ile birlikte ocak ve mart aylarını da kapsamaktadır. Bu sebeple şubat ayı işgücü göstergeleri aynı zamanda üç aylık olarak ifade edilen ilk çeyrek değerlerini de kısmen kapsamaktadır. 2020 yılı itibari ile HİA örnekleme tasarımında yapılan güncelleme sonucunda, üçer aylık hareketli ortalama yerine her ayın bağımsız tahmin verebilmesi sağlanmıştır. Bu sebeple öncelikle 2014-2019 yılları arasındaki aylık veriler yerine geriye dönük olarak doğrudan tahmin yöntemleri ile aylık bağımsız veriler türetilmiştir. Üçer aylık harekatli ortalamalar hesaplamasında içinde bulunulan ay ile birlikte öncekşi ve sonraki ayın ağırlıklı ortalaması hesaplamaya dâhil edilmekteydi. Bu bağlamda diğer iki ayın değerleri yüksek ise o aya ait değer olması gerekeden daha yükske, düşük ise olması gerekenden daha düşük çıkanimektedir. Bu durumda hareeeketli ortalamar yönteminin dezanatajı ve avantajı ortaya çıkmaktadır. Fakat 2021 yılından itibaren yapılan hesaplamalarda ise sadece o aya ait veriler yalın halde söz konsu olmaktadır ve a aya ait değerleri içermektedir.

TÜİK tarafından 1988 yılından beri düzenli olarak uygulanmakta olan HiA ile istihdam edilenlerin; iktisadi faaliyet, meslek, işteki durum ve çalışma süresi verilerini toplarken; işsizlerin ise iş arama süresi ve aradıkları meslek/iş ve benzer özellikleri hakkında bilgilere erişmeye çalışmaktadır. Bu bakımdan HİA ülkedeki işgücü piyasasının özellikleri hakkında bilgi veren temel veri kaynağı görünümündedir. Veri aylık olarak yayımlanmakta ve bu konudaki en güncel bilgiyi içermektedir. HİA'da ardışık iki dönem arası ve ardışık iki yılın aynı dönemlerinde adres bazında %50 çakışma sağlayacak şekilde rotasyon kalıbı oluşturulmuş ve her dönemde 8 alt örnek kullanılmıştır. Anket 2014 yılından sonra dönemlik 44.000 hanehalkı üzerinde uygulanmaktadır. İşgücü durumunun tespitine yönelik sorular ise 15 ve daha yukarı yaştaki fertlere sorulmaktadır. Veriler, anketörler tarafından yüz yüze görüşme yöntemi ile alan uygulaması esnasında doğrudan dizüstü bilgisayarlara kaydedilme şeklinde toplanmaktadır. Örnekleme sonucu elde edilen veri setinden kitleyi temsil edecek değerlere ulaşabilmek için ağırlıklandırma işlemi gerçekleştirilmektedir. İşgücü istatistiklerinde takvimden kaynaklanan etkiler istatistiksel olarak anlamlı olmadığından işgücü, işsiz, ekonomik faaliyetlere göre istihdam edilenler ve istihdam oranı, işgücüne katılım oranı, işsizlik oranı, tarım dışı işsizlik oranı ve genç nüfusta işsizlik oranı verileri mevsim etkilerinden arındırılmaktadır (TÜİK). İstihdam ve işgücüne ait veriler her ayın 10'unda TÜİK tarafından açıklanmaktadır.

Bunun yanında istihdam/işgücü/işsizlik ile alakalı veri seti oluşumuna Ekonomik Güven Endeksi anketleri de katkı yapmaktadır. Ekonomik Güven Endeksi'ni belirleyen alt endekslerden olan Reel Sektör (imalat) Güven Endeksi'nde yer alan "işletmeler bazında gelecek 3 aylık dönemde istihdam beklentisi" sorusu istihdama yönelik verilerin güvenirliğini kuvvetlendirmektedir. Ayrıca bir diğer alt endeks olan Tüketici Güven Endeksi araştırmasında "hanehalkının 12 aylık gelecek dönem içinde işsiz sayısı beklentisini" ölçen sorusu ise işsizlik verilerinin güvenirliğini sağlamlaştıran bir başka veridir. Ekonomik güven endeksi ile HİA sonuçları beraber değerlendirildiğinde ekonominin gelişimi hakkında anlamlı sonuçlar ve doğruya yakın öngörülerde bulunma ihtimali artmaktadır.

İstihdam ile ilgili göstergelerin hesaplanmasında 15 yaş ve üzeri nüfus değerleri kullanılmakta, aynı zamanda bu nüfus kurumsal olmayan çalışma çağındaki nüfus olarak adlandırılmaktadır. Ülkeler açısından kurumsal olmayan çalışma çağındaki nüfus içerisinde işgücü ve işgücüne dahil olmayan kesim bulunmaktadır. İşgücü, bu yaş grubu içerisinde çalışanlar yanında çalışmaya istekli ve iş arayan kesimden oluşmaktadır. İşgücüne dahil olmayan kesimlerin başında ise öğrenciler, hastalar, askerler, mahkumlar, emekliler, ev hanımları, engelliler, 65 yaş üstü nüfus vb. kişiler gelmektedir. Bu sebeple ülkenin demografik yapısı ve işgücü istatistiklerinin doğru analiz yapılabilmesi için işgücüne dahil olmayan bu gruplardaki zaman içerisindeki değişiminin takip edilmesi oldukça önem arz etmektedir. Böylece açıklanan istihdam ve işsizlik verilerindeki değişim daha anlamlı olacaktır. Başka bir ifade ile bu işgücüne dahil olmayan grupların verilerinde meydana gelen değişimin incelenmesi istihdam ve işsizlik verilerinde ortaya çıkan farklılıkları da daha iyi takip edilebilmesine yol açmaktadır. Örneğin kurumsal olmayan çalışma çağındaki nüfusa yeni katılmış kişilerin işgücü içerisinde ve dışındaki durumlarına ait dağılımların iyi araştırılması gerekmektedir.

Yaklaşık olarak 83 milyon olan Türkiye nüfusunun, Ağustos 2020 verilerine göre yine yaklaşık 63 milyonu kurumsal olmayan çalışma çağındaki nüfustur. Kurumsal olmayan çalışma çağındaki nüfusun yaklaşık 28 milyon kadarı istihdam edilmekte iken 31 milyon kişi işgücüne dahil bulunmamakta, 4 milyon civarındaki kişi de işsiz olarak yaşamaktadır. İşgücüne dahil olmayan nüfus, işgücünden yaklaşık yedi yüz yetmiş bin, istihdam edilenlerden ise üç buçuk milyon kişi daha fazladır. Kurumsal olmayan çalışma çağındaki nüfusun %50,6'sı işgücü iken, kalan %49,4'ü işgücüne dahil olmayan nüfustur (TÜİK).

TÜİK'in Türkiye'de işgücüne dahil olmayan 31 milyon kişiye ilişkin derlediği veriler oldukça dikkat çekicidir. Ağustos 2020 verilerine göre (TÜİK), işgücüne dahil olmama nedenleri yüksekten düşüğe doğru sıralandığında, ev işleriyle meşgul olma (yaklaşık 10 milyon kişi), çalışamaz halde olma (yaklaşık 5 milyon kişi), emekli olma (yaklaşık 5 milyon kişi), eğitimde olma (yaklaşık 4 milyon kişi), vd... şeklinde bir sıralama oluşmaktadır. Bu 31 milyon kişinin yaklaşık 22 milyonu kadındır. Ev işleriyle meşgul olma sebebiyle işgücü dışında kalan nüfusun tamamının (10 milyon) kadın olması, yani bu sebeple işgücüne dahil olmayan hiç erkek olmaması toplumsal yapıya ilişkin açık bir göstergedir. Toplumsal cinsiyet rolleri açısından, ev işleri (yemek yapma, temizlik yapma, çocuk bakma, yaşlı bakma, vb...), kadının görevi olarak görülmekte, elde ettiği ücret erkeğe göre daha yüksek olsa dahi işgücü piyasasından çekilen taraf kadın olmaktadır. Tabi ki bu iktisadi açıdan rasyonel bir tercih değildir ancak ülkenin kültürel kodları böyle bir tercihi ortaya çıkarmaktadır. Başka bir hatalı kültürel kod da belirli yaş üstündekilerin çalışamayacakları ya da çalışsalar da verimli olamayacakları düşüncesidir. Örneğin; TÜİK 65 yaş üstü nüfusu işgücüne dahil olmayan grup içerisinde değerlendirmektedir. Dolayısıyla ülkelerin istihdama ilişkin göstergeleri toplumsal yapılarına ilişkin bilgiler de içermektedir.

Açıklanan işgücü göstergeleri içerisinde en önemli veri şüphesiz işsizlik oranı verileridir. İşsizlik oranı verileri bir ülkenin dikkat ettiği ve önemle takip ettiği göstergelerin başında gelmektedir. Bu sebeple işsiz sayısını hesaplayabilmek için anket çalışması ve belli başlı bazı temel tanımların olması gerekmektedir. İşsiz kimseler özellikle belli bir dönem içerisinde resmi kanalları kullanarak iş arayan kimseler olarak ifade edilmektedir. Özellikle işsiz sayısının hesaplanmasında kullanılan belli bir süre iş arama durumu ülkemiz açısından belli tarihlerde farklılık arz ederek, işsiz sayısının farklı olmasına yol açmıştır. Ülkemizde işsiz sayısını hesaplamada kullanılan bu süre, 2005 yılına kadar *son 6 ay* içinde resmi kanalları kullanarak iş arayan kimse olarak tanımlanırken, 2005 yılından itibaren *son 3 ay* içerisinde iş arama durumuna düşürülmüş, 2014 yılından sonra ise *son 4 hafta* içerisinde resmi kanalları kullanarak iş arama şeklinde tanımlanmıştır. Bu yeni tanımlama ILO ve Eurostat'ın standartlarına uygun şekildedir. Ancak burada araştırmacılar için sorunlar ortaya çıkmaktadır. Çünkü yeni hesaplama yöntem uygulamalarının geçmişe yönelik uzun dönem işsizlik verilerinin düzeltilememesi (revize edilememesi), ülke ekonomisi için yapılması düşünülen uzun dönemli veri setlerinin oluşturulmasına ve hatta ülke ekonomisinin dönemsel bazda gelişimlerinin karşılaştırılmasına imkân vermemektedir. Başka bir ifade ile yeni serinin özellikle işsiz sayısının hesaplamasında kullanılan süre sınırlamasının farklılık oluşturması, bu dönemler için işsizlik oranı verilerinin birebir örtüşmeme durumunu göstermekte ve geçmişe dönük revizeler de yapılmadığı için karşılaştırma yapılabilmesini zorlaştırmaktadır. Örneğin 2005 yılı öncesi için işsiz sayısını hesaplamada kullanılan anket için zaman esas alınması durumunda önceki beşinci ay içinde resmi kanalları kullanarak iş aramış ama bulamamış olan kimse işsiz sayılırken, 2014 sonrasında ise son dört hafta içerisinde iş aramadığı için işsiz sayılmamaktadır. Bu durumda o kişi o dönem için işsizlik rakamlarında yer aldığına, ama şimdiki dönemde almadığına işaret etmektedir. Bu sebeple işsizlik oranlarında dönemler arasında farklılıkların olduğuna işaret etmek gerekir. Hesaplamada kullanılan bu süre farklılıkları işsiz sayısının, dolayısıyla işsizlik oranlarının olması gerekenden daha düşük çıkmasına sebep olmaktadır. Çünkü geçmiş dönemlerde iş arayıp da bulamayan ve son dört hafta içinde iş aramayan kişiler iş başı yapmaya hazır ama iş bulma umudunu yitirmiş kimseler olma olasılığı artmaktadır. 2014 yılı sonrasında iş başı yapmaya hazır olup iş aramayan bu kişiler işsiz sayısına dâhil edilmemektedir. Bundan dolayı yeni seri ile ilgili verilerini güvenirliğini sağlamak adına Tüketici Güven Endeksi'ndeki "hanehalkının 12 aylık gelecek dönem içinde işsiz sayısı beklentisini" ölçen sorusu ile işsizlik verilerinin güvenirliğini sağlamlaştırılması gerekmektedir. Bir diğer veri seti ise, Reel (İmalat) Sektör Güven Endeksi'nde yer alan "işletmeler bazında gelecek 3 aylık dönemde istihdam beklentisi" sorusu istihdama yönelik toplanan verilerdir. İstihdam ve İşsizlik verileri, mutlaka bu göstergeler ile birlikte değerlendirilmelidir. Böylece ekonominin mevcut durumu ve geleceğe yönelik beklentilere yönelik doğruya yakın öngörülerde bulunmak mümkün olacaktır.

2020 yılı Ağustos döneminde bir önceki yılın aynı dönemine göre işsizlik oranı %13,2 iken, bu oran erkeklerde 11,9, kadınlarda ise %15,9'dir. Cinsiyete göre işsizlik oranlarında da işgücüne katılma oranlarında görülen durumun bir benzeri ile karşılaşılmakta ve kadınların işsizlik oranı her zaman erkeklere göre daha yüksek çıkmaktadır. Hatta ekonomik kriz dönemlerinde kadın ve erkek işsizlik oranlarındaki farkın kadınlar aleyhine açıldığı görülmektedir. Bu demektir ki kriz dönemlerinde öncelikle işten çıkarılan ve yoksullukla ilk yüz yüze kalan grup kadınlardır. Oysa ki Türkiye gibi gelişmekte olan ülkelerde, gelişmiş ülkelerin refah seviyelerinin yakalanabilmesi için, öncelikle kadınların üretim sürecinde yer alması, bunun için de kadınlarda okullaşma oranlarının ve eğitim seviyelerinin arttırılması gerekmektedir. Çünkü erkeklerin aksine, kadınlarda eğitim seviyesinin artması istihdam edilebilmeleri açısından olumlu bir etkendir.

Bu konuda bir diğer gösterge de tarım dışı işsizlik oranıdır. Bu oran, tarım sektörü dışında kalan işsiz nüfusun (tarım dışında bir iş arayan), yine tarım sektörü dışında kalan işgücü içindeki oranıdır. Türkiye'de tarım dışı işsizlik oranı, genel işsizlik oranına göre her zaman daha yüksek çıkmaktadır. Bu durum tarım sektörünün işsizlik oranlarını azaltıcı etkisinden kaynaklanmaktadır. Çünkü tarımdan gelir elde eden bir hanehalkının işgücü kabul edilen tüm bireyleri çoğunlukla istihdamda kabul edilmektedir. Özellikle ücretsiz aile işçisi olarak kadınlar tarım sektöründe önemli bir işgücüdür. Bu durum tarım sektöründe işsizliği azalttığı için, tarım dışı işsizlik oranı daha yüksektir. Ancak son dönemde özellikle kırdan kente göçün artması ve büyükşehir belediyeleri içerisinde önceden köy nüfusu olarak değerlendirilen nüfusun yeni uygulama ile kent nüfusu olarak değerlendirilmeye başlanması, tarım dışı işsizlik verilerinin önemini arttırmıştır. Ekonomide mevcut ve geleceğe yönelik istihdam verilerinin değerlendirilmesinde, tarım dışı işsizlik verilerinin öncelikle dikkate alınması gerekliliğini kuvvetlendirmiştir.

İşsizlik oranı basit bir şekilde toplam işsiz sayısının toplam işgücü içerisindeki yerini vermektedir. Dar anlamda bu şekilde hesaplanan işsizlik oranı geniş anlamda ise iş başı yapmaya hazır ama iş bulma ümidini yitirmiş kişilerinde ilave edilmesi ile hesaplanmalıdır. Ayrıca haftalık çalışma süresini tam anlamı ile tamamlamamış olmalarına rağmen haftada belli saatler çalışan kişiler ise eksik istihdam olarak ifade edilmektedir. Bu gibi işsizler de aynı şekilde tam anlamı ile işsiz sayılmamaktadır. Bu değerlerin işsiz sayısına ilave edilmesi durumunda işsizlik oranının gerçek değerine yaklaşacağı kesindir.

İşgücü ile ilgili göstergeler mevsim etkilerinden arındırılmış ve arındırılmamış olarak sunulmaktadır. Her mevsimin getirdiği farklı koşullardan dolayı yaşanan iniş çıkışlar, dönemler arası veri karşılaştırmasının sağlıklı şekilde yapılmasını engellediğinden, bu mevsimsel etkiler arındırılarak da veri hesaplaması yapılmaktadır. Değerlendirme ve analizler yapılırken aynı dönem içerisinde birbirini takip eden (mart-nisan-mayıs gibi) sonuçlar için mevsim etkilerinden arındırılmış verileri kullanılması gerekmektedir. Buna karşılık o dönem ile aynı dönemin bir önceki yıla ait (Mart 2019 – Mart 2020 gibi) rakamlar arasındaki kıyaslamada ise mevsim etkilerinden arındırılmamış verilerin kullanılması gerekmektedir.

Mevsim etkisinden arındırılmamış temel işgücü göstergeleri, 15+ yaş, (Bin kişi), Eylül 2019, Eylül 2020

	Toplam			Erkek			Kadın		
	2019	2020	Fark	2019	2020	Fark	2019	2020	Fark
Nüfus	61 675	62 834	1 159	30 472	31 098	626	31 203	31 736	533
İşgücü	33 006	31 724	-1 282	22 124	21 607	- 517	10 882	10 117	- 765
İstihdam	28 440	27 707	- 733	19 446	19 176	- 270	8 995	8 531	- 464
Tarım	5 482	5 132	- 350	3 008	2 996	-12	2 475	2 136	- 339
Sanayi	5 546	5 517	- 29	4 244	4 190	- 54	1 301	1 327	26
İnşaat	1 573	1 739	166	1 510	1 672	162	64	67	3
Hizmet	15 839	15 319	- 520	10 684	10 318	- 366	5 155	5 001	- 154
İşsiz	4 566	4 016	- 550	2 679	2 431	- 248	1 887	1 585	- 302
İşgücüne dahil olmayanlar	28 668	31 110	2 442	8 347	9 491	1 144	20 321	21 620	1 299
İşgücüne katılma oranı (%)	53,5	50,5	-3,0	72,6	69,5	-3,1	34,9	31,9	-3,0
İstihdam oranı (%)	46,1	44,1	-2,0	63,8	61,7	-2,1	28,8	26,9	-1,9
İşsizlik oranı (%)	13,8	12,7	-1,1	12,1	11,3	-0,8	17,3	15,7	-1,6
Tarım dışı işsizlik oranı (%)	16,4	14,9	-1,5	13,8	12,8	-1,0	22,3	19,8	-2,5

Tablodaki rakamlar yuvarlamadan dolayı toplamı vermeyebilir.

Mevsim etkisinden arındırılmamış temel işgücü göstergeleri, 15-64 yaş, (%), Eylül 2019, Eylül 2020

(%)

	Toplam			Erkek			Kadın		
	2019	2020	Fark	2019	2020	Fark	2019	2020	Fark
İşgücüne katılma oranı	59,1	56,2	-2,9	78,9	76,1	-2,8	39,3	36,2	-3,1
İstihdam oranı	50,8	49,0	-1,8	69,1	67,4	-1,7	32,3	30,4	-1,9
İşsizlik oranı	14,1	12,9	-1,2	12,4	11,4	-1,0	17,7	16,0	-1,7
Tarım dışı işsizlik oranı	16,5	15,0	-1,5	13,8	12,8	-1,0	22,5	19,9	-2,6

Kaynak: TÜİK

- Mevsim etkilerinden arındırılmış ve arındırılmamış olarak sunulur.
- 15 + yaş grubunu temsil eden, kurumsal olmayan nüfus söz konusudur.
- Toplam nüfus ile kurumsal olmayan çalışma çağındaki nüfus farkı, 0-14 yaş grubunu temsil etmektedir.
- Kurumsal olmayan çalışma çağındaki nüfus içerisinde emekli, hasta, engelli, asker, öğrenci, tutuklu, ev hanımı gibi işgücüne dahil olmayan kesim söz konusudur.
- Kurumsal olmayan çalışma çağındaki nüfus ile işgücüne dahil olmayanlar arasındaki fark, çalışan ya da çalışabilecek işgücünü vermektedir.
- İşgücü miktarı, çalışanlar ile işsizler toplamına eşittir.
- İşsizlik oranı = $\frac{işsiz\ sayısı}{işgücü\ sayısı} * 100$
- İstihdama oranı = $\frac{İstihdam\ sayısı}{kurumsal\ olmayan\ sivil\ nüfus} * 100$
- İşgücüne katılma oranı = $\frac{İşgücü\ sayısı}{kurumsal\ olmayan\ sivil\ nüfus\ sayısı} * 100$

Toplumun en dinamik nüfusuna ilişkin olduğu için çok önemli bir gösterge de 15-24 yaş arasındaki nüfusu kapsayan genç işsizlik oranıdır. Bu oran da aynı şekilde toplam, kadın ve erkek olarak ayrı ayrı izlenebilmektedir. 2020 yılı Ağustos döneminde bir önceki yılın aynı dönemine göre genç işsizlik oranı %26,1'dir. Bu oran genç erkeklerde %22,3 iken genç kadınlarda %33,3 olarak yaşanmaktadır. Yani Türkiye'de işsizlik oranının en yüksek olduğu kesim genç kadınlardır. Eğitim alanları ile istihdam alanlarının uyumsuzluğu, başka bir ifade ile piyasa ihtiyaçları göz önünde bulundurulmadan kontenjan ve eğitim veriliyor olması, gençlerin piyasa ücretinden daha yüksek seviyede ücret ve sunulandan daha üst düzeyde kariyer beklentisi taşıyor olmaları, bunun yanında işverenlerin ise uzun yıllara dayanan tecrübe şartı koşmaları, Türkiye'de yüksek genç işsizliğin nedenleri arasında gösterilebilir.

Ülkeler açısından genç nüfus yoğunluğu da çok önemli bir yer teşkil etmektedir. Özellikle bu nüfus ülkelerin geleceği bakımından üretici gücü temsil ettiği için, bu nüfusun önemi sürekli vurgulanmaktadır. Ülkelerin geleceğe yönelik üretim gücü, bağımlılık oranı ile daha kolay ortaya çıkmaktadır. Genel anlamda bağımlılık oranı, 0-14 yaş arası grubu ile 65 ve üzeri yaştan büyük olan nüfusun, 15-64 yaş arası nüfusa oranı olarak ifade edilmektedir. Aynı zamanda bu şekilde elde edilmiş olan oran, 15-64 yaş grubu içerisinde her 100 kişiye düşen 0-14 ve 65 ve üzeri yaş üstü kişilerin sayısını vermektedir. Toplam olarak ifade edilen bağımlılık katsayısını çocuk bağımlılık oranı ve yaşlı bağımlılık oranı diye ikiye ayırma durumu söz konusu olmaktadır. Ülkeler açısından çocuk bağımlılık oranının yüksek olması ileriki zaman dilimi içerisinde daha üretken ve verimli olacağı anlamına gelmektedir. Verimsiz olan ve kısmen ya da tamamen üretimden çekilmiş olan kimseleri ifade eden yaşlılığa ait bağımlılık oranının yüksek olması ülkeler açısından kaliteli yaşam standartlarının arttırılması adına avantaj iken, iktisat literatüründe bu kesimlere yapılan transfer ödemelerinin ülke ekonomilerine getirdiği yük ve bunların finansmanı yönünde üzerine yük binen çalışan kesim açısından dezavantajlı bir durum ifade etmektedir.

İşgücünün Genel Profili, Ağustos 2020

	Gösterge	Sayı (bin kişi)	(%)	Bir önceki yılın aynı dönemine göre: Fark (bin kişi)	Bir önceki yılın aynı dönemine göre: Değişim (%)
Nüfus (15+ yaş)	**Nüfus**	62 730	100,0	1 139	1,8
	İşgücü	31 749	50,6	-1 431	-4,3
	İstihdam	27 554	43,9	-975	-3,4
	İşsiz	4 194	6,7	-456	-9,8
	İşgücüne dahil olmayanlar	30 981	49,4	2 570	9,0
İstihdam	**Sektör**	27 554	100,0	-975	-3,4
	Tarım	5 289	19,2	-314	-5,6
	Sanayi	5 460	19,8	-91	-1,6
	İnşaat	1 722	6,2	147	9,3
	Hizmet	15 083	54,7	-717	-4,5
	İşteki durum	27 554	100,0	-975	-3,4
	Ücretli veya yevmiyeli	19 013	69,0	-302	-1,6
	İşveren	1 204	4,4	-56	-4,4
	Kendi hesabına	4 448	16,1	-259	-5,5
	Ücretsiz aile işçisi	2 889	10,5	-358	-11,0
	Meslek	27 554	100,0	-975	-3,4
	Yöneticiler	1 530	5,6	5	0,3
	Profesyonel meslek mensupları	3 189	11,6	121	3,9
	Teknisyenler, teknikerler ve yrd. profesyonel meslek mensupları	1 662	6,0	-54	-3,1
	Büro ve müşteri hizmetlerinde çalışan elemanlar	1 856	6,7	-45	-2,4
	Hizmet ve satış elemanları	5 217	18,9	-522	-9,1
	Nitelikli tarım, ormancılık ve su ürünlerinde çalışanlar	3 926	14,2	-246	-5,9
	Sanatkarlar ve ilgili işlerde çalışanlar	3 413	12,4	-38	-1,1
	Tesis ve makine operatörleri ve montajcılar	2 452	8,9	-190	-7,2
	Nitelik gerektirmeyen işlerde çalışanlar	4 310	15,6	-7	-0,2
İşsiz	**İş arama süresi**	4 194	100,0	-456	-9,8
	1-2 ay	1 283	30,6	-691	-35,0
	3-5 ay	1 061	25,3	160	17,8
	6-8 ay	562	13,4	134	31,3
	9-11 ay	223	5,3	9	4,2
	1 yıl ve daha fazla süreli işsizler	1 065	25,4	-68	-6,0
	İş aramaya başlamadan önceki durumu	4 194	100,0	-456	-9,8
	Geçici bir işte çalışıyordu	1 479	35,3	-224	-13,2
	İşten çıkarıldı	611	14,6	60	10,9
	Kendi isteği ile işten ayrıldı	628	15,0	-70	-10,0
	İşyeri kapandı / iflas etti	209	5,0	-22	-9,5
	Ücretsiz aile işçisiydi	11	0,3	6	120,0
	Emekli	95	2,3	-7	-6,9
	Eğitime devam ediyordu	597	14,2	-123	-17,1
	Askerdi	91	2,2	-37	-28,9
	Ev işleri ile meşguldü	312	7,4	-95	-23,3
	Diğer	162	3,9	57	54,3
	Daha önce çalıştığı ekonomik faaliyet	4 194	100,0	-456	-9,8
	Tarım	176	4,2	-19	-9,7
	Sanayi	714	17,0	-88	-11,0
	İnşaat	539	12,9	-39	-6,7
	Hizmet	2 345	55,9	-141	-5,7
	8 Yıldan Önce İşten Ayrılanlar	140	3,3	-39	-21,8
	Daha Önce Çalışmamış Olanlar	280	6,7	-132	-32,0
İşgücüne dahil olmayan	**İşgücüne dahil olmama nedeni**	30 981	100,0	2 570	9,0
	İş aramayıp, çalışmaya hazır olanlar	4 083	13,2	1 835	81,6
	İş bulma ümidi olmayanlar	1 331	4,3	718	117,1
	Diğer	2 752	8,9	1 117	68,3
	Mevsimlik çalışanlar	77	0,2	3	4,1
	Ev işleriyle meşgul	10 079	32,5	-1 338	-11,7
	Eğitim/ öğretim	4 244	13,7	310	7,9
	Emekli	4 882	15,8	-83	-1,7
	Çalışamaz halde	4 918	15,9	1 074	27,9
	Diğer	2 699	8,7	769	39,8

Kaynak: TÜİK

- Buradaki nüfus 15+ yaş grubunu ifade eden kurumsal olmayan çalışma çağındaki nüfustur.
- Kurumsal olmayan çalışma çağındaki nüfus, işgücü ve işgücüne dahil olmayanların toplamına eşittir.
- İşgücü miktarı ise istihdam edilen ile işsiz sayısının toplamına eşittir.
- İstihdam edilenler toplamı; sektör, işteki durum ve meslek bakımından ayrı ayrı ele alınmıştır.
- İşsiz sayısı ise iş arama süresi, iş aramaya başlamadan önceki durum ve daha önce çalıştığı ekonomik faaliyet olarak ayrı ayrı tasnif edilmiştir.
- İşgücüne dahil olmama nedenleri ise emekliler, eğitim öğretim yapanlar, ev işleri ile meşgul olanlar, çalışamaz olanalar, mevsimlik çalışanlar ile iş aramayıp işe başlamaya hazır olan kesim olmak üzere alt gruplara ayrılmıştır.

Ekonomiler açısından her ne kadar işsizlik oranı çok önemli olsa da istihdam oranı verilerini de takip etmek bir o kadar önemlidir. Çünkü işsizlik oranı hesaplanmasında işsiz sayısı ile birlikte işgücünü kapsayan istihdam edilenlerin sayısı da önem arz etmektedir. Bu sebeple tek başına işsizlik oranı verilerini takip etmek yerine hem işsizlik rakamlarını hem de istihdam edilen kişi sayısı dolayısıyla işgücüne katılma ve istihdam oranlarının da beraberce takip edilmesi gerekmektedir.

Türkiye geneli işgücüne katılma oranı 15+ grupta yuvarlanmış olarak %50,6 gibi pek çok ülkeye göre oldukça düşük bir orandır. Bu oran 2019 yılı itibariyle ortalama olarak dünyada %60,7, Arap ülkelerinde %51,3, Avrupa ve Merkez Asya ülkelerinde ise %58,3'tür (SESAM, 2019). Yine toplumsal cinsiyet rollerinin çok net görülebildiği, özellikle ülkemiz için kadın emeği açısından bir tablo çizilmek istendiğinde öncelikle başvurulabilecek bir gösterge kadınların ve erkeklerin işgücüne katılma oranlarıdır. Yukarıda belirttiğimiz gibi, özellikle ev işleri ile meşgul olma gerekçesi ile işgücü piyasası dışına itilen kadınların yüksekliği sonucu, bu oran kadınlarda erkeklere oranla çok daha yüksek çıkmaktadır. Ağustos 2020 verilerine göre işgücüne katılma oranı erkeklerde %69,6, kadınlarda ise %32,0 gibi kıyaslanamayacak kadar düşüktür ve pandemiden dolayı da düşmeye devam etmektedir. Hem kadınlarda hem de Türkiye genelinde işgücüne katılma oranının bu denli düşük çıkmasının asıl nedeni, toplumsal cinsiyet kodları nedeniyle kadınların ev içi ücretsiz aile işçisi olarak görülmesi ve işgücü piyasasına dahil olamamasıdır. Bunun yanında toplumumuzda belirli bir yaşa erişmiş insanların her şeyden elini eteğini çekmesinin beklenmesi de işgücüne katılma oranlarının düşük çıkmasına neden olan sebeplerdendir.

İşgücüne katılma ve istihdam oranları genç nüfus açısından da incelenebilmektedir. Genç nüfus 15-24 yaş aralığını kapsayan nüfustur ve cinsiyete göre de ayrı ayrı verilerini izlemek mümkündür. 2020 Ağustos ayında bir önceki yılın aynı ayına göre gençlerde işgücüne katılma oranı %42,1'dir. Bu oran genel orana göre (%50,6) oldukça düşüktür. Ülkemizde genç nüfusun fazla olduğu bilinmekte, hatta bu durum bir avantaj olarak görülmektedir. Ancak gençlerin işgücüne katılma oranlarının düşüklüğü, bu avantajı kullanamadığımızı ve işgücüne yeni katılan genç nüfusu istihdam edebilecek alanlar açamadığımızı göstermektedir. Cinsiyete göre genç nüfusun işgücüne katılma oranları incelendiğinde mevcut durumun kadınlar aleyhine daha da kötüleştiği açık şekilde görülebilir. Genç erkeklerde işgücüne katılma oranı %54,0 iken, genç kadınlarda bu oran sadece %29,8'dir. Bu grubun istihdam oranları ise toplamda %31,1, genç erkeklerde %42,0 ve genç kadınlarda %19,9'dur. Kurumsal olmayan ve 15-24 yaş grubunda yer alan kadın nüfusunun yalnızca %19,9'unun istihdamda yer alması oldukça düşündürücü bir durumdur. Ayrıca bilinmektedir ki erkeklerin işgücüne katılması ile eğitim seviyesi arasında zayıf bir ilişki vardır. Toplumda erkekten beklenen sadece eve ekmek getirmesi olduğu için her eğitim seviyesinde erkek işgücünün istihdam olanağı bulması ya da bulmaya çalışması fikri daha kolay ve normaldir. Kadınlarda ise eğitim seviyesi arttıkça işgücüne katılma oranı artmaktadır. Bunun sebebi eğitim seviyesinin yükselmesinin kadınları işgücüne dahil olmaya teşvik etmesidir.

Sektörlerin istihdamına ilişkin olarak TÜİK'in açıkladığı bir gösterge sektörel istihdamdır. Tarım, sanayi, inşaat ve hizmetler sektörlerinde istihdam edilen kişi sayısı her ay yayınlanan işgücü istatistiklerinde yer almaktadır. Ayrıca, TÜİK tarafından, NACE Rev. 2 sınıflandırmasına göre sektörlerde istihdam edilen işgücü sayısı kadın-erkek ayrımına göre de verilmektedir. Sektörlere ilişkin bu veriler sayesinde, ülkenin yapısal durumu analiz edilebilmekte, yıllar itibariyle yaşadığı sektörel değişim izlenebilmektedir. Örneğin Türkiye'de toplam istihdam edilen işgücünün yaklaşık %55'inin hizmetler sektöründe istihdam ediliyor olması, Türkiye'nin hizmet toplumu olduğunun bir göstergesidir. Esasen sanayi sektörünün yarattığı katma değerin, önsel ve gerisel bağlantıların yüksek olmasından dolayı, Türkiye için sanayi toplumu olmak çok daha istenilen bir durumdur.

Sektörlerle ilgili bir diğer gösterge kamu istihdamıdır. Her ay işgücü göstergelerinde görülebilen bu rakam, Cumhurbaşkanlığı Strateji ve Bütçe Başkanlığı tarafından derlenmektedir. Bu veri kullanılarak, istihdamın özel ve kamu sektörü arasındaki dağılımı hesaplanabilmektedir. Ayrıca bazı dönemlerde yaşanan ekonomik daralma ya da krizler sırasında kamu-özel sektör istihdam ayrımına göre yaşanan değişiklikler izlenerek, özel sektördeki küçülme de görülebilmektedir.

Ülkeler açısından hedeflenen makroekonomik politikalar arasında hiç şüphe yok ki ülkenin sahip olduğu üretim faktörlerinin en etkin biçimde kullanılması gelmektedir. Üretim faktörlerinin etkin kullanımı durumunda ekonomiler açısından tam istihdam seviyesi söz konusu olur. Her ne kadar ülkeler tam istihdam düzeyinde de olsa doğal işsizlik dediğimiz bir işsizlik türü vardır. Doğal işsizlik içerisinde geçici dediğimiz friksiyonel ve yapısal işsizlik söz konusudur. İlan edilen gerçek işsizlik rakamı ile doğal işsizlik rakamı arasında kalan işsizlik türü konjonktürel işsizliktir. Hükümetlerin düşürmesi gereken gerçek işsizlik durumu bu işsizliktir. Bu sebeple konjonktürel işsizlik, ekonominin olması gereken potansiyel üretim düzeyinden ne kadar sapma gösterdiğini ortaya koymaktadır. Kısacası bir ülkede olması gereken üretim düzeyi ile olan üretim düzeyi arasındaki farktan ortaya çıkan işsizliktir. Bu sebeple iki üretim arasında kalan açık, üretim açığı olarak tanımlanır. Bu durumda bu üretim açığı giderildikçe konjonktürel işsizlik rakamı da düşer.

Üretimin artması ile işsizliğin düşmesi arasındaki bu ilişki iktisatçı A. Okun tarafından ortaya konulmuştur. Okun yasasına göre, ekonomi sürekli her dönem %2,5 bir büyüme sergilerse konjonktürel işsizlik oranı %1 civarında azalma gösterir. Yukarıda belirttiğimiz doğal işsizlik rakamı da olması gereken potansiyel üretim ile olan fiili üretimin birbirine eşit olması durumunda ortaya çıkan işsizlik türdür. Örneğin işsizlik oranının %10 ve doğal işsizlik oranının %6 olduğu bir ekonomide üretim açığı %4 düzeyinde bir konjonktürel işsizliğe eşittir. Okun yasasına göre, her %1 işsizliğin azaltılması için ekonomide %2,5 düzeyinde bir büyüme gerektiğine göre, potansiyel üretim ile fiili üretim arasındaki fark yaklaşık olarak %10'a (2,5 x %4) eşittir. Farklı bir şekilde ifade etmek gerekirse, ülke ekonomisine ait reel anlamda GSYH değeri ve olması gereken üretim düzeyini gösteren potansiyel GSYH arasındaki yüzdesel fark GSYH açığı olarak adlandırılmaktadır. Bunun tersten okunması durumunda ekonomide meydana gelen her %1 düzeyindeki konjonktürel işsizlik reel GSYH'yi potansiyel GSYH'den %2,5 düzeyinde uzaklaştırmaktadır. Örnekte olduğu gibi konjonktürel olarak %4 düzeyindeki işsizlik, reel GSYH'yi potansiyel GSYH'den %10 düzeyinde uzaklaştırmış, GSYH açığı %10 olarak gerçekleşmiştir.

Her nekadar ekonomik büyüme işsizliği azaltıcı ya da istihdamı artıcı bir etki yapsa da, nicel olarak aralarındaki etkileşimin zayıf ya da kuvvetli olması verimlilikle alakalıdır. Örneğin bir dönemde istihdam edilenlerinin değişim oranının yüksek olmasına karşılık, ekonomik büyüme üzerinde zayıf bir etkiye sahip olması, *verimsizlik*; ekonomik büyüme üzerinde kuvvetli bir etkiye sahip olması ise *verimlilik* ile ifade edilebilir.

TÜRKİYE İSTATİSTİK KURUMU — *Haber Bülteni*

Sayı: 33598 20 Kasım 2020 Saat: 10:00

İşgücü Girdi Endeksleri, III. Çeyrek: Temmuz - Eylül, 2020

İstihdam endeksi yıllık %2,6 arttı

Sanayi, inşaat ve ticaret-hizmet sektörleri toplamında istihdam endeksi, 2020 yılı III. çeyreğinde bir önceki yılın aynı çeyreğine göre %2,6 arttı. Alt sektörler incelendiğinde, endeks; sanayi sektöründe %4,7 arttı, inşaat sektöründe %7,6 arttı, ticaret-hizmet sektörlerinde ise %0,3 arttı.

Künye: İşgücü Girdi Endeksleri

Q-R Kodu:

Amaç: İşgücü Girdi Göstergelerinin endeks düzeyinde zaman içerisindeki gelişiminin takibi, dönemler ve yıllar itibariyle sektörlerdeki değişimlerinin izlenebilmesi amaçlanmaktadır.

Açıklanma Sıklığı: Çeyrek Dönem İtibari ile, ilgili döneme ait istatistikler takip eden ikinci ay içerisinde açıklanmaktadır.

İnternette Haber Bülten Adresi: https://www.tuik.gov.tr

Anahtar Kelimeler: Brüt Ücret- Maaş, Saatlik Kazanç, Saatlik İşgücü Maliyeti

Ülkemizin ekonomik durumunun değerlendirilmesinde kullanılan İşgücü Girdi Göstergelerinin endeks düzeyinde zaman içerisindeki gelişiminin takibi, dönemler ve yıllar itibariyle sektörlerdeki değişimlerinin izlenebilmesi ve çeşitli araştırmalara kaynak teşkil edilmesi amaçlanmaktadır. Çeyrek dönemler itibari ile açıklanan girdi endekslerinin kapsamı içerisinde;

- İstihdam
- Çalışılan saat
- Brüt ücret-maaş
- Saatlik işgücü maliyetleri
- Saatlik kazanç
- Saatlik kazanç dışı işgücü maliyeti'ne ait farklı endeksler olmak üzere

hazırlanarak 2015 yılı baz alınmak suretiyle (2015 =100) takvim etkisinden ve takvim- mevsimsel etkiden arındırılmış olarak hesaplanmaktadır (TÜİK). Farklı şekilde hesaplanan bu endeks değerleri genel olarak yıllık değişim esas alınarak analiz edilmektedir. Bu bağlamda yıllık değişim pozitif ise o yıldaki değer bir önceki döneme göre artış göstermiş, negatif değer alıyorsa bir önceki dönem göre azalış göstermiş olarak yorumlanmaktadır.

İşgücü girdi endeksleri çeyreklik değişim oranları (%), III. Çeyrek 2020

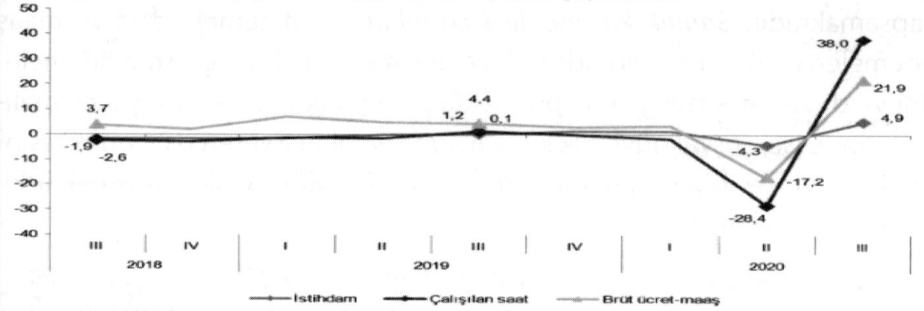

İşgücü girdi ve maliyeti endeksleri ve değişim oranları, III. Çeyrek: Temmuz-Eylül, 2020 [2015=100]

	Arındırılmamış	Takvim etkilerinden arındırılmış		Mevsim ve takvim etkilerinden arındırılmış	
Gösterge	Endeks	Endeks	Yıllık değişim (%)	Endeks	Çeyreklik değişim (%)
İstihdam	104,1	104,1	2,6	102,5	4,9
Çalışılan saat	90,9	92,1	-3,6	91,9	38,0
Brüt ücret-maaş	205,1	205,1	6,4	206,7	21,9
Saatlik işgücü maliyeti	222,1	219,3	9,0	221,6	-11,9
Saatlik kazanç	225,5	222,7	10,4	224,8	-11,6
Saatlik kazanç dışı işgücü maliyeti	203,9	201,3	1,5	204,5	-13,6

Kaynak: TÜİK

- İşgücü girdi endeks değerleri 2015 yılı baz (2015=100) alınarak hesaplanmaktadır.
- Endeks değerler takvim etkisinden arındırılmış ve takvim-mevsimsel etkiden arındırılmış olarak hesaplanmaktadır.
- Takvim etkisinden arındırılmış endeksler yıllık değişim oranı için, takvim ve mevsimsel etkiden arındırılmış endeks değerleri ise çeyrek dönem karşılaştırmasında kullanılmaktadır.
- Bu endeks ile istihdam, çalışılan saat ve brüt ücret-maaş işgücü girdi endeks değerleri hesaplanmaktadır.
- Yine bu endeks ile saatlik işgücü maliyeti, saatlik kazanç ve saatlik kazanç dışı işgücü maliyetine ait işgücü maliyet endeksleri hesaplanmaktadır

Farklı şekilde ifade edilen endeksler hakkında kısaca bahsetmek gerekirse, İstihdam endeksi kapsamında, işyerinde ücretli çalışanlar kaydedilmektedir. Aynı zamanda bu endeks içerisinde pandemi nedeniyle kısa çalışma ödeneğinden faydalanan kişiler dâhil edilmiştir. Çalışılan saat endeksine göre, kayıtlı ücretli olarak çalışanların fiili çalışma saatleri ile idari kayıtlara dayanan ücretli çalışan verisi yardımı ile işçilerin işyerinde filen çalıştıkları süre kastedilmektedir. Brüt ücret-maaş ile ücretli çalışanlara yapılan brüt temel ücret ve maaş ödemeleri ile ücret niteliğindeki düzenli kazançlar (her ay yapılan ikramiye, prim vb.), fazla çalışma ödemeleri ile düzensiz kazançlar (her ay yapılmayan ikramiye, prim vb.) kapsanmaktadır. Saatlik işgücü maliyetinde ise işveren tarafından ücretli çalışan istihdamına ilişkin olarak katlanılan kazanç ve kazanç dışı işgücü maliyetini kapsamaktadır. *Saatlik kazanç ile çalışanların* brüt temel ücret ve maaş ödemeleri ile ücret niteliğindeki düzenli kazançları, fazla çalışma ödemelerini ve düzensiz kazançları kapsamaktadır. Saatlik kazanç dışı işgücü maliyetlerinde ise, sosyal güvenlik kurumlarına yapılan işveren payı prim kesintileri, kıdem ve ihbar tazminatı ödemeleri gibi diğer sosyal güvenlik ödemelerini kapsamaktadır.

Ayrıca 2016 yılına kadar işgücü maliyeti istatistikleri parasal olarak ifade edilen cari düzeyde açıklanmaktaydı. 2016 yılından sonra bundan vazgeçildi. Okuyucunun fikir edinebilmesi açısından ele alacak olursak, 2016 yılı itibari ile ortalama olarak işgücü maliyeti 3.991 TL olarak karşımıza çıkmaktadır. Bu değerin yaklaşık olarak %83'lük kısmı çalışanların brüt ücret-maaş olarak, kalan yaklaşık olarak %17'lik kısmı ise sosyal güvenlik maliyeti olarak karşımıza çıkmaktadır (TÜİK). Yıllık %10 civarındaki enflasyon artışı gözönünde bulundurulduğunda, yaklaşık olarak 2020 yılı için bu rakamları şu şekilde revize ettiğimizde ortalama işgücü maliyetinin 5.200 TL civarında olduğu dolayısıyla bunun 4.300 TL'sinin brüt ücret-maaş ve sosyal güvenlik ödemelerinin ise 900 TL civarında olduğu görülmektedir.

ENFLASYON

Birbirinden farklı beşerî özellikleri, cinsiyeti, yaşı ve hatta farklı ülke vatandaşlarını da bir araya getirseniz çoğunluğunun aynı fikirde olduğu konular nadirdir. İşte o konulardan biri de enflasyondur ve enflasyon ortadan kaldırılmalıdır. Ancak şu da bir gerçektir ki; enflasyon konusunda toplumun her kesiminde (ortadan kaldırılması hakkında) çok büyük uzlaşı sağlansa da ne olduğu, nereden kaynaklandığı, nasıl hesaplandığı, ne ifade ettiği gibi birçok konuda insanlar aynı fikirlere sahip değildir. Temelde fikir birliğine varılan konu fiyatların yükseldiğidir. Buna karşılık fiyatların neden yükseldiği konusunda yoğun anlaşmazlık yaşanmaktadır. Fiyatların yükselişi kimine göre "piyasada az ürün çok para (çok talep) bulunmasından", kimine göre "ithal edilen mallardan (dolayısıyla döviz kurunun yükselişinden)", kimine göre "üreticilerin maliyetlerindeki artıştan", kimine göre "ürünleri satan aracıların çok kazanmasından", kimine göre ise "hükümetlerin yanlış politikalarından" kaynaklanmaktadır. Başka bir bakış açısı ile üreticiler enflasyonun nedenini "maliyetlerin yükselmesine" bağlarken, tüketiciler enflasyonun nedenini "üreticilerin ya da aracıların bitmek bilmeyen kazanç hırslarına" bağlayabilmekte, hükümetler "dış etkenleri" suçlarken, muhalefet ise "hükümetin yanlış politikalarını" sorumlu tutabilmektedir.

Nedeni ne olursa olsun ekonomide yer alan tüketici ve üreticilerin önemli bir kısmı fiyat artışlarından olumsuz şekilde etkilenmektedir. Enflasyonun sadece ekonomik değil sosyolojik anlamda da olumsuz etkileri fazladır. Ancak buna karşılık enflasyondan faydalanan ya da enflasyondan kazanç sağlayan bir kesim de bulunabilir. Örneğin enflasyonun düşük olduğu dönemlerde düşük faizle ulusal para cinsinden borçlananlar kazanç sağlayabilmektedir. Bunun dışında enflasyon, nominal gelirleri artırdığı için daha yüksek vergi diliminden (ek vergi koymadan) vergi tahsil edilmesine de yardımcı olmaktadır.

Aslında enflasyon tam olarak tahmin edilebilse, ekonomik aktörlerin tamamı ona göre rasyonel kararlar alabilir. Buradaki asıl sorun, beklenmeyen ya da tahmin edilemeyen bir fiyat artış sürecidir. Fiyatlar artmasa ya da enflasyon olmasa daha iyi bir ekonomi olabilir mi ya da fiyatların düşmesi olarak adlandırılan deflasyon daha mı iyidir? Tabi ki hayır. Enflasyonun ekonomide meydana getirdiği istikrarsızlık kadar, deflasyon da ekonomide istikrarsızlıklar meydana getirir. Çünkü deflasyon yani fiyatlardaki gerileme ekonomide üretimin ciddi bir şekilde azalmasına neden olur. Tüketiciler de fiyatların daha da düşeceği algısına kapılarak, temel ihtiyaçları dışındaki mal ve hizmetlere karşı talebini azaltır. Bu ekonomide istikrarsızlığın artması anlamına gelmektedir. İktisat literatürü ekonominin her alanında arz ve talep dengesini esas alır. Ancak teorik literatürde dengeyi her daim sağlamak mümkünse de pratik ekonomide bu dengenin sağlanması zordur. Genelde kabul edilebilir ya da sürdürülebilir bir dengesizlik mevcuttur.

Enflasyonu ölçen pek çok endeks bulunmaktadır. Bu endeksler, birbirlerinin tamamlayıcısıdır ve eş zamanlı ya da aynı büyüklükte olmasa da gecikmeli olarak aynı yönde hareket ederler. Bundan dolayı analizlerde sadece bir endeks üzerinden gelişmeleri yorumlamaya çalışmak, değerlendirmelerde bulunmak ya da stratejik politikalar uygulamak istenilen sonuçlardan uzaklaştırabilir. Bu yüzden endekslerin tamamını eş zamanlı olarak takip etmekte fayda bulunmaktadır.

A. Enflasyon Nedir? Neden Önemlidir?

Fiyat istikrarını sağlamak, her ülke ekonomisi için önemli bir politika amacıdır. Ekonomik bir sorun ve fiyat istikrarsızlığı türü olan enflasyon, var olduğu tüm ekonomiler için yorucu, bu nedenle de yakından izlenen makro bir süreçtir. Türkiye dahil pek çok ülkede yaşanan yüksek enflasyon, seçmen tepkilerine ve iktidarların el değiştirmesine neden olmuştur. Geçmişinde yüksek enflasyon yaşayan ülkelerde bugünkü ekonomik davranışlar dahi toplumun ekonomik anılarına göre şekillenebilmektedir.

Fransızca kökenli bir kelime olan enflasyon, "gereğinden fazla artış, şişkinlik" (TDK, 2020) anlamına gelmektedir. Halk dilinde hayat pahalılığı olarak bilinen enflasyonun iktisadi anlamı, fiyatlar genel düzeyinde yaşanan sürekli artışlardır. Tanımda geçen fiyat artışları ile genellikle tüketicilerin satın aldığı mallarda yaşanan artışlar kastedilmektedir. Bunun nedeni, üretici fiyatlarında yaşanan sürekli artışlara insanların çok fazla ilgi duymamasıdır. Gerçekte ise üreticilerin üretim sırasında karşılaştıkları fiyatlarda (üretim için gerekli olan mal ve hizmet fiyatlarında) yaşanan yükselişler, maliyetler üzerinde etkili olduğu için nihai malın fiyatlarını da etkilemekte, dolayısıyla esasen tüketiciyi de ilgilendirmektedir.

Tanımda geçen fiyatlar genel düzeyi, ortalama fiyatlardır. Yani bir ya da birkaç mal fiyatında yaşanan artışlar enflasyon olarak nitelendirilmez. Bununla birlikte ortaya konulan enflasyon oranı, her mal ve hizmet fiyatının bu oranda arttığını ifade etmez. Ayrıca fiyat artışlarının sürekli olması gerekir. Bazı geçici sebeplerle ani olarak yaşanan fiyat artışları enflasyon değildir. Başka bir ifade ile fiyat artışlarına enflasyon diyebilmemiz için bu artışların ortalama fiyatlarda sürekli olarak yaşanması gerekmektedir.

Tüm bu açıklamaların tersi olan duruma ise deflasyon denilmektedir. Fiyatlar genel düzeyinde sürekli düşüşler olarak kendini gösteren deflasyon süreci ekonomiyi cansızlaştıran (durağanlaştıran) bir sorundur. Bir fiyat istikrarsızlığı türü olan deflasyon, talepte yaşanan daralma sonucu ortaya çıkmakta, talepteki düşüş, arzı da frenlediği için ekonomilerde işsizliğe neden olmaktadır. Dünyada enflasyona göre daha seyrek rastlanan bir durumdur. Özellikle küresel kriz dönemlerinde ortaya çıkmaktadır.

Enflasyon konusunda genellikle en fazla karıştırılan unsur, fiyatların düşmesi ile fiyat artış oranlarının düşmesi konusudur. Örneğin bir ekonomide yaşanan %15 oranındaki enflasyonun, %10'a gerilemesi çoğunlukla deflasyonla karıştırılmakta ve "fiyatlar düşüyor" şeklinde yanlış yorumlanmaktadır. Bu nedenle değinilmesi gereken bir başka kavram da dezenflasyondur. Dezenflasyon, fiyatlar genel düzeyindeki artış oranının düşmesi, bir başka ifade ile enflasyon oranının azalmasıdır. Bu fiyatların düşmesi değil, fiyatların artış hızının düşmesi anlamına gelmektedir. Yani daha önce fiyatların %15 oranında arttığı bir ekonomide, fiyatlar halen artmaya devam etmekte, fakat daha düşük oranda, örneğin %10 oranında artışını sürdürmektedir. Deflasyonda ise fiyatlardaki değişim negatif ifade edilmekte (-%3 gibi), fiyatlar genel düzeyinde düşüş yaşanmaktadır.

Enflasyon tüketicilerin karşılaştıkları fiyatlardaki artış olduğu için, enflasyon bireylerin satın alma gücünün düşmesi anlamına gelir. Enflasyon sürecinde belirli bir miktardaki para ile alınabilecek mal ve hizmet miktarı giderek azalmakta, yani paranın değeri düşmekte, alım gücü azalmaktadır. Paranın alım gücünün azalmasından kastedilen tabi ki reel değerdir. Paranın nominal değeri üzerinde yazan değer iken, reel değeri onunla alınabilecek mal ve hizmet miktarıdır. Eskiden 10 TL ile 10 ekmek alabiliyorken, artık aynı 10 TL ile 5 ekmek alınabiliyorsa paranın reel değeri düşmüş, yani satın alma gücü azalmış demektir. Dolayısıyla bireylerin nominal gelirleri sabitken fiyatlar genel düzeyi artıyor ise reel gelirleri (satın alma güçleri) azalmakta, başka bir ifade ile o toplum fakirleşmektedir.

Enflasyon sadece toplumun fakirleşmesine neden olmakla kalmaz, aynı zamanda gelir grupları arasındaki açığı arttırarak gelir adaletsizliğine de neden olur. Sabit ve düşük gelirli hane halklarının reel gelirlerinin azalmasına neden olan enflasyon, servet geliri elde edenlerin varlıklarını arttırmaları ile sonuçlanabilir. Bu kesimin enflasyonist ortamda elde ettiği artan gelir, reel faizlerin artması durumunda yatırımlara değil, çoğunlukla spekülatif alanlara yönlendirildiğinden, ekonominin üretim kapasitesinin artmasına engel olmaktadır. Ayrıca, nominal döviz kuru aynı iken, ülke içinde mal ve hizmet fiyatlarının yükselmesinden dolayı enflasyonun ithalatı arttırıcı ve ihracatı azaltıcı yönde olan dış denge etkileri de görülebilmektedir. Ancak nominal döviz kuru yükselirse (genellikle açık ekonomilerde durum böyledir), bu sefer de ithal mallar pahalılaşacağı için ithalatı azaltıcı ve ihraç mallar yabancı para cinsinden ucuzlayacağı için ihracatı artırıcı etkisi oluşabilir. Tabi ki, burada dikkat edilmesi gereken unsur, fiyatlar ile nominal döviz kurlarının değişim hızlarının hangisinin daha yüksek olduğudur. Enflasyonun bu etkilerinin yanında, enflasyonun ortaya çıkardığı önemli bir sorun da ekonomideki belirsizlikleri arttırması ve geleceğe yönelik olumsuz beklenti oluşturmasıdır. Bu da çeşitli gelir gruplarındaki ekonomik aktörlerin, tüketim, tasarruf, yatırım ve üretim kararları üzerinde etki etmektedir.

Enflasyonun olumsuz etkilerinin yanında faydasından da bahsetmek gerekmektedir. Özellikle tam istihdam seviyesinde olmayan ülkeler açısından talep yönlü politikalar uygulanması sonucunda belli bir düzeyde oluşan kabul edilebilir enflasyon (her ülke için farklı oranlarda olabilir), üretim artışı ile birlikte ülke ekonomisini olumlu olarak yukarıya çıkarmaktadır. İleride ele alacağımız ve ılımlı enflasyon dediğimiz düşük oranlı enflasyonun yaşandığı ülkelerde, tüketim artış yönünde hareketlidir. Bu da arzı canlı tutarak, ekonomiye dinamizm kazandırmaktadır. Ayrıca üreticiler mal ve hizmetlerin fiyatlamasını yaparken, ülkedeki tahmini enflasyon oranının biraz üzerinde fiyatlama yapması ya da tahmin edilen enflasyonun altında bir enflasyon oranının gerçekleşmesi durumunda kazançlarını artırabilirler. Bunun yanında, daha yüksek oranlı enflasyonun servet gelirlerini arttırmasıyla, yatırımların artacağını düşünenler de vardır. Ancak enflasyonist ortamda her ne kadar servet gelirlerinin artacağı doğru olsa da yatırım kararları enflasyondan olumsuz etkilenmektedir. Bu ortamda elde edilen gelir, risk barındıran yatırımlardan ziyade çoğunlukla yüksek faiz elde edilebilecek finansal araçlara aktarılmaktadır.

Kısaca özetlediğimiz sonuçlarından dolayı enflasyon sorunu, bunu yaşayan ülkelerin gündemini uzun süre meşgul etmekte ve topluma oldukça yıpratıcı bir süreç yaşatmaktadır. Özellikle yüksek oranlı enflasyonun yaşandığı ülkeler, uzun yıllar bu sorunla mücadele etmek zorunda kalmaktadırlar. Çünkü yüksek enflasyon ekonomideki neredeyse makroekonomik göstergelerin ve politikaların tamamını olumsuz etkilemekte ve istikrarsızlaştırmaktadır. Ekonomik bir hastalık olarak enflasyonun neden ortaya çıktığı sorusunu doğru cevaplayabilmek, bu hastalıkla mücadeleyi kolaylaştırmaktadır. Bu nedenle öncelikle enflasyonun nedenlerine değinmek gerekmektedir. Enflasyon çeşitlerinin incelenmesiyle, enflasyonun nedenlerini ortaya koymak mümkündür.

B. Enflasyona İlişkin Kavramlar

Enflasyona ilişkin kavramlarla ile kastettiğimiz, enflasyonun türleridir. Zaman zaman farklı sıfatlarla ya da tamlamalarla duyduğumuz enflasyon, çeşitlerine göre farklı tanımlanmakta ve bunlardan bazıları, enflasyonun nedeni olarak karşımıza çıkmaktadır. Şimdi nedenlerine ve şiddetine göre ayırarak ele alacağımız enflasyon kavramlarına yakından bakalım.

1. Enflasyonun Türleri

Enflasyon türleri konusunda farklı sınıflandırmalar bulunmasına rağmen genel olarak nedenine ve fiyatlar genel düzeyindeki artış hızına göre ayırarak inceleyebiliriz.

Nedenlerine Göre Enflasyon Türleri

Enflasyonu ortaya çıkartan kaynakların farklı olması, enflasyonun çeşitlenmesine neden olmaktadır. Dolayısıyla enflasyon türleri incelenerek, enflasyonun nedenlerini ortaya koymak mümkündür. Nedenlerine göre enflasyon temelde *talep enflasyonu ve arz enflasyonu* olarak iki şekilde görülmektedir. Arz enflasyonunun ortaya çıkmasının altında yatan nedenler ise farklılık oluşturmakta, maliyet enflasyonu, fiyat enflasyonu ve ithal edilen enflasyon isimleri ile adlandırılmaktadır. Bir de yapısal sorunlardan kaynaklandığı için yapısal enflasyon olarak adlandırılan enflasyon türü bulunmaktadır. Genellikle birbirlerini etkiledikleri için ayırt etmenin zor olduğu bu enflasyon türlerini kısaca açıklayalım.

Ekonomilerde en sık karşılaşılan durum, toplam talebin toplam arzı aşması sonucu yaşanan *talep enflasyonudur.* Aşırı parasal genişleme politikaları sonucu ekonomideki para miktarının artması talebi canlandırmakta ve bu artan talep karşısında arz (bazen eş zamanlı olarak bazen de arzın artmasının mümkün olmadığı durumlarda) yeterli karşılık verememektedir. Üretim artışına sebep olacak herhangi bir koşul oluşmamışken (talebi karşılamak için ithalata başvurulmadığı ya da ithal malın henüz satın alınmadığı varsayımıyla), tüketimi arttırmaya yönelik uygulamalar, harcamaları arttırmakta ve talep fazlalığı oluşturabilmektedir. Böylece bu talep fazlalığı da fiyatlar genel düzeyinin artmasına neden olmaktadır. Örneğin, ülkedeki faiz oranlarının aşağıya çekilmesi durumunda ortaya çıkacak olan talep yönlü kredi genişlemesi fiyatlar genel düzeyini yukarı çeken bir etmen olarak karşımıza çıkmaktadır. Nitekim ülkemizde 2020 yılının ortalarında özellikle taşıt, konut ve ihtiyaç kredilerine ait faiz oranlarının aşağıya çekilmiş olması nedeniyle konut, araba ve hatta teknolojik ürünlerin fiyatlarında bir artış meydana gelmiştir.

Toplam talep-toplam arz ilişkisinin arz cephesinde aşağıda açıklayacağımız çeşitli nedenlerden dolayı yaşanan bazı sorunlar üretimi olumsuz etkilemekte ve sonuçta arz yetersizliklerine ve fiyatlar genel düzeyinin artmasına neden olmaktadır. Genel olarak *arz enflasyonu* dediğimiz bu durum, farklı kaynaklardan ortaya çıkabilmektedir. Bunlardan ilki maliyetlerdir. Herhangi bir sebeple (hammadde fiyatlarının artması, işgücü ücretlerin yükselmesi, vb...) arz maliyetlerinde ortaya çıkan artışın nihai mal ve hizmet fiyatlarına da yansıtılmasıyla yaşanan enflasyon maliyet enflasyonudur. İleride üretici ve tüketici fiyat endekslerini incelerken ele alacağımız gibi, üretici fiyatlarının artması bir süre sonra tüketici fiyatlarının artmasına, yani üretici fiyat endekslerindeki yukarı yönlü hareket, bir ya da birkaç dönem sonra tüketici fiyat endeksinin yükselmesine neden olmaktadır. Bazı durumlarda üreticiler kâr oranlarını arttırmak için ürettikleri mal ve hizmet fiyatlarını arttırabilmekte ve bu şekilde yaşanan enflasyona *fiyat enflasyonu ya da kâr enflasyonu* denilmektedir. İthalat yapılan ülkelerde yaşanan fiyat artışları ya da ulusal paranın yabancı paralar karşısında değer kaybetmesi (döviz kurlarının yükselmesi) sonucu ithal edilen mal ve hizmet fiyatlarının artması da ülke içinde fiyat artışlarına sebep olabilmektedir. Buna *ithal edilen enflasyon* adı verilir. Fiyat artışı yaşanan ithal girdiler, ülke üreticilerinin maliyetlerini arttırarak arzda azalmaya sebep olabileceği, yani bir maliyet enflasyonu yaratabileceği gibi, ithal tüketim mallarındaki fiyat artışları da ülke içindeki üreticileri harekete geçirerek bir fiyat enflasyonuna sebep olabilmektedir. Özellikle ülkemiz açısından kur-fiyat geçişkenliğinden dolayı maliyet enflasyonunda bir artış görülmektedir.

Bir başka enflasyon türü de hem talep hem de arz enflasyonu ile sonuçlanabilen *yapısal enflasyondur*. Yapısal enflasyona, talepte yaşanan değişimlere arzın çok hızlı cevap verememesi ya da ülkenin arz cephesinde yaşanan problemler sebep olmaktadır. Sektörlerin esnek yapıda olmaması, talep artışlarına kısa sürede karşılık verememesine sebep olabilir. Yapılan yatırımların taleple buluşma süresi de bu enflasyonda etkilidir. Yani ekonomik döngüde yaşanan gecikmeler sonucu yapısal enflasyon yaşanabilmektedir. Bunların yanında ülkenin sürekli yaşadığı parasal genişleme de yapısal enflasyona neden olmaktadır.

Fiyatlar Genel Düzeyindeki Artış Oranına Göre Enflasyon Türleri

Enflasyon oranı, bazı ülkelerde ve farklı zamanlarda kabul edilebilecek oranlarda olabilmekte fakat yüksek oranlarda yaşandığı zaman ise mücadeleyi gerektirmektedir. Artış hızına göre enflasyon türleri sürünen, aşırı ve hiperenflasyondur. Hangi türün hangi orandan başladığı konusunda çeşitli görüşler bulunmaktadır.

Oldukça düşük oranlarda yaşanan fiyat artışlarına *sürünen (ılımlı, sinsi ya da rahvan) enflasyon* adı verilmektedir. Genel olarak tek haneli enflasyon oranlarının ekonomiler için tehdit oluşturmadığı düşünülmektedir. Bu konuda genel kabul, gelişmiş ülkelerde %4, gelişmekte olan ülkelerde ise %6'dır ve bu düşük oranlı enflasyonun, ekonomilere canlılık kazandırdığı ve büyümeyi teşvik ettiği kabul edilmektedir.

İki haneli enflasyon oranına genellikle *aşırı (yüksek, dörtnala) enflasyon* adı verilmektedir. Ekonomide çeşitli zararlara neden olması yanında geleceğe ilişkin beklentileri de olumsuz etkilediği için tehlikeli bir enflasyon türüdür. Günümüzde Türkiye'de yaşanan enflasyon türü budur.

Bazı ülkelerde enflasyon oranı o kadar yüksektir ki günlük ya da aynı gün içerisinde sabahtan akşama fiyatlar değişebilmektedir. Aylık %50'nin üzerindeki enflasyon oranına *hiperenflasyon* denilmektedir. Yıllık %1000'leri aşabilen bu enflasyon türünde ulusal paranın neredeyse hiç değeri kalmamıştır. Öyle ki Almanya'da 1920'li yıllarda yaşanan hiperenflasyon sürecinde insanlar kâğıt paraları yakarak ısınmışlardır.

C. Enflasyonun Hesaplanması

Fiyatlar genel düzeyindeki değişmelerin, ülke içerisinde üretilen bütün mal ve hizmetlerin fiyatlarındaki değişmeler olarak algılanmaması gerekmektedir. Fiyatlar genel düzeyindeki sürekli artış olarak ifade edilen enflasyon, belli başlı bazı mal ve hizmetlerin esas alındığı bir sepet fiyatındaki değişmeler göz önüne alınarak hesaplanmaktadır. Buna göre enflasyon oranı, harcamaların esas alındığı dönem içerisinde belli bir ağırlık esas alınmak suretiyle t-1 dönemindeki sepete ait endeks ile t dönemine ait fiyat endeksi arasındaki değişim oranıdır.

Örneğin bir ekonomide 2018 (t-1 dönem) ve 2019 (t dönem) yılına ait aşağıda bir sepete ait mal ve hizmetlere yönelik fiyatlar ve satış payı (kişinin elde ettiği gelir içerisinde o mal/hizmete yönelik yapmış olduğu harcama oranı) verilmiştir. Buna göre basit bir şekilde sepetteki mal ve hizmetlere ait fiyat endeks değerini şu şekilde hesaplarız.

Tablo 16: Örnek TÜFE hesaplaması

Mal/Hizmet	**2018 Fiyat**	**2019 Fiyat**	**2018 Harcama Payı**	**2018 fiyatı x 2018 Harcama payı (A)**	**2019 fiyatı x 2018 Harcama payı (B)**	**ENFLASYON ORANI (%) A ile B arasındaki değişim oranı** $(\frac{(B-A)x100}{A})$
Pirinç (kg)	8	8,5	%5	0,004	0,00425	6,3
Domates (kg)	3,5	4	%4	0,0014	0,0016	14,3
Sigara	12	14	%5	0,006	0,007	16,7
Ev Kirası	800	900	%40	3,2	3,6	12,5
Ayakkabı	120	140	%10	0,12	0,14	16,7
Doğalgaz	5	5,5	%10	0,005	0,0055	10,0
Ulaşım	3	3,5	%10	0,003	0,0035	16,7
Ekmek	1	1,4	%6	0,0006	0,00084	40,0
Alkolsüz İçecek	5	6	%10	0,005	0,006	20,0
TOPLAM			**%100**	**3,345**	**3,769**	**12,7**

Yukarıdaki tabloya göre, 2018 yılına ait sepet değeri 3,345 iken 2019 yılına ait aynı sepet değeri 3,769 şeklinde hesaplanmıştır. Bu hesaplama yapılırken Laspeyres Endeksi kullanılmıştır. Bu endekse göre 2018 yılı baz olarak seçilmiş ve bu dönemin harcama payı (miktarı) ağırlıklandırılmış olarak ele alınmıştır. 2018 yılı baz seçilmesi sebebiyle 3,345 değeri 100 olarak kabul edilir. 2019 yılı sepet değeri ise bu endeks değere göre 112,7 olarak hesaplanır. Bu durumda 2018 yılı endeks değeri 100 iken 2019 yılı endeks değeri 112,7 olarak hesaplanmıştır. Dolayısıyla bu iki yıl arasındaki değişim oranı %12,7 olarak karşımıza çıkmaktadır. Bu da "2018 yılı baz alınması durumunda, 2019 yılı sepetteki mal ve hizmet toplamının fiyat cinsinden değeri ortalama olarak %12,7 olarak artış göstermiştir" şeklinde ifade edilir.

Enflasyona konu olan sepete ait değerler şu şekilde hesaplanmaktadır:

Baz yıl için sepet değeri; $P_{t-1} = \sum p_0 . q_0$

Diğer yıllara ait sepet değeri; $P_t = \sum p_i . q_0$

(p_0 ve q_0: baz yıla ait ortalama fiyat ve miktar; p_i: diğer yıla ait ortalama fiyat düzeyi)

Bu sepete ait değerler ile t dönemine ait enflasyon oranı;

Enflasyon Oranı $_{(t)} = \frac{P_{(t)} - P_{(t-1)}}{P_{(t-1)}} x\ 100$ formülü ile hesaplanmaktadır.

Enflasyon hesabında kullanılan fiyat endeksleri temel olarak GSYH deflatörü, tüketici fiyat endeksi ve üretici fiyat endeksidir. Bunların yanında üretici fiyatlarına ilişkin endekslerde bir çeşitlendirmeye giden TÜİK tarafından kullanılan yurtdışı üretici fiyat endeksi, tarım ürünleri üretici fiyat endeksi ve hizmet üretici fiyat endeksi gibi fiyat endeksleri de bulunmaktadır. Şimdi bu endeksleri tanıyalım.

1. GSYH Deflatörü

GSYH zımni fiyat deflatörü de denilen bu endeks, ülke içinde üretilen tüm nihai mal ve hizmetleri kapsadığından geniş içerikli bir fiyat endeksidir. Enflasyonu ölçmekten daha çok milli gelirin deflate edilmesi yani reel olarak ölçülmesi amacı ile kullanılmaktadır. Herhangi bir t döneminin deflatörü şu formül ile bulunur:

$$\text{GSYH Deflatörü}_{(t)} = \frac{Nominal\ GSYH_{(t)}}{Reel\ GSYH_{(t)}} x\ 100$$

t döneminin deflatörü bu şekilde bulunduktan sonra, yukarıdaki enflasyon oranı formülü ile enflasyon hesabı yapılır.

GSYH deflatörü sadece ülke içinde üretilen malları kapsadığından, ithal malları dışarıda bırakmakta, dolayısıyla toplumun mal tercihlerindeki fiyat değişimlerini tam olarak ortaya koymamaktadır. Esasen diğer endekslere göre daha fazla sayıda mal ve hizmeti kapsamasına rağmen herhangi bir ağırlıklandırma yapılmadığı için deflatör gerçek enflasyonu yansıtmayabilmektedir. Ayrıca ülke içinde üretilen mallar her dönem değişebileceği için deflatörün içerdiği mal sepeti her dönem değişmektedir. Değişken bir mal sepetine dayanan fiyat endeksi Paasche Endeksi'dir. Bu endekste sabit bir mal sepeti değil, ele alınan döneme ait ürün bileşimi kullanılmaktadır. Yani belli bir döneme ait fiyatlar genel düzeyi sabit tutularak ürün miktarındaki değişmeler esas alınmak suretiyle reel anlamda GSYH değeri hesaplanmaktadır. Bu durumda nominal GSYH içerisinde hem fiyatlar hem de üretim miktarındaki değişmeler varken, reel GSYH içerisinde ise sadece ürün miktarındaki değişmeler vardır. Bu sebeple ikisi arasındaki fark fiyatlar genel düzeyindeki değişmeyi göstermektedir.

Analize konu olan dönem içerisinde;

Nominal GSYH > Reel GSYH ise fiyatlar genel düzeyi artış göstermekte,

Nominal GSYH < Reel GSYH ise fiyatlar genel düzeyi düşmektedir.

2. Tüketici Fiyat Endeksi (TÜFE)

Enflasyon hesabında kullanılan diğer ve önemli bir endeks olan tüketici fiyat endeksi (TÜFE), hanehalklarının en çok tükettikleri mal ve hizmetlerin nihai fiyatındaki (satın alış fiyatındaki) değişimleri ölçmek için geliştirilmiş bir endekstir. TÜFE ile hesaplanan enflasyon, çok kullanılması ve bilinirliği en yüksek enflasyon hesaplaması olmasından dolayı *manşet enflasyon* olarak da anılmaktadır. TÜFE, tüketicilerin çoğunlukla tükettiği mal ve hizmetlerden oluşan belirli bir sepetin ortalama fiyat değişimlerini aylık ya da yıllık olarak göstermektedir. Başka bir ifade ile TÜFE sepeti ve ağırlıkları ile ilan edilen değişim oranları bir birey ya da belirli bir gelir grubuna ait olmayıp ülke ortalamasını ifade etmektedir. TÜFE oluşturulurken belirli bir yıl, baz yıl olarak seçilmekte ve her yıl baz yıla göre yaşanan fiyat değişimleri ortaya konmaktadır.

Tüketici fiyat endeksi hesaplaması üç aşamada koordine edilmektedir. Birincisi tüketim sepetinin oluşturulması, ikincisi sepette yer alan mal ve hizmetlerin ağırlıklarının belirlenmesi ve son olarak fiyatların derlenmesidir. TÜFE; 2003=100 temel yıl olarak kabul edilmekte ve zincirleme endeks olarak hesaplanmaktadır. Bundan dolayı her yıl fiyat derlenen yerleşim yerleri ve işyerleri, endeks sepetinde yer alan ürünler ve ağırlıkları, endeks sepetinde yer alan ürünlerin tanımları güncellemeye tabi tutulmaktadır. Bu güncellemeler ile ilgili yıl boyunca takip edilecek işyerleri her yılın aralık ayında tespit edilmekte ve ocak ayında da ilan edilmektedir.

Tablo 17.Tüketici fiyat endeksi kapsamıyla ilgili sayısal bilgiler

TÜFE	2016	2017	2018	2019	2020
Madde sayısı	417	414	407	418	418
Çeşit sayısı	924	910	895	895	897
İşyeri sayısı	27 886	27 386	28 015	28 711	28 019
Fiyat sayısı	408 093	400 772	415 000	544 256	553 064
Kira sayısı	4 281	4 275	4 274	4 274	4 274

Kaynak: TÜİK

Tüketici fiyat endeksi hesaplamalarının ilk aşaması olan tüketim sepetinin oluşturulmasında hanehalkı tüketim harcamalarının derlendiği "Hanehalkı Bütçe Anketi (HBA)" ile idari kayıt verilerinden faydanılmaktadır. Tüketim sepeti içerisinde yer alacak mal ve hizmetlerin toplam hanehalkı tüketim harcamaları içinde 1/1000'den fazla ağırlıkta olması gerekmektedir. Bundan dolayı toplam hanehalkı tüketim harcamaları içerisinde ağırlığı artan mal ve hizmetler endeks sepetine dahil edilirken, ağırlığı azalan mal ve hizmetler ise tüketim sepetinden çıkarılmaktadır. Böylece tüketim sepetinde yer alan mal ve hizmetlerin sayısı her yıl değişime maruz kalmaktadır. HBA dışında enflasyon sepeti güncellemesinde kullanılan diğer veriler ise otomobil, otoban geçiş, şehirlerarası tren, cep telefonu görüşme ücreti, internet, özel televizyon aidatı, gazete ve dergi ücretleri gibi idari kayıtlardan elde edilen bilgilerdir. 2003-2014 arası düzenlemede Telekom görüşme ücretleri il içi, iller arası, uluslararası, cep telefonu, aylık paket ücreti şeklinde ayrıntılı olarak enflasyon sepetinde yer alıyordu. Yeni düzenlemeye göre ise Telekom görüşme ücretleri sadece Telefon Görüşme Ücretleri adı ile tek bir madde biçiminde enflasyon sepetinde yer alacaktır. *TÜFE hesaplamalarının ikinci aşaması* olan tüketim sepetinde yer alan mal ve hizmetlerin ağırlıklarının belirlenmesinde de temel veri kaynağı yine HBA'dır. Ancak bu anket ile beraber kurumsal nüfus bireysel tüketim harcaması anketi ve çıkış yapan ziyaretçiler anketinden elde edilen veriler ile birlikte ağırlıklar oluşturulmakta ve bir önceki yılın aralık ayına genişletilerek nihai ağırlık sistemi elde edilmektedir. *TÜFE hesaplamalarının son aşaması* olan fiyat derlenmesinde aynı tanım, kalite ve özelliklere sahip mal ve hizmetler dikkate alınmaktadır. Bunun yanında ulaştırma, ticaret marjı ve tüm vergiler dahil peşin olarak tüketiciye yansıyan fiyatlar derlenmektedir. Bu fiyatların derlenme sıklığı ise bazı ürünlerin günlük, bazılarının ayda iki kez ve bazılarının da ayda dört kez toplanmaktadır. Cari ay içinde meydana gelebilecek fiyat değişimlerinin doğru şekilde elde edilebilmesi amacıyla, taze sebze ve meyve, tüp gaz, LPG, futbol maçına giriş ücreti ile seçilmiş gıda ürünleri (kuzu eti, tavuk eti, süt, yoğurt, beyaz peynir, yumurta, margarin, Ayçiçek, zeytin, toz şeker, çay) haftada 1 kez olmak üzere, ayda 4 defa derlenmektedir. Sigaralar, benzin-mazot, altın fiyatları günlük olarak toplanırken, bunların dışında kalan tüm mallar için her ayın 10'u ve 20'sinde ayda iki kez fiyatları derlenmektedir (TÜİK).

Özetle ekonomide tüketilen tüm malların fiyat hareketlerini takip etmek mümkün olmadığından TÜFE hesabında, seçilmiş mal ve hizmetlerin yer aldığı bir sepet oluşturulmaktadır. Bu sepet oluşturulurken, bazı anketler dikkate alınır ve aşağıda daha ayrıntılı değindiğimiz gibi mal ve hizmetlerin tüketicinin bütçesinde yer alma oranına göre ağırlıkları belirlenir. Sepet oluşturulurken seçilecek mal ve hizmetlerin ve bunların ağırlıklarının ne olacağı oldukça önemlidir. Tüketicilerin yoğunlukla tercih etmediği, tüketmediği ya da tüketse dahi bütçesinde çok küçük boyutlarda yer kaplayan mal ve hizmetlerin seçilmesi ve fiyatların derlenmesi konusunda yaşanabilecek eksiklik ya da yetersizlikler hesaplanan enflasyonun toplumun gerçeklerinden uzak olmasına, tüketicilerin yaşadığı gerçek enflasyonun rakamlara yansımamasına neden olur. Böyle bir durumda ilan edilen enflasyon ile hissedilen enflasyon arasındaki makas açılır.

Türkiye'de TÜFE'nin tarihsel süreci şu şekildedir;

1955=100 Ankara için TÜFE,

1958=100 Ankara için TÜFE,

1968=100 11 il, Türkiye için TÜFE,

1978-1979=100 14 il, 5 bölge, Türkiye için kentsel yerler TÜFE,

1987=100 16 il, 5 bölge, Türkiye için kentsel yerler TÜFE,

1994=100 19 il, 7 bölge, Türkiye için kentsel yerler TÜFE,

2003=100 81 il, 26 istatistiki bölge, Türkiye için TÜFE

Bu bağlamda TÜİK tarafından aylık olarak yapılan TÜFE hesabında Ocak 2005'den itibaren 2003 yılını baz yıl olarak ele alan yeni bir seri kullanılmaktadır (2003=100). 2005 yılından önce ise 1994 yılı baz yıl olarak (1994=100) kullanılmaktaydı. Sadece Hanehalkı Gelir ve Tüketim Harcamaları Anketi'nin kullanıldığı 1994 baz yıllı eski endekste, 7 coğrafi bölgede

19 il merkezi (sadece kentsel alanlar) çapında tahmin yapılmaktaydı. 410 madde ve 598 madde çeşidinin kullanıldığı eski endekste, 28 il merkezi ve 7 ilçede yer alan 9300 işyeri ve 2960 konuttan toplam 190.000 adet fiyat derlenmekte idi. Harcama kapsamı hesaplanırken, izafi kira (kira bedeli ödenmeden oturulan konutlarda, kira ödenseydi tutarının ne olacağının tahmini miktarı), kendi üretiminden tüketim ve ayni yardımlar dâhil iken, turizm harcamaları ve kurumsal nüfus hariç tutulmuştu. Cari dönem fiyatlarının aritmetik ortalamaya göre hesaplandığı bu endekste, alkollü içeceklerin gıda harcaması içerisinde, haberleşmenin ise çeşitli mal ve hizmetleri içerisinde yer alması nedeni ile 10 harcama grubu bulunmaktaydı. 1994 baz yıllı bu eski endeksin oluşturulmasında kullanılan anket kapsamının ve madde sayısının darlığı, ayrıca baz yılın bir kriz yılı olması nedenleri ile değişim ihtiyacı duyulmuş ve bu konuda geniş kapsamlı bir revizyona gidilerek şu an uygulanan sistem geliştirilmiştir.

Aşağıda ayrıntılarıyla yer vereceğimiz 2003 baz yıllı yeni endekste, verilerin toplandığı kaynaklar pek çok anketle genişletilmiş, tahmin boyutu tüm Türkiye genelini kapsar hale getirilmiş, madde sayısı arttırılmış, daha fazla sayıda işyeri ve konuttan daha çok sayıda fiyat toplanmaya başlanmış, fiyat derlenen yerleşim yeri sayısı 81 ile çıkarılmış, turizm ve kurumsal nüfus kapsama dahil edilmiş, cari dönem fiyatları hesaplanırken, daha anlamlı sonuçlara ulaşmayı sağlayan ve AB ülkelerinde de kullanılan geometrik ortalama yöntemine geçilmiş, alkollü içecekler ve haberleşmenin ayrı gruplar oluşturması ile harcama grupları sayısı 10'dan 12'ye çıkarılmış ve sabit yıllı endeksten, her yıl güncellemeye imkan tanıyan zincirleme endeks türüne geçilmiştir.

Günümüz TÜFE sisteminde, yurtiçinde mal ve hizmet tüketmek amacıyla yapılan, tüm nihai parasal tüketim harcamaları esas alınmaktadır. TÜFE'nin fiyat kapsamı, mal ve hizmetlerin satın alış fiyatlarıdır. Fiyatlar, vergiler dahil peşin ödemeler olarak belirlenmiştir. Dolayısıyla taksitli satışlar üzerinden fiyatlandırmalar ve anlaşmalı fiyatlar dikkate alınmamaktadır. TÜFE sepetinde yer alan taze sebze ve meyvelerin fiyatları, futbol maçına giriş ücreti, LPG, tüp gaz ve seçilmiş 16 gıda ürününün fiyatları haftada bir kez ve diğer ürünler fiyatları ayda iki kez derlenmektedir. Sigara, mücevher (altın), benzin ve mazot fiyatları ise günlük olarak takip edilmektedir. Endekste 81 il merkezinin tamamını içeren toplam 225 ilçeden fiyat toplanmaktadır. TÜFE kapsamında ayda 28019 işyerinden 553064 fiyat toplanmakta ve 4274 kiracı endeks kapsamında takip edilmektedir. İşyeri ve fiyat sayıları mevsimsel yapıya göre yıl içerisinde değişkenlik gösterebilmektedir (TÜİK).

Tablo 18: 2005 Yılı Öncesi Eski TÜFE ile 2005 Yılı ve Sonrası Yeni TÜFE Farklılıkları

Farklılıklar	2005 Yılı Öncesi Eski TÜFE	2005 Yılı ve Sonrası Yeni TÜFE
Bilgi Kaynağı	1994 Hanehalkı Gelir ve Tüketim Harcamaları Anketi	Hanehalkı Bütçe Anketi Turizm Anketi Kurumsal Nüfus Bireysel Harcama Anketi İdari kayıtlar (sigorta şans oyunları, vb.)
Tahmin boyutu	Türkiye Kentsel Yerler 7 coğrafi bölge 19 bağımsız il merkezi	Türkiye geneli 26 Bölge *(Düzey 2)* 81 İl merkezi, 225 ilçe
Madde kapsamı (Ürün sepeti)	410 madde 598 madde çeşidi	454 madde 851 madde çeşidi
Fiyat derlenen işyeri sayısı	9.300 işyeri 2.960 konut 190.000 fiyat	28.019 işyeri 4.274 konut 353.064 fiyat
Fiyat derlenen yerleşim yeri sayısı	28 il merkezi 7 ilçe	81 il merkezi 73 ilçe
Harcama kapsamı	İzafi kira dahil Kendi üretiminden tüketim dahil Ayni yardımlar dahil Turizm hariç Kurumsal nüfus hariç	İzafi kira hariç Kendi üretiminden tüketim hariç Ayni yardımlar hariç Turizm dahil Kurumsal nüfus dahil
Endeks hesaplama yöntemi	Aritmetik ortalama	Geometrik ortalama
Mal ve ürün sınıflaması (COICOP)	10 Harcama Grubu Alkollü içecekler, gıda harcaması içinde Haberleşme, çeşitli mal ve hizmetler grubu içinde Lokanta ve benzeri yerlerden alınarak evde ya da işyerinde yenilen yemekler, gıda harcamalarında Günlük ve haftalık turlar, lokanta ve otellerde Okul kitapları ve eğitim malzemeleri, eğitim hizmetlerinde	12 Harcama Grubu Alkollü içecekler ayrı grup Haberleşme ayrı grup Lokanta ve benzeri yerlerden alınarak evde ya da işyerinde yenilen yemekler, lokanta ve otellerde Günlük ve haftalık turlar, eğlence ve kültür harcama grubunda Okul kitapları ve eğitim malzemeleri, eğlence ve kültür harcama grubunda

Endeks türü	Sabit yıl	Zincirleme
Fiyat Derleme Dönemi	Sebze, meyve, tüp gaz ve akaryakıt fiyatları her hafta, Kiralar ayda bir kez, Diğer mal ve hizmetlere ait fiyatlar ayda iki kez	Taze sebze ve meyvelerin fiyatları, futbol maçına giriş ücreti, LPG, tüp gaz ve seçilmiş 16 gıda ürününün fiyatları haftada bir kez, Diğer ürünler fiyatları ayda iki kez derlenmektedir. Sigara, mücevher (altın), benzin ve mazot fiyatları ise günlük olarak takip edilmektedir.
Fiyatın niteliği	KDV dahil, peşin olarak tüketiciye yansıyan fiyatlar derlenmektedir (kişiye özel indirimler kapsam dışındadır). Taksitli satışlarda, taksitli fiyat alınmayıp, peşin olarak tüketicinin ödediği fiyat dikkate alınmaktadır.	Fiyatlar, vergiler dahil peşin ödemeler olarak belirlenmiştir. Taksitli satışlar üzerinden fiyatlandırmalar ya da anlaşmalı fiyatlar dikkate alınmamaktadır.

Kaynak: TÜİK ve farklı çalışmalardan derlenmiştir.

Özetle 2005 yılı TÜFE açısından yeni endeksin kullanılmaya başlanılması ile birlikte bir kırılma yılı olmuştur. Çünkü 2005 öncesi ve sonrası yıllarda açıklanan TÜFE endeksinin hesaplanması birbirinden olabildiğince farklılık göstermektedir. Bu farklılıklar yeni TÜFE endeksinin; tahmin boyutu, madde kapsamı (ürün sepeti), mal ve hizmet sınıflaması, madde ağırlıkları, fiyat derlenen yerleşim yerleri, fiyat derlenen işyeri sayısı, harcama kapsamı, gelir grubu kapsamı ve hesaplama yönteminde bulunmaktadır. Ayrıca TÜFE yeni endeks hesaplamalarında, eski endeksteki aritmetik ortalamadan vazgeçilerek geometrik ortalama hesaplamaya dahil edilmiştir. Bu yeni geometrik ortalama hesabıyla özellikle fiyat farklılaşmasının ve ikame işleminin yoğun olduğu mal ve hizmetlerde daha gerçeğe yakın sonuçlar elde edilmiştir. 2005 yılında uygulamaya konulan yeni TÜFE endeksi ile fiyatlar genel düzeyindeki değişim daha gerçekçi bir duruma dönüştürülmüştür. Ancak yeni yöntem ile 2005 öncesi TÜFE verilerinin revize edilememiş olması, özellikle uzun dönemli ülke ekonomisinin analizlerinde ve karşılaştırmalarında sorunlar ortaya çıkarmakta, hatta 2005 öncesi TÜFE verilerinin mukayesesini ortadan kaldırmaktadır. Bunlarla birlikte TÜFE eski endeks ve yeni endeks arasındaki önemli bir farklılık da ana grupların ağırlıklarında meydana gelen değişikliklerdir. Özellikle eski endeks ana grup ağırlığı daha yüksek (25.80) olan konut, su, elektrik, gaz ve diğer yakıtlar grubunun, 2005 sonrası yeni endekste ağırlığının 16,60'a gerilemesi ve ulaştırma grubunun payının yükseltilmesi, iki farklı hesaplama yöntemiyle ortaya konulan TÜFE'nin karşılaştırma yapılmasını imkansızlaştırmaktadır. *Dolayısıyla 2005 yılı ve sonrasında açıklanan TÜFE rakamları ile öncesini karşılaştırma yapma imkânımız TÜİK'in geçmişe yönelik revize/düzeltme yapmadığı sürece bulunmamaktadır.* Bu zamana kadar TÜİK'ten geçmiş verilere ilişkin böyle bir düzeltme gelmemiştir. Bunun için özellikle bilimsel çalışmalarda (uzun dönem analizlerde) bu durum gözden kaçırılmakta, bu yüzden çalışmaların güvenirliğinin sorgulanmasına neden olmaktadır.

TÜFE madde ağırlıklarının tespitinde Amaca Göre Bireysel Tüketim Sınıflaması (COICOP) kullanılmaktadır. Amacı, hanehalkı tüketim harcamalarında yer alan mal ve hizmet kategorileri için bir çerçeve sağlamak olan COICOP, hanehalkı tüketim harcamalarının uluslararası bir sınıflamasıdır (Ahi ve Çakmak, 2020: 318). Bu sınıflamada yer alan her ana grubun ve bu gruplar içerisinde yer alan her maddenin endekse etki değeri yani ağırlıkları farklıdır. 12 ana grup, 43 alt grup içerisindeki 418 madde, 897 madde çeşidi kapsamında endeks hesaplanmaktadır. Bu grup ve madde ağırlıklarının kaynağı (TÜİK); istatistiki bölge birimleri sınıflaması düzey 2'ye göre, tüm sosyo-ekonomik gruplardan yaklaşık yıllık 15000 hanehalkı ile her ay düzenli olarak yapılan HBA, kurumsal nüfus anketi, yabancı uyrukluların Türkiye'de yapmış oldukları harcamalar için turizm anketi ve idari kayıtlardan elde edilen harcama ve ciro bilgileridir.

1994 yılının temel alındığı ve yukarıda açıkladığımız farklılıklara göre oluşturulan bir yıl örneği olması için 2002 yılı ve COICOP'a göre oluşturulan 2010-2020 yılı TÜFE mal sepetindeki ana gruplar ve ağırlıkları tabloda verilmiştir.

Tablo 19: 2005 Öncesi Eski TÜFE ile 2005 ve Sonrası Yeni TÜFE Ana Grup Ağırlıkları

	2002	2005	2010	2015	2020
1. Gıda ve alkolsüz içecekler	31,09	28,63	27,60	24,25	22,77
2. Alkollü İçecekler ve tütün	-------	5,00	5,31	4,82	6,06
3. Giyim ve ayakkabı	9,71	8,07	7,30	7,38	6,96
4. Konut, su, elektrik, gaz, diğer yakıtlar	25,80	16,60	16,83	15,79	14,34
5. Mobilya, ev aletleri, ev bakım hizmet.	9,35	7,42	6,78	7,78	7,77
6. Sağlık	2,76	2,54	2,55	2,57	2,80
7. Ulaştırma	9,30	12,59	13,90	15,38	15,62
8. Haberleşme	-------	4,30	4,94	4,38	3,80
9. Eğlence ve kültür	2,95	2,81	2,83	3,54	3,26
10. Eğitim	1,59	2,24	2,48	2,53	2,58
11. Lokanta ve oteller	3,07	5,64	5,51	6,98	8,67
12. Çeşitli mal ve hizmetler	4,38	4,16	3,97	4,60	5,37

Kaynak: TÜİK

Tablodan görüldüğü gibi, yıllar içerisinde giderek azalsa da 12 ana grup içerisinde (10 ana gruptan oluşan 1994 baz yıllı eski endekste, alkollü içecekler gıda grubu içerisinde ve haberleşme ise çeşitli mal ve hizmetler grubu içerisinde yer almaktaydı) en yüksek ağırlığa sahip olan grup %22,77 ile "Gıda ve Alkolsüz İçecekler" dir. Bunun nedeni gıda ve alkolsüz içeceklerin, hanehalklarının harcamaları içerisinde en büyük yeri kaplamasıdır. Bu ana grup içerisinde en yüksek ağırlık %2,17 ile ekmekte, ardından %2,15 ile dana etindedir. En yüksek ikinci ağırlığa sahip ana grup "Ulaştırma", üçüncüsü ise "Konut" tur. Yıllar itibariyle ulaştırma grubunun ağırlığındaki artış ve konut grubunun ağırlığındaki azalış dikkat çekicidir. Ulaştırma grubu içerisinde en yüksek ağırlık %3,16 ile dizel otomobilde, %2,43 ile benzinli otomobildedir. İki otomobil türünün toplam ağırlığı yaklaşık %5,59 gibi oldukça yüksek bir düzeydedir. Konut grubu içerisinde ise en yüksek ağırlığa sahip madde yaklaşık %5,00 ile kira iken, ikinci sırada %2,87 ile elektrik ücreti gelmektedir.

Tüm ana gruplar içerisinde yer alan 418 maddeyi ağırlıklarına göre sıraladığımızda, en ağırlıklı maddelerin, sigaralar (5,71), kira (5,00), dizel otomobil (3,16), elektrik (2,87), benzinli otomobil (2,43), cep telefonu görüşme ücreti (2,25), ekmek (2,17), dana eti (2,15), doğalgaz (1,81), su (1,71), altın mücevher (1,42), benzin (1,36), lokantada yenilen pilav-kuru fasulye (1,24), motorin (1,19), LPG (1,18), dolmuş ücreti (1,10) olduğu görülmektedir. Buna karşılık kuru soğan (0,22), mısırözü yağı (0,02), erik (0,04), kuru fasulye (0,07), şarap (0,03), sweatshirt (0,01), otoban geçiş ücreti (0,004), tiyatro (0,008) gibi maddeler düşük ağırlığı olan maddeler olarak görülmektedir. Madde ağırlıklarının birbirlerinden farklı olması, madde fiyatlarındaki artışın enflasyon oranı üzerindeki etkisini belirlediği için, sepette yüksek ağırlığa sahip maddelerdeki fiyat artışlarının, enflasyona etkisi de yüksek olmaktadır. Örneğin sepetteki ağırlığı en yüksek olan ilk on maddenin ağırlıklarını topladığımızda %29,26 elde ederiz. Sadece bu on maddenin enflasyon oranı üzerindeki etkisi öyle yüksektir ki bu madde fiyatlarındaki değişim, enflasyonu şiddetli şekilde etkileyebilmektedir. Tersi şekilde, ağırlığı çok düşük olan maddelerin fiyatları %100 bile artsa, ortalama endekse etkisi oldukça düşük kalacaktır. Örneğin, konserve balığın sepetteki ağırlığı %0,02, metro ücreti %0,003, tiyatro ücreti, kivi vb. pek çok ürün %0,01 gibi düşük bir orandadır. Dolayısıyla bu ve benzeri maddelerdeki fiyat değişimlerinin, örneğin artışları %100 bile olsa, enflasyona etkisi oldukça düşük olacaktır. Her yılın sonunda, HBA'ya göre ağırlığı binde birin altına düşen ürünler sepetten çıkarılırken, binde birin üzerine çıkan ürünler ise sepete eklenmekte ve bu şekilde her yıl sepetin içeriği değişmektedir. Örneğin 2020 yılında, davlumbaz ve çocuk taytı TÜFE madde listesine girmişken, aspiratör ve fotoğraf makinesi listeden çıkmıştır.

TÜFE yanında, TCMB'nin talepleri ve gereksinimleri doğrultusunda 2005 Ocak ayından itibaren TÜİK tarafından *Özel Kapsamlı TÜFE Göstergeleri* de oluşturulmaktadır. Özel Kapsamlı TÜFE'nin hazırlanmasında amaç çekirdek enflasyonu ölçebilmektir. Çekirdek enflasyon, enflasyonun geleceğine ilişkin tahmin edici gücü yüksek olan, enflasyonun eğilimini belirleyen ve para politikasının oluşturulmasına yardımcı olan bir göstergedir (TÜİK). Çekirdek enflasyon, fiyatlar üzerindeki tüm geçici etkilerin yok sayılması ile hesaplanmaktadır. Bu yapılarak, enflasyona neden olan gerçek unsurlar ortaya çıkar. Özel Kapsamlı TÜFE Göstergeleri, enflasyon üzerindeki risk unsurlarının daha iyi anlaşılabilmesi için belirli bir hiyerarşi içinde oluşturulmaktadır. Örneğin; enerji fiyatlarına gelen bir şokla enflasyonun artması, bir gösterge tarafından gözlenirken, iklim koşullarına bağlı olarak artan işlenmemiş gıda ürünleri fiyatlarının etkisi bir diğer endekste gözlenmektedir. Böylelikle enflasyon eğilimi daha iyi izlenebilmekte ve tahmin edilebilmektedir. Ayrıca, yaşanan şokların özelliklerinin anlaşılması, şokların enflasyon üzerindeki etkilerinin kalıcı mı yoksa geçici mi olduğunun sağlıklı bir şekilde değerlendirilmesini sağlamaktadır (TÜİK). Böylece enflasyona neden olan gerçek unsurların ortaya çıkması, enflasyonla mücadelede izlenecek çeşitli politikaların belirlenmesi ve bu politikaların etkilerinin izlenmesi konularında fayda sağlamaktadır.

TÜİK'in çekirdek enflasyonu belirleme amacıyla oluşturduğu altı adet Özel Kapsamlı TÜFE Göstergesi bulunmaktadır. Bunlar:

- Mevsimlik ürünler hariç TÜFE
- İşlenmemiş gıda ürünleri, enerji, alkollü içecekler ve tütün ile altın hariç TÜFE
- Enerji, gıda ve alkolsüz içecekler, alkollü içkiler ile tütün ürünleri ve altın hariç TÜFE
- İşlenmemiş gıda, alkollü içecekler ve tütün ürünleri hariç TÜFE
- Alkollü içecekler ve tütün hariç TÜFE ve
- Yönetilen-yönlendirilen fiyatlar hariç TÜFE'dir.

TÜİK, Özel Kapsamlı TÜFE Göstergelerini oluştururken, bu sıraladığımız mevsimsel ya da diğer geçici unsurlardan etkilenen maddeleri hariç tutarak yeniden enflasyon hesaplar. Bu şekilde enflasyonun ana eğilimini gösteren çekirdek enflasyon bulunmuş olur.

Nihai mal ve hizmet fiyatlarındaki değişimi gösteren TÜFE, çok sayıdaki ekonomik değişkenin (maaş/ücret, kira, faiz, para politikası, vb.) ve ekonomik aktör davranışlarının belirlenmesinde rol oynadığı ve toplumdaki bireylerin satın alma güçleri, üreticilerin kar oranları, borçlanmanın maliyeti, borç vermenin getirisi gibi pek çok değişkeni etkilediği için oldukça önemli bir ekonomik gösterge olduğunu söylemek yanlış olmayacaktır. Enflasyon oranı, yatırım araçları ile birlikte, getirisi olan ve para ile ifade edilen tüm kazanımlarda reel değeri hesaplamak için kullanılır. Bunlara örnek olarak reel kazanç, reel faiz oranı, reel getiri vb. gibi birçok değişken saymamız mümkündür. Örneğin reel faiz oranlarını ifade etmek için Fisher denkleminden faydalanılmaktadır. Bunu,

Reel faiz Oranı = Nominal faiz Oranı – Beklenen Enflasyon Oranı

şeklinde yazmak mümkündür. Bu basit denklem ülke enflasyon oranının düşük olması durumunda kullanılmaktadır. Buna karşılık enflasyon oranının yüksek olduğu ülkeler açısından denklem,

$$Reel\ Faiz\ Oranı = \frac{1 + Nominal\ Faiz\ Oranı}{1 + Enflasyon\ Oranı} - 1$$

şeklinde yazılmaktadır. Ayrıca bu denklemi parasal olarak ifade edilmiş kazançlar açısından yazmak istersek;

$$Reel\ Kazanç\ (getiri) = \frac{Nominal\ (cari) kazanç}{1 + Enflasyon\ Oranı}$$

olarak ifade edebiliriz. Bu denklemi gerek parasal düzeyde gerekse yüzde olarak ifade edilen bütün değerlerin reel hale getirilmesi için kullanmak mümkündür.

TÜİK her ay finansal yatırım araçlarından en önemlisi olan altın, euro, dolar, mevduat faizi, BİST 100 ve DİBS kâğıtlarına ait reel getiri oranlarını TÜFE ve Yİ-ÜFE oranlarından arındırarak aylık, üç aylık ve yıllık olarak açıklamaktadır. Bu açıklama ile reel anlamda getirisi en çok ve en az olan finansal varlıklar ortaya konmaktadır.

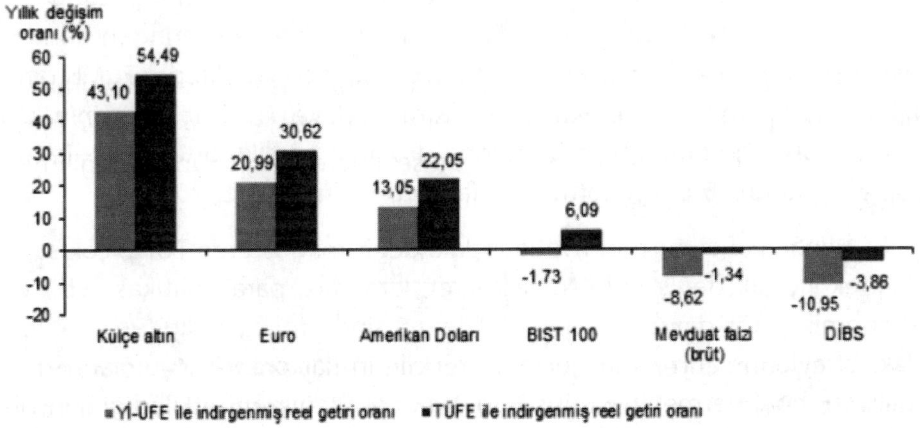

Kaynak: TÜİK

Şekil 3: Finansal Yatırım Araçlarının Yıllık Getiri Oranları, Kasım 2020

Bu konuda verebileceğimiz bir diğer örnek ise nominal efektif döviz kurunun enflasyon etkilerinden arındırılması ile elde edilen reel efektif döviz kurudur. Nominal efektif döviz kuru, Türkiye'nin dış ticaretinde önemli paya sahip olan ülkelerin (günümüzde 45 ülkenin) para birimlerinden oluşan sepete göre, TL'nin ağırlıklı ortalama değeridir. Ağırlıklar belirlenirken, ilgili ülke ile yapılan ticaretin hacmi dikkate alınmakta, çok daha fazla dış ticaret yaptığımız ülkeye ait para birimi sepette daha fazla yer kaplamaktadır. Böyle bir sepet kura ihtiyaç duyulmasının nedeni, dış ticaret kayıp ve kazançlarının daha açık şekilde tespit edilebilmesi gerekliliğidir. Ulusal paranın, tek bir yabancı para karşısındaki, örneğin TL'nin sadece dolar karşısındaki değerini biliyor olmak, sadece dolar cinsinden dış ticaret yapılmadığı için yeterli olmamaktadır. Dolar yanında, pek çok yabancı para birimi cinsinden dış ticaret yapılabildiğinden, TL'nin tüm bu para birimleri karşısındaki ağırlıklı ortalamalara göre hesaplanmış değerini biliyor olmak daha anlamlı bir bilgidir. TL aynı dönemde bazı para birimleri karşısında değer kazanırken, bazıları karşısında değer kaybetmekte ya da bazıları karşısında ise değeri sabit kalabilmektedir. Bu nedenle ulusal paranın yabancı paralar karşısındaki değerini, dolayısıyla rekabet gücündeki artış ve azalışları en iyi ortaya koyabileceğimiz ölçü efektif kurdur.

Fakat ulusal paranın ülke içerisinde yaşadığı değer kaybı ve diğer para birimlerinin değerlerindeki değişim, ulusal paranın yabancı paralar karşısındaki değerini de etkileyeceğinden, nominal efektif kur gerçek değeri göstermeyebilmektedir. Ulusal paranın gerçek satın alma gücünü belirleyebilmek için, nominal efektif döviz kurunu fiyat etkilerinden arındırmak yani reel efektif döviz kurunu hesaplamak gerekmektedir. TCMB tarafından hesaplanan reel efektif döviz kuru, Türkiye'nin fiyat düzeyinin, dış ticaret partnerlerinin fiyat düzeylerine oranının ağırlıklı ortalaması ile hesaplanmaktadır. Bunu şu formül ile ifade edebiliriz (TCMB, 2020):

$$REK = \prod_{i=1}^{N} \left[\frac{P_{TUR}}{P_i \; x \; e_{i,TUR}} \right]^{w_i}$$

Denklemde yer alan wi "i" ülkesinin Türkiye'nin REK endeksindeki ağırlığını, P_{TUR} Türkiye'nin fiyat endeksini, P_i "i" ülkesinin fiyat endeksini, $e_{i,TUR}$ "i" ülkesinin parasının TL cinsinden kur değerini ve N ülke sayısını göstermektedir. Denklemde reel efektif kurun artışı TL'nin reel olarak değer kazandığını, diğer bir anlatımla ülke mallarının yabancı mallar cinsinden fiyatının arttığını göstermektedir. Türkiye'de enflasyon oranının artması, reel efektif döviz kurunu arttırırken, ihraç mallarımızın fiyatlarının yabancı mallar karşısında arttığı anlamına gelmektedir. Formülde yer alan fiyat endeksi üç farklı türde endeks olabilmektedir. Bunlar; TÜFE, yurt içi üretici fiyat endeksi ve birim işgücü maliyeti endeksidir. Aşağıda yer alan grafikte, üç endekse göre hesaplanmış reel efektif döviz kuru görülmektedir.

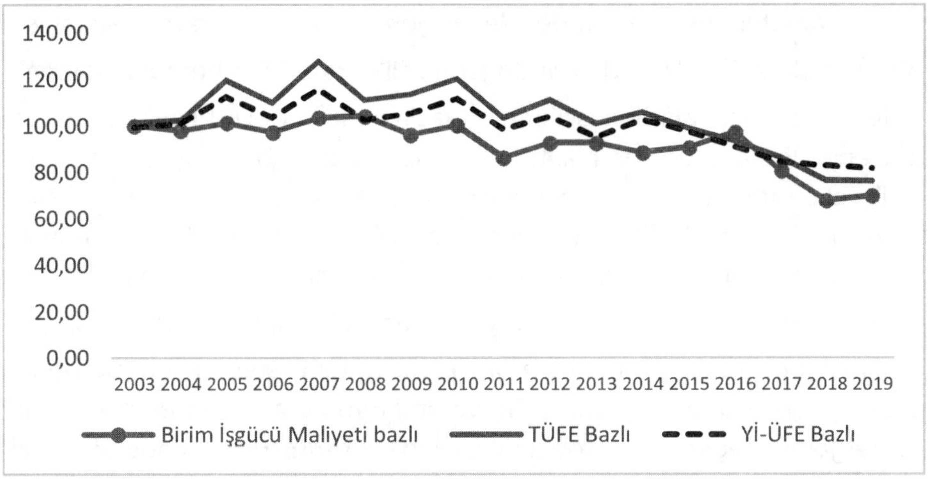

Kaynak: TCMB

Şekil 4: Reel Efektif Döviz Kuru

Bu üç tür endeksle hesaplanan ve her ay ilan edilen reel efektif kurlar içerisinde daha yakından takip edilen endeks TÜFE bazlı kurdur. 2003=100 bazlı endeksin, 100'ün altına düşmesi, TL'nin reel olarak değer kaybettiği ve ihraç mallarımızın yabancı mallar cinsinden fiyatının düştüğü anlamına gelmektedir. Tersi şekilde 100'ün üstüne çıkması ise TL'nin bu sepette yer alan paralar karşısında değer kazandığı ve ülke mallarının yabancı mallar karşısında fiyatının arttığı anlamını taşımaktadır. 2018'e kadar aşağı yönlü bir trend gösteren reel efektif döviz kurunun, bu yıldan itibaren yukarı yönlü hareketi, artan enflasyon oranları ile açıklanabilmektedir.

Tüm bunlar yanında enflasyonun en temel makroekonomik göstergeler ile gerek dolaylı gerekse doğrudan ilişkisi bulunmaktadır. Örneğin, enflasyon oranı ile işsizlik oranı arasındaki ilişkiyi ortaya koymak için Phillips eğrisinden faydalanılmaktadır. Phillips eğrisi ile enflasyon oranı ve işsizlik oranı arasında kısa dönemde ters bir ilişkinin olduğu varsayılmaktadır. Bu bağlamda enflasyona neden olan reel ücret artışları işsizlik oranının aşağıya çekmekte iken, reel anlamda ücret azalışları ise işsizlik oranlarını arttırmaktadır. Enflasyon ile işsizlik arasındaki bu ilişkiyi formülüze etmek gerekirse;

$$Enflasyon\ Oranı = a + \frac{b}{İşsizlik\ Oranı}$$

olarak yazılabilmektedir. Bu denkleme göre enflasyon yaratmayan işsizlik olarak ifade edilen NAIRU yani doğal işsizlik oranı ($\frac{b}{-a}$) hesaplanabilmektedir. Ayrıca reel anlamda işçilerin en fazla ne kadar ücret kaybına tahammül edebileceğini gösteren katsayı a sayısı kadardır. b katsayısı İşsizlik oranı ile ekonomik büyüme arasındaki ters ilişkinin birim değerini oluşturmaktadır. Bununla birlikte ortalama işsizlik(X) ve enflasyon(Y) oranlarından yola çıkarak; işsizlikte meydana gelen %1 düzeyinde bir artış/azalışın Enflasyon üzerinde ne kadarlık bir azalış/artışa yol açacağı $\frac{-b}{X.Y}$ değeri ile hesaplanabilmektedir. Ayrıca ekonomiler açısından istenmeyen ekonomik göstergelerin başında işsizlik oranı ve enflasyon oranı gelmektedir. Bu iki göstergenin değerlerinin toplamı iktisatta Hoşnutsuzluk Endeksi olarak ifade edilmektedir.

3. Üretici Fiyat Endeksleri

Mal ve hizmetlerin tüketimi aşamasındaki fiyat değişimlerini ölçen TÜFE'nin yanında, mal ve hizmetlerin üretimi aşamasındaki fiyat değişimlerini ölçebilmek de büyük önem taşımaktadır. Üretici fiyatlarındaki artış ya da azalışlar, üretim maliyetleri, yatırım kararları, finansal araçlar, verimlilik, döviz kurları, gecikmeli olsa da TÜFE vb. gibi unsurlar üzerinde etkilidir. Bu nedenle üretici fiyatlarındaki değişimin izlenmesi pek çok karar alıcıya yol gösterir niteliktedir. Hatta üretici fiyatlarındaki değişim izlenerek gecikmeli de olsa TÜFE'de ortaya çıkması muhtemel değişiklikler de tahmin edilebilmektedir. Çünkü üretici fiyatlarında yaşanan özellikle artış yönündeki değişimler, birkaç ay içerisinde tüketici fiyatlarına yansıyacak ve TÜFE'de değişim meydana gelecektir.

Türkiye'de geçmişten günümüze hesaplanan üretici fiyat endeksleri; *Toptan Eşya Fiyatları Endeksi (TEFE), Üretici Fiyat Endeksi (ÜFE), Yurt İçi Üretici Fiyat Endeksi (Yİ-ÜFE), Yurt Dışı Üretici Fiyat Endeksi (YD-ÜFE), Tarım Ürünleri Üretici Fiyat Endeksi (Tarım-ÜFE) ve Hizmet Üretici Fiyat Endeksi (H-ÜFE)* olarak farklı isimler ve içeriklere sahip endekslerdir. Şimdi sırayla bu endeksleri ve aralarındaki farklılıkları inceleyelim.

Toptan Eşya Fiyat Endeksi (TEFE) ve Üretici Fiyat Endeksi (ÜFE)

İlk olarak 1914 yılında Osmanlı döneminde İstanbul İl merkezinden derlenen 26 maddenin perakende fiyatlarıyla ağırlıksız olarak "Hayat Pahalılığı Endeksi" hesaplanmıştır. TEFE, Türkiye'de üç ayrı kuruluş (Başbakanlık

Hazine ve Dış Ticaret Müsteşarlığı Konjonktür ve Yayın Dairesi Başkanlığı, İstanbul Ticaret Odası ve Devlet İstatistik Enstitüsü) tarafından hesaplanmıştır. Hazine ve Dış Ticaret Müsteşarlığı 95 madde kapsamında 1938 yılı yurtiçi tüketim değerlerinin tartı olarak alındığı ve 1963 yılı esas devre olmak üzere TEFE hesaplaması yapmıştır. İlk TEFE, İstanbul Ticaret Odası tarafından 1927 yılında başlatılan bir çalışma ile İstanbul piyasasında toptan muamele gören 52 maddenin ağırlıklı geometrik ortalaması ile 1929 yılında hesaplanmıştır. Böylece "Toptan Eşya Fiyatları" endeksi ilk kez yayınlanmıştır. Sonraki dönemlerde TEFE, 1963 ve 1968 olmak üzere iki ayrı temel devreye göre geometrik ortalamaya göre hesaplanmıştır. Son olarak Devlet İstatistik Enstitüsü 1982 yılında 1981 yılı bazlı olarak hesaplama yapmaya başlamıştır. Daha sonra TEFE hesaplamaları 2005 yılına kadar devam etmiştir.

2004 yılı sonuna kadar yayınlanan TEFE, belirli bir referans döneminde ülke ekonomisinde üretimi yapılan ve yurtiçi satışa konu olan ürünlerin fiyatlarını zaman içinde karşılaştırarak fiyat değişikliklerini ölçmekteydi. Ancak 2005 yılı itibariyle yerine getirilen ÜFE ise, tamamen üretici fiyat hareketlerini ölçmektedir. TEFE ve ÜFE endeksleri, farklı amaçlar için kullanılmak üzere karar alıcılara yardımcı olan önemli göstergelerdir. Çünkü bu endeksler; kamunun ekonomik politikalarının (vergi, teşvik, destek vb.) belirlenmesinde; ülke genel fiyat düzeyi ve ekonomideki fiyat hareketlerinin izlenmesinde; firmaların üretim, verimlilik, yatırım ve ürün fiyatının belirlenmesinde olmak üzere ekonomide pek çok alanda ekonomik unsurlara yardımcı olmaktadır.

Ülkemizde 2005 öncesi yıllarda TEFE ismi ile hesaplanan bu endeks, 2005 Ocak ayından itibaren birtakım değişikliklerle ÜFE ismini almış ve bu endeks ise 2014 yılına kadar kullanılmıştır. ÜFE'ye geçilmesinin nedeni ise daha kabul edilebilir bir endeks oluşturarak, uluslararası karşılaştırma yapabilmeyi sağlamaktı. TEFE, yurt içinde üretimi yapılan maddelerin fiyatlarının, kısmen üreticiden, kısmen de üretim yapmayan ve toptan satışla uğraşan aracılardan elde edilmesi ile hesaplanan fiyatlara, tüketiciye yansıyan vergiler ile toptancı marjlarının dahil olduğu, karma bir fiyat endeksi idi. TEFE ve ÜFE arasındaki temel fark, fiyat derlenen birimlerde ortaya çıkmaktaydı. TEFE'de fiyatlar, üreticilerin yanı sıra toptan satış noktalarından da (sebze, meyve ve balık hallerinden) derlenmekte ve fiyatlara KDV vb. vergiler dahil edilmekte idi. ÜFE'de ise fiyatların özellikle üreticilerden derlenmesi esas alınmakta ve ürün fiyatları, KDV vb. vergiler hariç tutularak yurtiçi peşin satış fiyatları olarak alınmaktaydı (TÜİK). ÜFE sepetine bir maddenin ilave edilmesi için birtakım şartları yerine getirmesi gerekmektedir. Örneğin; birim fiyatının bulunması ve tanımlanabilmesi, üretimde önemli derecede ağırlığının bulunması, fiyatının izlenebilmesi ve yurtiçi satışının sürekli olması gibi kriterleri sağlaması gerekmektedir. Ayrıca ÜFE endeksi içerisinde ithal maddeler, sadece ihracı yapılan maddeler ile kısa zamanda ebat ve kalitesi değişen ürünler yer almamaktadır. Ayrıca TEFE'deki 678 madde, ÜFE'de 760'a çıkarılmış (Çepni,72:2008) ve 1994 yılı fiyatları yerine 2003 yılı fiyatları temel alınmaya başlanmıştı.

Tablo 20: 2005 Yılı Öncesi TEFE ile 2005 Yılı ve Sonrası ÜFE Farklılıkları

Farklılıklar	**2005 Yılı Öncesi TEFE**	**2005 Yılı ve Sonrası ÜFE**
Bilgi Kaynağı	Tarım İstatistikleri Tarımsal Yapı ve Üretim İstatistikleri Hayvancılık, Ormancılık ve Balıkçılık İstatistikleri Madencilik ve Taşocakçılığı Anketi Üçer Aylık İmalat Sanayi Anketi Elektrik, Gaz ve Su Anketleri	Ulusal hesaplar sistemi (Girdi-Çıktı tabloları) Tarım İstatistikleri Tarımsal Yapı ve Üretim İstatistikleri Hayvancılık, Ormancılık ve Balıkçılık İstatistikleri Madencilik ve Taşocakçılığı Anketi Üçer Aylık İmalat Sanayi Anketi Elektrik, Gaz ve Su Anketleri
Tahmin boyutu	Türkiye geneli Devlet - özel ayrımı var Dört sektör (Tarım, avcılık, ormancılık ve balıkçılık; Madencilik ve taşocakçılığı; İmalat sanayi; Elektrik, gaz ve su)	Türkiye geneli Devlet - özel ayrımı yok Dört sektör (Tarım, avcılık, ormancılık ve balıkçılık; Madencilik ve taşocakçılığı; İmalat sanayi; Elektrik, gaz ve su)
Madde kapsamı	678 madde	656 madde
Fiyat derlenen işyeri sayısı	1.287 işyeri 5.176 fiyat	1.721 işyeri 13.197 fiyat
Fiyat derlenmesi	Fiyatlar, üreticiler ve toptan satış noktalarından	Fiyatlar özellikle üreticilerden derlenmekte
Fiyat Derleme Dönemi	Tarımsal ürünlerin dışındaki maddeler için her ayın 5. 15. ve 25. gün fiyatları Tarım grubunda yer alan ürünler için her ayın 27. güne kadar gerçekleşen fiyatlar	Tarımsal ürünlerin dışındaki maddeler için her ayın 5. 15. ve 25. gün fiyatları Tarım grubunda yer alan ürünler için her ayın 27. güne kadar gerçekleşen fiyatlar
Fiyatın niteliği	KDV vb. vergiler dahil, yurtiçi peşin toptan satış fiyatı	KDV vb. vergiler hariç, yurtiçi peşin üretici satış fiyatı

Kaynak: TÜİK ve farklı çalışmalardan derlenmiştir.

ÜFE içerisinde, NACE 1.1. sınıflamasına göre, yurt içine arzı yapılan tarım sektörü (tarım, avcılık, ormancılık ve balıkçılık) ve sanayi sektörü (madencilik ve taş ocakçılığı, imalat sanayi ve elektrik, gaz ve su sektörleri) ürünleri bulunmaktadır. Ancak inşaat, toptan ve perakende ticaret, otel ve lokantalar, ulaştırma, depolama, haberleşme, mali aracı kuruluşların faaliyetleri, eğitim, sağlık işleri ve sosyal hizmetler gibi ticaret ve hizmet faaliyetlerinde yer alan sektörler, bu hizmetlerin standardını ve fiyatını belirlemek zor olduğu için, ÜFE hesaplamalarının dışında tutulmuştur (TÜİK). ÜFE sepetine bir maddenin eklenmesi için üretimde önemli derecede ağırlığı olması, birim fiyatı olması ve tanımlanabilmesi, fiyatının izlenebilmesi ve yurtiçi satışının sürekli olması gerekmektedir. İthal maddeler, sadece ihracı yapılan maddeler ile kısa zamanda ebat ve kalitesi değişen ürünler endeks kapsamına alınmamaktadır.

Tablo 21: 2005 Yılı Öncesi TEFE ile 2005 Yılı ve Sonrası ÜFE Ana Grup Ağırlıkları

	TEFE (2004)	**ÜFE (2005)**
1. Tarım	22,22	20,65
2. Madencilik ve taşocakçılığı	2,47	1,51
3. İmalat sanayi	71,12	72,07
4. Elektrik, gaz ve su	4,19	5,77

Kaynak: TÜİK ve farklı çalışmalardan derlenmiştir.

Üretici fiyat endeksleri olan TEFE ve ÜFE, tahmin boyutunda aynı dört sektörü esas alarak endeks değeri oluşturmaktadır. TEFE'de esas alınan bu dört sektörde kamu ve özel sektör ayırımı yapılırken, ÜFE de kamu ve özel sektör ayrımına gitmiştir. Her iki endekste de sektörlerin ana grup ağırlıkları hemen hemen aynı şekildedir.

ÜFE'nin ekonomideki fiyat değişimlerini tam olarak ortaya koyamamasından dolayı kapsam, yöntem ve hesaplama gibi pek çok konuda, 2014 yılından itibaren uygulanan değişikliklere gidildi. ÜFE, 2014 yılında malların yurt içinde ya da yurt dışında satılmasına ve sektörlere göre ayrıştırıldı ve bu yıldan itibaren üç tür ÜFE hesaplanmaya başlanmış oldu. Bunlar; Yİ-ÜFE, YD-ÜFE ve Tarım-ÜFE'dir. 2017 Ocak ayından itibaren ise H-ÜFE hesaplanmaya başlanmıştır. Böylelikle TÜİK günümüzde dört farklı ÜFE hesaplaması yapmaktadır. Şimdi bu endeksleri daha yakından tanıyalım.

Yurt İçi Üretici Fiyat Endeksi (Yİ-ÜFE)

TÜİK'in hesapladığı ve yine 2003 yılının temel alındığı Yİ-ÜFE, belirli bir dönemde yurt içinde üretilip, yine yurt içinde satışı yapılan sanayi ürünlerinin fiyatlarındaki değişimleri ölçen bir endekstir. Görüldüğü gibi Yİ-ÜFE, kendinden önceki ÜFE'den farklı olarak sadece sanayi mallarını kapsamakta, tarımsal ürünlerin üretici fiyatları ise ileride açıkladığımız farklı bir endeksle hesaplanmaktadır. Yİ-ÜFE geçmişte kullanılan TEFE ve ÜFE endekslerinin yerini almıştır. NACE Rev.2 sınıflamasına dayanan kapsamdaki maddelerin sepetteki ağırlıkları belirlenirken, ulusal hesaplar, sanayi üretim anketi, sanayi ciro verileri, yıllık ürün istatistikleri ve yurt içi üretici fiyat endeksi anketinden faydalanılmaktadır (TÜİK). Her yıl sonunda güncellenmekle birlikte, 664'ü imalata ait olan toplam 669 ürünün dahil edildiği 2020 yılı ve önceki birkaç yılın Yİ-ÜFE mal sepetindeki ana sektörler ve ağırlıkları aşağıdaki tabloda verilmiştir.

Tablo 22: Yİ-ÜFE Ana Sektörler ve Ağırlıkları

	TEFE 2002	**ÜFE 2005**	**ÜFE 2008**	**Yİ-ÜFE 2014**	**Yİ-ÜFE 2020**
1. Tarım	22,22	20,65	19,84	-	-
2. Madencilik ve taşocakçılığı	2,47	1,51	1,62	3,97	3,23
3. İmalat sanayi	71,12	72,07	73,33	85,93	89,22
4. Elektrik, gaz ve su	4,19	5,77	5,21	9,31	6,61
5. Su temini, kanalizasyon, atık yönetimi ve iyileştirme faaliyetleri	-	-	-	0,79	0,95

Kaynak: TÜİK.

Yİ-ÜFE ağırlıklarının hesaplanmasında kısım ve bölüm düzeyindeki ağırlıklar ulusal hesaplar sisteminden, ürün grubu ve işyeri detayındaki ağırlıklar ise yıllık sanayi ve ürün istatistiklerinden derlenen veri setinden hesaplanmaktadır. Tablodan görüldüğü gibi sepet içerisinde en yüksek ağırlık, imalat sanayiine aittir. Bundan dolayı bu yeni endeks sanayi sektöründeki üreticilerin yurt içine sattıkları ürünlerdeki fiyat değişimlerinin izlendiği bir endeks olarak görülebilir. Bunun nedeni sanayi sektörü toplam üretimi içerisinde imalatın en yüksek paya sahip olmasıdır. İmalat sanayi ana grubu içerisinde bulunan gıda ürünleri grubu ise en yüksek ağırlığa sahip maddedir (2020 yılı itibariyle %18,55). Bu ana sektör ayrımı dışında

Yİ-ÜFE, ara malı, dayanıklı tüketim malı, dayanıksız tüketim malı, enerji ve sermaye malı olan ana sanayi grupları için de ayrıca hesaplanmaktadır. Ürün fiyatları her ay üç kere olmak üzere internet üzerinden derlenmektedir. 2020 yılı Yİ-ÜFE endeksi için, üretimde önemli payları olan 5245 girişimden 14236 adet fiyat bilgisi derlenmektedir. TÜFE'de olduğu gibi her yıl aralık ayında madde sepeti ve ağırlıkları değiştirilmektedir. 2019 yılında endeks sepetine 30 yeni ürün eklenmiş ve 4 ürün de sepetten çıkarılmıştır.

Tablo 23: 2014 yılı Yİ-ÜFE Yeni Endeksi

Farklılıklar	**2005 Yılı ve Sonrası ÜFE**	**2014 Yılı ve Sonrası Yİ-ÜFE (2020)**
Bilgi Kaynağı	Ulusal hesaplar sistemi (Girdi-Çıktı tabloları) Tarım İstatistikleri Tarımsal Yapı ve Üretim İstatistikleri Hayvancılık, Ormancılık ve Balıkçılık İstatistikleri Madencilik ve Taşocakçılığı Anketi Üçer Aylık İmalat Sanayi Anketi Elektrik, Gaz ve Su Anketleri	Ulusal hesaplar sistemi (Girdi-Çıktı tabloları) - - - Madencilik ve Taşocakçılığı Anketi Üçer Aylık İmalat Sanayi Anketi Elektrik, Gaz ve Su Anketleri
Tahmin boyutu	Türkiye geneli Devlet - özel ayrımı yok Dört sektör (Tarım, avcılık, ormancılık ve balıkçılık; Madencilik ve taşocakçılığı; İmalat sanayi; Elektrik, gaz ve su)	Türkiye geneli Devlet - Özel ayrımı yok Dört sektör (Madencilik ve taşocakçılığı; İmalat sanayi; Elektrik ve gaz; Su temini; kanalizasyon, atık yönetimi ve iyileştirme faaliyetleri)
Madde kapsamı	656 madde	669 madde
Fiyat derlenen işyeri sayısı	1.721 işyeri 13.197 fiyat	5.245 işyeri 14.236 fiyat
Fiyat derlenmesi	Fiyatlar özellikle üreticilerden derlenmekte.	Fiyatlar özellikle üreticilerden derlenmekte.
Fiyat Derleme Dönemi	Tarımsal ürünlerin dışındaki maddeler için her ayın 5. 15. ve 25. gün fiyatları Tarım grubunda yer alan ürünler için her ayın 27. güne kadar gerçekleşen fiyatlar	Tarımsal ürünlerin dışındaki maddeler için her ayın 5. 15. ve 25. gün fiyatları --
Fiyatın niteliği	KDV vb. vergiler hariç, yurt içi peşin üretici satış fiyatları	KDV, ÖTV vb. dolaylı vergiler hariç, peşin satış fiyatları

Kaynak: TÜİK ve farklı çalışmalardan derlenmiştir.

Bu şekilde oluşturulan endeks değerlerinin kullanılmasıyla enflasyon oranı hesaplanmaktadır. Yİ-ÜFE, TÜİK tarafından tüm ana sektör ve ana sanayi grupları için, her ayın 3'ünde (3'ü hafta sonuna denk gelirse takip eden ilk iş gününde), aylık değişim (bir önceki aya göre değişim), bir önceki yılın aralık ayına göre değişim, yıllık değişim (bir önceki yılın aynı ayına göre değişim) ve on iki aylık ortalamalara göre değişim olarak ilan edilmektedir.

Yurt Dışı Üretici Fiyat Endeksi (YD-ÜFE)

YD-ÜFE, TÜİK tarafından ilk kez 27 Şubat 2014 tarihli haber bülteni ile kamuoyuyla paylaşılmıştır. Bu endeks madencilik ve taş ocakçılığı ile imalat sektörlerini kapsamaktadır. 2014 yılında 425 ürün grubu ve 1506 iş yeri ile görüşülerek endeks ilk kez hesaplanmıştır. Yİ-ÜFE'nin kapsamına girmeyen, yurt içinde üretilip yurt dışına satışı yapılan sanayi mallarının fiyat değişimleri YD-ÜFE ile hesaplanmaktadır. Bu endeksin ayrı olarak hesaplanıyor olması çok önemli fırsatlar sağlamaktadır. Çünkü endeks, ekonominin dış dengesi ile ilgili analizlerde oldukça önemli bir gösterge niteliğindedir. İhraç edilen sanayi mallarının fiyatlarındaki değişim, ülkenin dış ticaret hadleri, yani ülkenin dış ticaretten kaynaklı yaşadığı refah artış ya da azalışları açısından büyük önem taşımaktadır.

YD-ÜFE hesabındaki ürün fiyatları, siparişin verildiği andaki malın navlun, sigorta ve yurtdışında yapılan diğer masraflar hariç mal bedeli (FOB) satış fiyatıdır. 2010 yılının temel yıl olarak alındığı YD-ÜFE sepetinde 2020 yılı itibariyle, madencilik ve taşocakçılığı ile imalat sanayi ana sektörleri içerisinde yer alan 580 ürün, 3084 işyerinden alınan 8186 adet fiyat derlenmektedir. Yapılan ihracatın aylık ortalama fiyatları, internet üzerinden derlenmektedir. YD-ÜFE'de ürünlerin ihracat fiyatları doğrudan sanayi sektöründeki üretici firmalardan alınmaktadır.

Tablo 24: YD-ÜFE Ana Grup Ağırlıkları

Sektörler	**2014**	**2015**	**2016**	**2017**	**2020**
Madencilik ve taşocakçılığı	1,48	2,01	2,14	1,97	1,94
İmalat sanayi	98,52	97,99	97,86	98,03	98.06

Kaynak: TÜİK.

Her yılın sonunda güncellenmekle birlikte, 2020 yılı için ana sektörlerin sepetteki ağırlıkları madencilik ve taş ocakçılığının %1,94, imalat sanayinin ise %98,06'dır. Yİ-ÜFE'de olduğu gibi YD-ÜFE'de de ana sanayi grupları açısından (ara, dayanıklı tüketim, dayanıksız tüketim, sermaye ve enerji malı) endeks hesaplanmaktadır. Ağırlıkların kaynağı, ulusal hesaplar, sanayi ürün istatistikleri, sanayi üretim ve ciro verisi, dış ticaret ihracat verisidir (TÜİK). Diğer endekslerle aynı olarak YD-ÜFE de aylık, bir önceki yılın aralık ayına göre, yıllık ve on iki aylık ortalamalara göre değişim olmak üzere, farklı olarak ise her ayın 20'sinde ya da takip eden iş gününde açıklanmaktadır.

Tarım Ürünleri Üretici Fiyat Endeksi (Tarım-ÜFE)

Ele alınması gereken bir diğer ÜFE ise Tarım-ÜFE'dir. Tarım ürünlerine ilişkin üretici fiyat endeksleri 2010 temel yılı NACE REV.2 sınıflamasına uygun biçimde 14 Şubat 2014 tarihinden itibaren TÜİK tarafından yayınlanmaya başlanmıştır. Hesaplamada AB tarımsal fiyatlar istatistikleri metodolojisi ile birlikte ulusal ihtiyaçlar dikkate alınmaktadır. Ürün gruplarının ağırlıkları 5 yılda bir güncellenmektedir. 14 Ocak 2018 tarihinden itibaren Tarım-ÜFE verilerinin temel yılı 2010 yerine 2015 olarak değiştirilmiştir. Bu temel yıl değişiminden sonra veriler 2015 yılını esas alarak ilan edilmiştir. Ancak TÜİK; Tarım-ÜFE temel yılının 2010 yerine neden 2015 yılının alındığına dair bir açıklama yapmamıştır. 2015 yılının temel yıl kabul edildiği Tarım-ÜFE, çiftçinin üreterek piyasaya satışını yaptığı ürünlerin, KDV vb. vergiler hariç, ilk el satış fiyatlarında zaman içerisinde meydana gelen değişimlerin oransal göstergesini aylık olarak izlemek amacıyla hesaplanmaktadır. Fiyatlar anket ve idari kayıtlardan elde edilmektedir. NACE Rev. 2 sınıflamasında yer alan A. Tarım, ormancılık ve balıkçılık maddesi ürünlerinden oluşan endeks sepetinde, Tarım ve avcılık ürünleri ve ilgili hizmetler, Orman ürünleri ve ilgili hizmetler, Balık ve diğer balıkçılık ürünleri, su ürünleri ve balıkçılık için destekleyici hizmetler bulunmaktadır.

Tablo 25: Tarım-ÜFE Ana Grup Ağırlıkları

Sektörler	**Ağırlık (%)**
Tarım, Ormancılık ve Balıkçılık	100,00
Tarım ve avcılık ürünleri	95,4
Ormancılık ürünleri	2,04
Balıkçılık	2,56

Kaynak: TÜİK.

Tarım-ÜFE hesaplanmasında kullanılan bu üç alt grup içerisinde ağırlığı en yüksek olan grup %95,4 ile tarım ve avcılık ürünleri ve ilgili hizmetlerdir. Ormancılık ürünleri ve balıkçılık alt gruplarının sepetteki payları ise sırasıyla %2,04 ve %2,56 olmaktadır. 2020 yılı için bu ana sektörler içerisinde yer alan 92 maddenin ağırlıkları, sonu 0 ve 5 ile biten yıllarda, yani beş yılda bir güncellenmektedir (TÜİK). Tarım-ÜFE, aylık, bir önceki yılın aralık ayına göre, yıllık ve on iki aylık ortalamalara göre değişim olmak üzere, her ayın 14'ünde ya da takip eden iş gününde açıklanmaktadır.

Hizmet Üretici Fiyat Endeksi (H-ÜFE)

Üretici fiyatları konusunda TÜİK tarafından hesaplanmaya başlanan en son endeks ise H-ÜFE'dir. 2017 yılının temel alındığı H-ÜFE, belirli bir referans döneminde ülke ekonomisinde üretimi yapılan hizmetlerin üretici fiyatlarını zaman içinde karşılaştırarak fiyat değişimlerini ölçen fiyat endeksidir. Hizmet üretici fiyatı, ülke ekonomisinde üretimi yapılan hizmetlerin, KDV vb. vergiler hariç satış fiyatıdır. Üreticiden işletmelere, üreticiden tüketiciye, üreticiden yurt dışına olmak üzere, tüm satışlar endeks kapsamındadır (TÜİK). Her yıl güncellenmekle birlikte, 339 ürünün dahil edildiği 2020 yılı H-ÜFE sepetindeki NACE Rev. 2 sınıflamasına göre ana sektörler ve ağırlıkları aşağıdaki tabloda verilmiştir.

H-ÜFE sepetindeki ana sektörler ve maddelerin ağırlıklarının kaynağı ulusal hesaplar ve Yıllık Ürün Detayında Ciro Araştırmasıdır. Tablodan görüldüğü gibi endeks içerisindeki en büyük ağırlık %43,38 ile ulaştırma ve depolama hizmetlerine verilmiştir. H-ÜFE, aylık, bir önceki yılın aralık ayına göre, yıllık ve on iki aylık ortalamalara göre değişim olmak üzere, ilgili ayı izleyen ayın son iş gününde açıklanmaktadır.

Tablo 26: H-ÜFE Ana Sektörler ve Ağırlıkları

Ana Sektörler	**Ağırlıkları (%)**
H. Ulaştırma ve Depolama Hizmetleri	43,38
I. Konaklama ve Yiyecek Hizmetleri	15,44
J. Bilgi ve İletişim Hizmetleri	10,66
L. Gayrimenkul Hizmetleri	5,00
M. Mesleki, Bilimsel ve Teknik Hizmetler	12,14
N. İdari ve Destek Hizmetler	13,38

Kaynak: TÜİK

Milli gelir içerisinde en yüksek paya sahip olan hizmetler sektöründeki fiyat değişimlerinin 2017 yılından itibaren tek başına izlenebiliyor olması oldukça önemli bir gelişmedir. Ayrıca üç ana sektör (sanayi, tarım ve hizmetler) için farklı endeksler oluşturulması da bizlere daha ayrıntılı bilgiye ulaşmak ve enflasyonu sektörel bazda daha net izleyebilmek için avantaj sağlamaktadır. Tüm bunların yanında ülke dışına sattığımız sanayi mallarının fiyat değişimlerini yakından görebilmek de dış ekonomik ilişkiler, dış ve iç denge açılarından oldukça faydalıdır.

D. Geçinme Endeksi

Geçinme Endeksi, İstanbul Ticaret Odası tarafından İstanbul'da yaşayan ücretliler açısından ortalama yaşam sürecini devam ettirebilmeleri için gereken giderleri izleyen bir fiyat endeksidir. Bu endeks içerisinde özellikle yaşam için gerekli olan gıda, giyim, ev eşyası, konut, ulaştırma, sağlık, eğitim ve kültür ana harcama grupları mevcuttur. Bu ana harcama grupları tüketicilerin nihai mal ve hizmetleri satın alırken mevcut fiyatların gelişmesinden yola çıkarak tüketici fiyat endeksi içerisinde de hesaplanmaktadır. Fakat Geçinme Endeksi içerisinde bu harcama gruplarının payı yaklaşık olarak %100 iken TÜFE içerisindeki payı yaklaşık olarak %75 civarında gözükmektedir. Bu demek oluyor ki özellikle Geçinme Endeksine ait değişim oranlarının TÜFE bazlı değişim oranından yüksek olması, ücretli kesimin reel anlamda alım gücünün azalması anlamına gelmektedir. Bu durum reel anlamdaki alım gücü tam anlamı ile düzeltilemediği müddetçe, alt gruptaki ücretli kesimin gelir dağılımı bakımından adil olmayan bir durum ile karşılaşacağını göstermektedir. Özellikle ücretli ve alt gelir grubunda yer alan çalışanların TÜFE ile birlikte, çalışmadan elde ettikleri ücretlere ekonomik büyümeden kaynaklanan refah payının da eklenmesi gerekliliği ortaya çıkmaktadır.

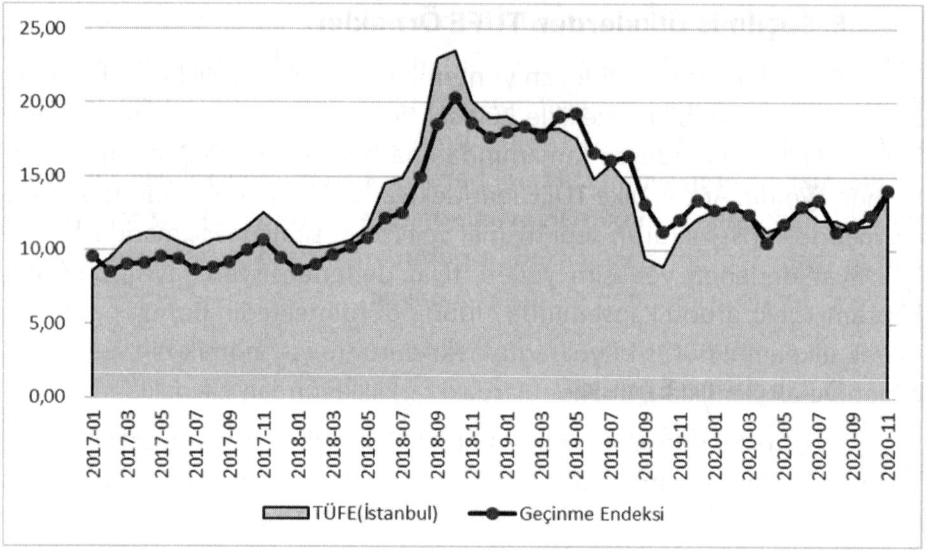

Kaynak: TCMB

Şekil 5: İstanbul İçin TÜFE ve Geçinme Endeksi Karşılaştırması

İstatistiki Bölge Sınıflandırmasına göre İstanbul için hesaplanan TÜFE değeri ile İstanbul Ticaret Odası (İTO) tarafından yapılan Geçinme Endeksi karşılaştırmasına baktığımızda, özellikle 2019 yılının bir dönem noktası olduğu görülmektedir. 2019 yılı öncesine göre hesaplanan TÜFE değerinin Geçinme Endeksine göre daha yukarıda olduğu, bu bağlamda üretime konu olan çalışanlara ait ücretlerin artış değerlerinin reel olarak daha anlam ifade ettiği görülmektedir. Özellikle 2019 sonrası ülkemizde döviz kuruna dayalı fiyat artışlarının ücretlilerin geçinmeleri için gerekli olan parasal tutarın hesaplanan TÜFE değerine göre altında kaldığı ve çalışanların reel anlamda alım güçlerinin azaldığı söylenebilir. Bu bağlamda TÜFE ile Geçinme Endeksi arasındaki köprünün bozulmasında en önemli faktörlerden birisinin döviz kurundan fiyatlara geçişkenlik olduğu ortaya çıkmaktadır. Döviz kuru gelişkinliğinin Geçinme Endeksine ait kalemlerde TÜFE kalemlerine göre daha belirgin bir şekilde arttığı görülmektedir.

E. Seçilmiş Ülkelerden TÜFE Örnekleri

TÜFE endeksini belirleyen yöntemlerin küçük farklılıklar ile birbirine benzediği söylenebilir. Özellikle küresel ticarete entegrasyonunu tamamlamış ülkelerin neredeyse tamamında ana hesaplama yöntemleri hemen hemen aynıdır. Ancak ülke TÜFE'lerindeki farklılıklar genelde tahmin boyutu, madde kapsamı (ürün sepeti), mal ve hizmet sınıflaması, madde ağırlıkları, fiyat derlenen yerleşim yerleri, fiyat derlenen işyeri sayısı, harcama kapsamı, gelir grubu kapsamında olduğu görülmektedir. Bunun nedenleri olarak ülkelerin; nüfus büyüklüğü, gelir durumu, ekonomik birimlerin tercihleri ve alışkanlıkları, vb. konulardaki farklılıklarından kaynaklandığı söylenebilir. Bu sebeple ülke karşılaştırmaları yapılırken, bu farklılıkların da dikkate alınarak değerlendirmelerde bulunulmasında fayda vardır. AB harmonize tüketici fiyat endeksi (HICP), tüketici fiyatlarındaki enflasyonun küresel düzeyde karşılaştırılması amacıyla, üye ülkeler tarafından ortak kural ve tanımlarla hesaplanan bir tüketici fiyat endeksidir. Türkiye'deki TÜFE ile karşılaştırıldığında kapsam, yöntem ve hesaplamaları açısından benzemekte ancak az da olsa farklılıklar bulunmaktadır. Örneğin şans oyunları ve zorunlu deprem sigortası Türkiye'de TÜFE kapsamında yer alırken, AB HICP kapsamında yer almamaktadır. Ayrıca mevsimsel ürünler için (taze meyve-sebze, giyim, ayakkabı) TÜFE'de mevsimsel ağırlık yaklaşımı kullanılırken, HICP'de ise sınırlı ağırlık yaklaşımı kullanılmaktadır. Bir başka örnek olarak ABD'de ise, iki nüfus grubu için iki farklı endeks oluşturulmuştur. Birincisi kentsel ücretliler ve büro işçileri, profesyoneller, idari ve teknik işçiler, serbest meslek sahipleri, kısa süreli çalışanlar, işsizler, emekliler ve işgücünde olmayan diğerlerini içine alan toplam nüfusun %93'ünü kapsayanların harcamalarını içeren CPI-U endeksi, diğer ise yalnızca saatlik ücret kazanan ya da büro işleri yapanların harcamalarını içeren CPI-endeksidir.

Bunun yanında endeksin ağırlık güncelleme sıklığı; ABD'de 2 yılda bir, Kanada 4 yılda bir ve İngiltere'de her yıldır. Bunun dışında endeksin fiyat derleme periyodu açısından bakıldığında ABD'de gıda ve enerji maddeleri her ay, diğer maddeler 2 ayda bir ve kiralar 6 ayda bir yapılırken, Kanada'da bütün her şey ayda bir kez, İngiltere'de ayda bir kez, bazı maddeler için 3 ayda bir kez fiyat derlenmektedir. Aşağıdaki tabloda bazı ülkeler ile Türkiye'nin endeks belirlenirken kullandıkları ana grup sayıları, referans dönemi, ağırlık güncelleme sıklığı, fiyat derleme periyodu ve örneklem büyüklüğü verilmiştir.

Tablo 27: Seçilmiş Ülkelerin TÜFE İçerikleri

Ülkeler	Ana grup sayısı	Endeks referans dönemi	Ağırlık güncelleme sıklığı	Fiyat derleme periyodu	Örneklem büyüklüğü
Türkiye	12	2003	Yıllık	Haftada bir kez taze meyve, sebze, spor maçları (futbol) izleme ücreti, LPG, tüp gaz ve 16 özel ürünün fiyatları alınır; Diğer fiyatlar ayda iki kez, Kira ve belirli 83 kalem ayda bir kez Sigara, mücevher (altın), motorin ve petrol ürünleri fiyatları günlük olarak toplanmaktadır.	28019 işyeri 553064 fiyat 4252 konut
Almanya	12	2015	5 yılda bir	Ayda bir kez	700 ürün 30000 işyeri 30000 konut
Arnavutluk	12	2015	Yıllık	Yaş sebze ve meyve ayda 2-3 defa fiyat toplama yapılır. Uçak fuarı biletleri ve deniz fuarı biletleri önceden iki ay içinde toplanır. Üniversite tarifeleri, okul kitaplarının bedeli, yurt tarifeleri yıl içinde bir defa alınır.	331 ürün 3500 iş yeri 30030 fiyat
Bulgaristan	12	1995	Yıllık	Ayda bir kez	203 ürün 836 madde 6500 işyeri 40502 fiyat
Çin	8	2010	Yıllık	Ayda bir kez	262 ürün 63000 fiyat
Danimarka	10	2015	3-4 yılda bir	Ayda bir kez. Fiyatların tipik olarak daha düşük sıklıkta değiştiği mal ve hizmetler için, üç ayda bir ya da iki yılda bir toplanır.	531 ürün 1600 işyeri, 23000 fiyat
Fransa	12	2015	Yıllık	Ayda bir kez	1600 ürün 30000 işyeri 30000 konut

İngiltere	12	2015	Yıllık	Ayın 2. salı günü (ayda bir, bazı maddeler için üç ayda bir)	700 ürün 20000 işyeri
Jameika	13	2019	Yıllık	Marketler, giyim ve ayakkabı, mobilya ve beyaz eşya mağazaları, doktorlar hukuk büroları, sigorta şirketleri ve güzellik salonları gibi satış noktalarından aylık, 3 aylık ve yıllık olarak Petrol ve tarım ürünleri ayda 2 kez, Okul ücretleri yıllık olarak, Ucak bilet fiyatları aylık olarak	318 ürün 10000 fiyat
Japonya	10	2010	5 yılda bir	Ayın 12. gününü kapsayan haftanın çarşamba, perşembe, cuma günleri taze sebze meyve için ayda 3 kez	585 madde 27000 işyeri 26000konut
Makedonya	12	2014	3-5 yılda bir	Aylık	652 ürün 1400 işyeri

Kaynak: TÜİK ve farklı çalışmalardan derlenmiştir.

F. TÜİK Göstergelerinin Okunması

Türkiye İstatistik Kurumuna ait internet adresinde ürünlere ait fiyatlar genel düzeyindeki değişmeler istatistik segmesi altında Enflasyon ve Fiyat başlığında incelenmektedir. Enflasyon ve fiyat başlığı altında tüketici fiyat endeksi, yurt içi üretici fiyat endeksi, yurt dışı üretici fiyat endeksi, hizmet üretici fiyat endeksi, tarım ürünleri üretici fiyat endeksi, tarım girdi fiyat endeksi, finansal yatırım araçları istatistikleri ile satın alma gücü paritesine ait ekonomik anlamda gelişmeler takip edilebilmektedir.

TÜRKİYE İSTATİSTİK KURUMU — *Haber Bülteni*

Sayı: 33872 03 Aralık 2020 Saat: 10:00

Tüketici Fiyat Endeksi, Kasım 2020

Tüketici fiyat endeksi (TÜFE) yıllık %14,03, aylık %2,30 arttı

TÜFE'de (2003=100) 2020 yılı Kasım ayında bir önceki aya göre %2,30, bir önceki yılın Aralık ayına göre %13,19, bir önceki yılın aynı ayına göre %14,03 ve on iki aylık ortalamalara göre %12,04 artış gerçekleşti.

Künye: Tüketici Fiyat Endeksi

Q-R Kodu:

Amaç: Tüketici fiyat endeksi (TÜFE), hanehalklarının tüketimine yönelik mal ve hizmet fiyatlarının zaman içindeki değişimini ölçmektedir.

Açıklanma Sıklığı: Her ayın 3. iş günü

İnternette Haber Bülten Adresi: https://www.tuik.gov.tr

Anahtar Kelimeler: Ana harcama Grupları, Özel kapsamlı TÜFE, Çekirdek Enflasyon, Manşet Enflasyon, Laspeyres Endeksi, Fiyat Endeksi

TÜFE'nin halk arasındaki yaygın ifade edilişi "hayat pahalılığı" tabiri şeklinde karşılık bulmaktadır. Çünkü insanların satın aldıkları malların ve hizmetlerin ya da yaptıkları anlaşmaların (kira, maaş, vb) tamamında bu endeks öncelikle dikkate alınır. Bu yüzden endeks değeri belirlenirken; endeks içindeki mal gruplarının ve sepetteki malların fiyatlarının derlenmesi ve ağırlıkların doğru şekilde oluşturulması gerekmektedir. Yani ana grupların ve ağırlıklarının tüketicinin bütçe içerisindeki ağırlığına paralel bir endeks ağırlığının oluşturulması gerekmektedir. Bu şekilde belirlenen endekslerin güvenirliliği artmaktadır. Bu konudaki şüpheler ya da eksiklikler TÜFE rakamlarının her alanda tartışılmasına neden olur. Dolayısıyla açıklanan resmi TÜFE rakamları ile toplumun hissettiği TÜFE rakamları arasında farklılık oluşur ve kabul edilebilirliği tartışmaya açılır.

Bu durum ekonomik birimlerin davranış şekillerini olumsuz etkiler ve ekonomide güven sorunun oluşmasına neden olur. Bunun dışında birden fazla şekilde açıklanan TÜFE rakamlarının hangisinin öncelikle ve nasıl takip edilmesi gerektiğini bilmek gerekmektedir. Örneğin; çekirdek enflasyonu mu, yıllık enflasyon rakamını mı, aylık rakamları mı, bir önceki yılın aynı ayına göre açıklanan rakamları mı yoksa bir önceki aralık ayına göre olan rakamları mı takip edeceğiz? Gıda, enerji fiyatları hariç TÜFE rakamlarını izlemek daha mı önemldir? Öncelikle gıda ve enerji fiyatları hariç açıklanan TÜFE rakamları aynı zamanda çekirdek enflasyon hakkında da bize yol gösterici bilgi verebilir. Bundan dolayı aylık değişimlerde bu rakamları esas almak önemlidir. Ancak yıllık değişim rakamlarında gıda ve enerji rakamlarının dahil olduğu TÜFE üzerinden değerlendirme yapmak daha doğru olabilir. Çünkü her ne kadar bu endekslerin tamamı TÜFE'yi açıklamada kullanıyor olsa da birbirinden farklı sonuçlar ortaya koyabilir. Örneğin TÜFE'deki yıllık ortalama değişimler ile aralık ayından aralık ayına değişen yüzdelik dilimle hesaplanan tüketici fiyatlarındaki yıllık değişimlerden tamamen farklı olabilir. Aralıktan aralığa yüzdelik değişimler tüm yıl boyunca enflasyon oranını yansıtır. Yine de hükümetler daha düşük bir enflasyon oranını gösteren ölçümünü aktarmaya eğilimlilerdir.

Ana harcama gruplarına göre TÜFE ve değişim oranları (%), Kasım 2020

Ana harcama grupları	Harcama grubu ağırlıkları	Değişim oranı (%) Bir önceki aya göre	Bir önceki yılın Aralık ayına göre	Bir önceki yılın aynı ayına göre	On iki aylık ortalamalara göre	Endeks
TÜFE	**100,00**	**2,30**	**13,19**	**14,03**	**12,04**	**498,58**
Gıda ve alkolsüz içecekler	22,77	4,16	17,64	21,08	13,04	593,07
Alkollü içecekler ve tütün	6,06	0,00	0,67	0,67	19,80	872,43
Giyim ve ayakkabı	6,96	1,46	2,96	0,99	6,19	273,24
Konut	14,34	1,05	8,86	9,12	12,44	530,64
Ev eşyası	7,77	1,69	14,09	14,22	9,42	425,61
Sağlık	2,80	0,80	15,77	16,25	14,13	300,04
Ulaştırma	15,62	4,51	18,00	18,67	11,38	501,61
Haberleşme	3,80	0,12	4,89	5,19	4,10	159,86
Eğlence ve kültür	3,26	1,53	10,36	10,24	6,68	318,50
Eğitim	2,58	-0,19	6,87	7,00	11,15	437,27
Lokanta ve oteller	8,67	1,13	12,14	12,59	12,12	733,60
Çeşitli mal ve hizmetler	5,37	1,14	28,88	29,42	21,37	742,61

TÜFE değişim oranları (%), Kasım 2020

	Kasım 2020	Kasım 2019	Kasım 2018
Bir önceki aya göre değişim oranı	2,30	0,38	-1,44
Bir önceki yılın Aralık ayına göre değişim oranı	13,19	11,01	20,79
Bir önceki yılın aynı ayına göre değişim oranı	14,03	10,56	21,62
On iki aylık ortalamalara göre değişim oranı	12,04	15,87	15,63

Özel kapsamlı TÜFE göstergeleri ve değişim oranları (%), Kasım 2020

Grup	Kapsam	Değişim oranı (%) Bir önceki aya göre	Bir önceki yılın Aralık ayına göre	Bir önceki yılın aynı ayına göre	On iki aylık ortalamalara göre	Endeks
A	Mevsimlik ürünler hariç TÜFE	2,09	13,34	14,17	12,62	516,83
B	İşlenmemiş gıda ürünleri, enerji, alkollü içkiler ve tütün ile altın hariç TÜFE	2,14	13,26	13,72	11,50	442,13
C	Enerji, gıda ve alkolsüz içecekler, alkollü içkiler ile tütün ürünleri ve altın hariç TÜFE	2,12	13,19	13,26	10,81	421,79
D	İşlenmemiş gıda, alkollü içecekler ve tütün ürünleri hariç TÜFE	1,93	12,94	13,38	11,77	462,12
E	Alkollü içecekler ve tütün hariç TÜFE	2,43	13,99	14,89	11,69	483,26
F	Yönetilen-yönlendirilen fiyatlar hariç TÜFE	2,72	14,90	15,91	11,11	493,22

Kaynak: TÜİK

- TÜFE 2003 yılına ait harcama grupları esas alınarak hesaplanmaktadır.
- TÜFE endeks değeri geçen aya, geçen yılın aynı ayına, geçen yılın aralık ayına ve on iki aylık ortalamalara göre ayrı ayrı hesaplanmaktadır.
- 12 adet ana harcama grupları ve bu gruplar içerisinde 418 adet ürün söz konusudur.
- Her yılın başında harcama grupları, en düşük %20'lik gelire sahip ve en yüksek %20'lik gelire sahip kişilerin harcamaların ortalamasına göre yeniden ağırlıkları belirlenmektedir.
- 12 adet ana gruplar ait endeks hesaplamaları ayrı ayrı ölçülmekte ve sepet içerisindeki ağırlığına göre genel Tüfe değeri belirlenmektedir.
- Ayrıca özel kapsamda hesaplanan çekirdek enflasyon oranları mevcuttur.
- Çekirdek enflasyon oranları fiyat istikrarı sağlamaya çalışan karar merciiler için önem arz etmektedir.
- Özel kapsamlı çekirdek enflasyonlar enerji, işlenmemiş gıda, alkollü içecekler ve tütün ile altın hariç farklı farklı kategorilerde hesaplanmaktadır.

Enflasyon oranı hesaplanmasında kullanılan yöntem, belli bir sepet içerisinde mevcut mal/hizmet ürünlerine ait harcama içerisindeki paya bağlı olarak bir fiyat endeksi oluşturmak şeklinde olmaktadır. Endekslerde yer alan maddeleri tüm tüketicilerin aynı yoğunlukta kullanmıyor olması ise bir başka soruna neden olmakta, enflasyon herkesi aynı oranda etkilememekte ve bu nedenle hissedilen enflasyon kişiden kişiye değişebilmektedir. Sepetteki mal ve hizmetleri kullanıp kullanmadığımıza, eğer kullanıyorsak ne sıklıkta ve yoğunlukta kullandığımıza göre enflasyonun üzerimizdeki etkisi değişebilir. Örneğin TÜFE sepetinde yer alan ve hatta oldukça yüksek bir ağırlığa sahip olan sigarada yaşanan fiyat artışları, sigara tüketmeyen hane halkları için anlam ifade etmeyebilir. Benzer şekilde kira artışları, kendi evinde oturan hane halkları için önemli görülmezken, yumurtanın ayın enflasyon şampiyonu olması, yumurtaya alerjisi olanlar için etkisiz olduğu düşünülür. Fakat enflasyonun mikro değil, makro bir olgu olması ve ekonominin başka dinamiklerini de etkilemesinden dolayı, birey ya da tek bir hane halkı açısından yorumlanması pek de doğru bir yaklaşım sayılmamalıdır.

Açıkladığımız şekilde oluşturulan endeks değerlerinin, daha önce yukarıda verdiğimiz formülde kullanımıyla enflasyon oranı hesaplanmaktadır. Tüketici fiyatlarındaki değişim TÜİK tarafından tüm ana harcana grupları için, her ayın 3'ünde (3'ü hafta sonuna denk gelirse takip eden ilk iş gününde), aylık değişim (bir önceki aya göre değişim), bir önceki yılın aralık ayına göre değişim, yıllık değişim (bir önceki yılın aynı ayına göre değişim) ve on iki aylık ortalamalara göre değişim olarak ilan edilmektedir.

Aylık değişim, belirli bir ayın endeks değerinin, bir önceki ay endeks değerine göre yüzde değişim oranıdır ve fiyatlar genel düzeyindeki değişimin aylık olarak izlenmesini sağlamaktadır.

$$Aylık\ Enflasyon\ Oranı = \frac{P_t - P_{t-1}}{P_{t-1}} x100$$

Bir önceki yılın aralık ayına göre değişim, ele alınan yılın başından, içinde bulunulan döneme kadar olan sürede fiyatlar genel düzeyinde yaşanan değişim yüzdesini vermektedir. İçinde bulunulan yılın o anki fiyat değişimlerini verdiği için önemlidir.

$$Aralık\ Ayına\ Göre\ Enflasyon\ Oranı = \frac{P_t - P_{Aralık}}{P_{Aralık}} x100$$

Yıllık değişim, ele alınan aydaki endeks değerinin, bir önceki yılın aynı ayının endeks değerine göre değişim oranıdır. Sadece iki ayın endeks değerlerinin ele alındığı bu hesaplama, herhangi bir ayın referans alındığı ya da yıllık değişimler bazında yapılan işlemlerde önem taşımaktadır. Bu nedenle oldukça sık başvurulan fiyat değişim oranıdır. Örneğin maaş ve ücret zamları yılık değişime göre hesaplanmaktadır. Toplumun oldukça büyük bir çoğunluğunu ilgilendirdiği için, en çok takip edilen değişim oranı da budur.

$$Yıllık\ Enflasyon\ Oranı = \frac{P_t - P_{t-12}}{P_{t-12}} x100$$

Son değişim oranı olan on iki aylık ortalamalara göre değişim ise ele alınan son on iki aylık ortalama endeks değeri değişiminin, bir önceki on iki ayın ortalama endeks değerine göre yüzde değişim oranıdır. Genel olarak kira artışlarında daha sık kullanılan değişim oranı bu on iki aylık ortalamalara göre değişimdir.

$$Oniki\ Aylık\ Ortalama\ Enflasyon\ Oranı = \frac{\sum_{t}^{t-12}(P) - \sum_{t-13}^{t-24}(P)}{\sum_{t-13}^{t-24}(P)} x100$$

On iki aylık enflasyon oranı, yıllık enflasyon oranına göre daha az dalgalanma içermektedir. Buna göre yıllık enflasyon oranlarında hızlı bir şekilde artış olması durumunda on iki aylık enflasyon oranı daha önceki yılı da kapsadığından, artış daha sınırlı olarak yansımakta iken, yıllık enflasyon oranı düşüş eğiliminde olması durumunda ise on iki aylık enflasyon oranı daha geç tepki vermektedir.

Daha önce belirttiğimiz gibi, özellikle enflasyon hesaplamasında önemli olan sepet içerisindeki ürün gruplarına yönelik harcama eğilimidir. Bu ürünlere yapılan harcamalar gelir içerisinde ne kadar çok paya sahip ise o grup fiyatlarındaki değişmelerde enflasyonu o oranda belirleyici hale gelmektedir. Örneğin sepet içerisinde en önemli üç harcama kalemi sırasıyla gıda-alkolsüz içecekler, ulaştırma ve konut olmaktadır. Ortalama olarak bu harcama gruplarının payı yüksek olmasına karşılık gelir grupları içerisinde en düşük ve en yüksek gelire sahip kişiler arasında da bu oran değişim göstermektedir. Bu bağlamda bu oranların ortalamaya göre yüksek olması o kesimin enflasyonu daha fazla hissedeceği şeklinde yorumlanabilir. TÜİK verilerine göre, ortalama TÜFE değişimine ait endeks değerleri ile birlikte, mevcut 12 ana harcama kalemine yönelik endeks değerleri verileri takip edilebilir. Ayrıca enflasyonu hesaplamada kullanılan ürünlerin o dönem içerisinde bazısının fiyatlarında artış, bazısının fiyatlarında azalış varken bazısının fiyatlarında ise değişme söz konusu olmayabilir. Fiyatı artan ürünlerin toplam ürün içerisindeki payı *enflasyon yayılım hızı* olarak adlandırılmaktadır. Özellikle toplam sepet içerisinde ürün bazında fiyatları artan ürünlerin payının yüksek olması, ileriki dönemler açısından enflasyon oranlarında kalıcı bir artış oluşturacağı anlamına gelmektedir.

Bununla birlikte ilan edilen enflasyon fiyatların gelişimi hakkında genel bilgi vermesine karşılık bireysel harcama alışkanlıklarının, harcama içindeki paylarının ve satın alma davranışlarının farklılık göstermesi nedeniyle hissedilen fiyat artışları aynı olmamaktadır. Örneğin arabası olmayan bir kişinin araba fiyat artışlarından etkilenme ihtimalinin düşük olması ya da ev sahibi oan bir kişinin kira artışlarından etkilenmemesi gibi. Örneğin 2019 yılı hane halkı tüketim harcama dağılımı incelendiğinde; Tüketici Fiyat Endeksini oluşturan harcama kalemleri içerisinde Gıda-Alkolsüz içecekler (%23,3), Konut (%15,2) ve Ulaştırma (%16,8) alt kalemleri yaklaşık olarak ağırlığı %55 civarındadır. Fakat bu üç ana grup harcama kalemleri ülke içerisinde en düşük ve en yüksek %20'lik gelir grubu açısından incelendiğinde yapılan harcamanın ya da harcama paylarının farklılaştığı görülmektedir. Bu üç ana grubun toplamına baktığımızda, en düşük gelire sahip %20'lik kesimin toplam harcamalar içerisindeki payı yaklaşık olarak %71 (Gıda %30,7, Konut %31,2 ve ulaştırma %9) iken en yüksek gelire sahip grubun payı ise %55 (Gıda %15,3, Konut %20,1 ve ulaştırma %20) civarındadır. Ancak TÜFE sepet içerisinde ortalama ağırlıklar esas alındığında en düşük gelire sahip %20'lik kesimin özellikle gıda ve konut fiyat artışlar açısından ilan edilen ortalama enflasyona göre yaklaşık olarak %60 daha fazla fiyat artışlarına maruz kalmaktadır. Bundan dolayı ilan edilen enflasyon oranı ile bu kesimin hissettiği enflasyon oranı farklılık göstermektedir. Buna karşılık diğer ana harcama grubu olan ulaştırma da ise, en düşük %20'lik kesimin lehine bir ağırlık (%15,6) söz konusudur. Çünkü en düşük %20'lik gelirden pay alan kesimin ulaştırmaya harcamaya yaptığı pay %9'dur. Buna göre ulaştırma harcamalarındaki fiyat artışlarından daha az etkilenmektedir. Sonuç olarak TÜFE sepetindeki 12 ana harcama grupları esas alındığında, en fakir %20'lik gelire sahip olan kesim, fiyat artışlarından ilan edilen orandan daha fazla etkilendiğini görülmektedir. Bundan dolayı alt gelir grubunun hissettiği enflasyon her daim daha yüksektir. Bunun sonucu olarak ülkedeki fakir kesim aleyhine reel anlamda alım gücü gün geçtikçe daha fazla azalmakta ve gelir dağılımı adaletsizliği bu kesim aleyhine daha da bozulmaktadır.

Ayrıca enflasyonun hüküm sürdüğü ülkelerde, fiyat istikrarsızlığı çözülmesi gereken en önemli sorunlardan biri haline gelmiştir. Bu bağlamda otorite sahiplerinin özellikle kontrol edebileceği ürün gruplarına yönelik fiyat artışlarının belirlenmesine yönelik çeşitli özel kapsamda enflasyon oranları hesaplamaktadır. Çekirdek enflasyon olarak ifade edilen bu enflasyon türlerinde otorite sahiplerinin kontrolü altında olmayan ve genellikle fiyatları dünya piyasasında ve hava–iklim şartlarına göre belirlenen ürünlerin sepetten çıkarılması sonucunda elde edilir.

TÜRKİYE İSTATİSTİK KURUMU *Haber Bülteni*

Sayı: 33766 03 Aralık 2020 Saat: 10:00

Yurt İçi Üretici Fiyat Endeksi, Kasım 2020

Yurt içi üretici fiyat endeksi (Yİ-ÜFE) yıllık %23,11, aylık %4,08 arttı

Yİ-ÜFE (2003=100) 2020 yılı Kasım ayında bir önceki aya göre %4,08, bir önceki yılın Aralık ayına göre %22,26, bir önceki yılın aynı ayına göre %23,11 ve on iki aylık ortalamalara göre %10,69 artış gösterdi.

Künye: Yurt İçi Üretici Fiyat Endeksi

Q-R Kodu:

Amaç: Yurt İçi Üretici Fiyat Endeksi (Yİ-ÜFE), belirli bir referans döneminde ülke ekonomisinde üretimi yapılan ve yurt içine satışa konu olan ürünlerin üretici fiyatlarını zaman içinde karşılaştırarak fiyat değişimlerini ölçen fiyat endeksidir.

Açıklanma Sıklığı: Her ayın 3. iş günü

İnternette Haber Bülten Adresi: https://www.tuik.gov.tr

Anahtar Kelimeler: Fiyat Endeksi, Laspeyres Endeksi, İmalat Sanayi, Madencilik ve Taşocakçılığı, Sanayi Grupları

ÜFE hesaplamalarından vazgeçilerek Ocak 2014 itibariyle Yurtiçi ÜFE (Yİ-ÜFE) ismi verilen, üretim tarafında yeni bir hesap endeksine geçilmesinin nedeni daha önce kullanılan *NACE REV. 1* sınıflamasından *NACE REV.2* sınıflamasına geçilmiş olması ve AB ile tam uyumlu endeks üretebilmek ve ulusal hesaplar ile sanayi göstergeleri ile karşılaştırılabilir yeni bir endeks üretme ihtiyacıdır. Bu yeni endeks *sanayi sektöründeki üreticilerin yurt içine sattıkları ürünlerdeki fiyat değişimlerinin* izlendiği bir endekstir. Yİ-ÜFE geçmişte TEFE ve ÜFE olarak bilinen endekslerin yerine kullanılmaktadır. Yİ-ÜFE ile yurtiçinde üretilen ve genellikle sanayi üretimine konu olan malların fiyatlarına ilişkin değişim oranları takip edilmektedir. Bu endeksin ağırlığına baktığımızda yaklaşık olarak %90 düzeyini imalat sanayi oluşturmaktadır. Bu sebeple bu endeks ile ölçülen değişimlerin büyük bir kısmı imalat sanayiye konu olan ürünlere ait olduğu ortaya çıkmaktadır. Geri kalan %10'luk kısmı ise Madencilik-Taşocakçılığı, Elektrik, gaz ve buhar ile su temini ürünler olarak karşımıza çıkmaktadır. Ayrıca bu endeks ile ana sanayi gruplarının niteliğine bakılarak ara malı, dayanıklı tüketim malı, dayanıksız tüketim malı, enerji ve sermaye malına göre değişimler takip edilebilmektedir. Sanayi üretime ait fiyatlardaki bu değişmeler; bir önceki aya, bir önceki yılın aynı ayına, bir önceki yılın aralık ayına ve on iki aylık ortalamalara göre olmak üzere dört farklı kategoride, 2003 yılı referans alınmak üzere her yıl ağırlıkları değiştirilmek suretiyle Laspeyres endeksi ile hesaplanmaktadır.

Yİ-ÜFE değişim oranları (%), Kasım 2020

	Kasım 2020	Kasım 2019	Kasım 2018
Bir önceki aya göre	4,08	-0,08	-2,53
Bir önceki yılın Aralık ayına göre	22,26	6,63	36,68
Bir önceki yılın aynı ayına göre	23,11	4,26	38,54
On iki aylık ortalamalara göre	10,69	19,68	25,52

Yİ-ÜFE yıllık değişim oranları (%), Kasım 2020

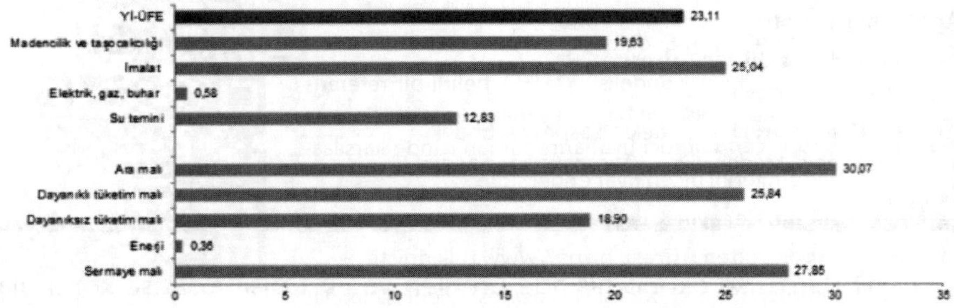

Kaynak: TÜİK

- Yİ-ÜFE ülke içerisinde üreten ve ülke içinde satışa sunulan ürünleri kapsamaktadır.
- Bu endeks içinde imalat sanayi ürünlerinin önemli bir ağırlığı vardır.
- Yİ-ÜFE endeks değeri geçen aya, geçen yılın aynı ayına, geçen yılın aralık ayına ve on iki aylık ortalamalara göre ayrı ayrı hesaplanmaktadır.
- Referans alınan yıl 2003 yılıdır.
- Sanayi gruplarına göre ara mal, enerji, sermaye malı ile dayanıklı-dayanıksız tüketim malları ayrımına ilişkin endeks değerleri hesaplanmaktadır.

Yİ-ÜFE ekonomideki fiyatlarda meydana gelen değişimleri önceden haber veren ve TÜFE'nin gelişim seyrini anlayabileceğimiz önemli gösterge olarak görülmektedir. Bunun en belirgin çıkış noktası; fiyat endeksleri arasında bulunan ve bazen de gecikmeli olarak ortaya konulan güçlü korelasyondur. Ancak bu endeksler arasındaki ilişki değerlendirirken, endekslerdeki ölçütlerin farklılıkları dikkate alınarak yapılması önemlidir.

TÜRKİYE İSTATİSTİK KURUMU

Haber Bülteni

Sayı: 33775 20 Kasım 2020 Saat: 10:00

Yurt Dışı Üretici Fiyat Endeksi, Ekim 2020

Yurt Dışı Üretici Fiyat Endeksi (YD-ÜFE) yıllık %37,69, aylık %4,62 arttı

YD-ÜFE (2010=100) 2020 yılı Ekim ayında bir önceki aya göre %4,62, bir önceki yılın Aralık ayına göre %35,86, bir önceki yılın aynı ayına göre %37,69 ve on iki aylık ortalamalara göre %17,38 artış gösterdi.

Künye: Yurt Dışı Üretici Fiyat Endeksi

Amaç: Yurt Dışı Üretici Fiyat Endeksi (YD-ÜFE), belirli bir referans döneminde ülke ekonomisinde üretimi yapılan ve yurt dışına satışa konu olan ürünlerin üretici fiyatlarını zaman içinde karşılaştırarak fiyat değişimlerini ölçen fiyat endeksidir.

Açıklanma Sıklığı: Her ayın 20. iş günü

İnternette Haber Bülten Adresi:
https://www.tuik.gov.tr

Anahtar Kelimeler: Fiyat Endeksi, Laspeyres Endeksi, İmalat Sanayi, Madencilik ve Taşocakçılığı, Sanayi Grupları

Q-R Kodu:

YD-ÜFE, ülke ekonomisinde üretilen ve yurt dışına satışa konu olan ürünlerin üretici fiyatlarında zaman içinde yaşanan değişmeleri ölçmek için kullanılır. Bu endeks içerisindeki ağırlık bakımından paylara bakılırsa, yaklaşık %98 civarında paya sahip olan imalat sanayi ürünleri geri kalan kısmını ise madencilik- taş ocakçılığı oluşturmaktadır. Bu endeks ile yurt dışı üretici fiyatları geçen aya göre, geçen yılın aynı ayına göre, geçen yılın aralık ayına göre ve on iki aylık ortalamalara göre olmak üzere çeşitli değişim oranları ile hesaplanıp ölçülmektedir. Ayrıca endeks değerlerine ait değişimler sanayi grupları açısından ara mal, dayanıklı-dayanıksız tüketim malları, enerji ile sermaye malında gelen değişmeleri de göstermektedir.

YD-ÜFE değişim oranları (%), Ekim 2020

	Ekim 2020	Ekim 2019	Ekim 2018
Bir önceki aya göre	4,62	1,17	-7,45
Bir önceki yılın Aralık ayına göre	35,86	7,49	47,70
Bir önceki yılın aynı ayına göre	37,69	-2,88	55,40
On iki aylık ortalamalara göre	17,38	18,32	33,98

YD-ÜFE yıllık değişim oranları (%), Ekim 2020

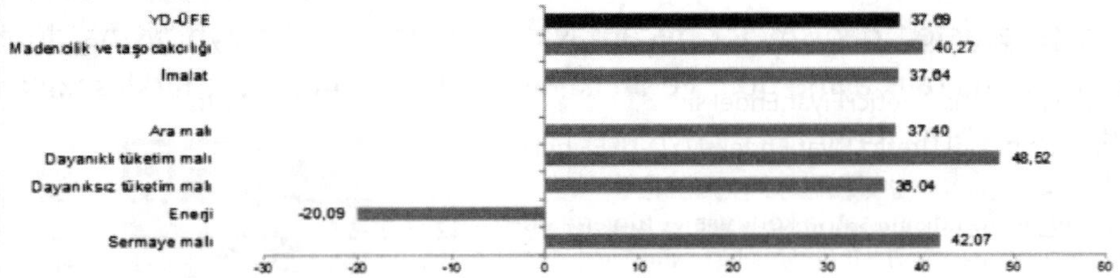

Kaynak: TÜİK

- Yurt Dışı üretici fiyat endeksi ile yurt içinde üretilip, ülke dışına satışı söz konusu olan ürünlere ait fiyat değişmeleri söz konusudur.
- Endeks hesaplamasında 2010 yılı referans yıl olarak ele alınmıştır.
- YD-Üfe ile birlikte geçen aya, geçen yılın aynı ayına, geçen yılın aralık ayına ve on iki aylık ortalamalara göre ayrı ayrı hesaplanmaktadır.
- Bu endeks içinde imalat sanayi ürünlerinin önemli bir ağırlığı vardır.
- Sanayi gruplarına göre ara mal, enerji, sermaye malı ile dayanıklı-dayanıksız tüketim mallarını ayrımına ilişkin endeks değerleri hesaplanmaktadır.

TÜİK TÜRKİYE İSTATİSTİK KURUMU — *Haber Bülteni*

Sayı: 33726 16 Kasım 2020 Saat: 10:00

Tarım Ürünleri Üretici Fiyat Endeksi, Ekim 2020

Tarım ürünleri üretici fiyat endeksi (Tarım-ÜFE) yıllık %18,70, aylık %1,89 arttı

Tarım-ÜFE' de (2015=100), 2020 yılı Ekim ayında bir önceki aya göre %1,89, bir önceki yılın Aralık ayına göre %14,17, bir önceki yılın aynı ayına göre %18,70 ve on iki aylık ortalamalara göre %13,99 artış gerçekleşti.

Künye: Tarım Ürünleri Üretici Fiyat Endeksi

Amaç: Tarım ÜFE, çiftçinin üreterek piyasaya satışını yaptığı ürünlerin ilk el satış fiyatlarındaki zaman içerisinde meydana gelen değişimlerin oransal göstergesini aylık olarak izlemek amacıyla hesaplanmaktadır.

Q-R Kodu:

Açıklanma Sıklığı: Her ayın 14. İş günü

İnternette Haber Bülten Adresi: https://www.tuik.gov.tr

Anahtar Kelimeler: Fiyat Endeksi, Laspeyres Endeksi, tarım ürünleri, Avcılık, Ormancılık ürünleri, Balıkçılık

Önceki hesaplamalarda üretici fiyat endeksi içerisinde imalat sanayi sektörü ile birlikte ele alınan tarım sektörüne ait ürünlerin fiyat değişmeleri, 2015 yılı referans alınması ile birlikte ayrıştırılarak farklı bir şekilde ele alınmaya başlanmıştır. Bu sektör içerisinde %95 düzeyinde tarım ve avcılık ürünleri yer almasına karşılık geri kalan kısmı ormancılık ürünleri ve balıkçılık oluşturmaktadır. Bu endeks ile birlikte tarımsal ürünlerin fiyatlarında meydana gelen değişmeler geçen aya göre, geçen yılın aynı ayına göre, geçen yılın aralık ayına göre ve on iki aylık ortalamalara göre farklı şekillerde hesaplanmaktadır.

Sektör ve ana gruplara göre Tarım-ÜFE ve değişim oranları, Ekim 2020

	Endeks	Aylık değişim (%)	Bir önceki yılın Aralık ayına göre değişim (%)	Bir önceki yılın aynı ayına göre değişim (%)	On iki aylık ortalamalara göre değişim (%)
Tarım–ÜFE	**188,00**	**1,89**	**14,17**	**18,70**	**13,99**
Tarım ve avcılık ürünleri ve ilgili hizmetler	188,24	1,82	14,20	18,85	14,26
Tek yıllık bitkisel ürünler	180,86	1,47	17,54	21,37	8,60
Çok yıllık bitkisel ürünler	199,28	3,01	9,94	17,56	24,88
Canlı hayvanlar ve hayvansal ürünler	191,07	1,47	13,04	16,59	15,39
Ormancılık ürünleri ve ilgili hizmetler	183,66	2,66	21,43	15,40	9,79
Balık ve diğer balıkçılık ürünleri	182,47	3,85	7,86	15,61	7,87

Alt gruplara göre Tarım-ÜFE yıllık değişim oranları (%), Ekim 2020

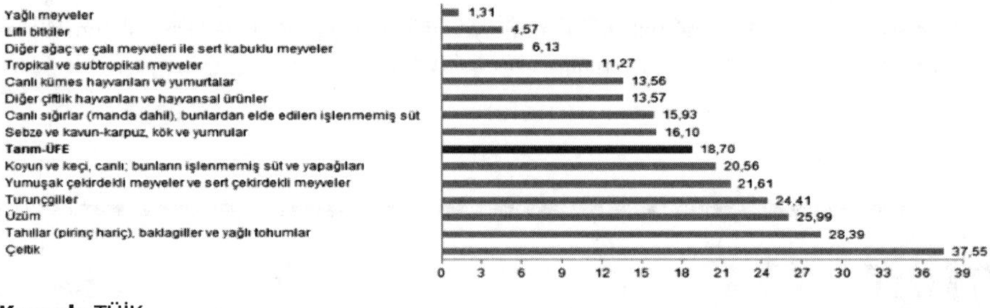

Kaynak: TÜİK

- Tarım üfe ile çiftçilerin üretimini yapıp ilk elden satışını yaptığı ürünlerin fiyat değişimi ölçülmektedir.
- 2010 yılı referans alınarak hesaplanmaktadır.
- Bu endeks içerisinde en önemli pay, tarım ve avcılık ürünleri ve hizmetleri oluşturmaktadır.
- Ayrıca ana gruplara ait alt grup ürünlerindeki fiyat değişmeleri de takip edilmektedir.
- Tarım üfe ile birlikte geçen aya, geçen yılın aynı ayına, geçen yılın aralık ayına ve on iki aylık ortalamalara göre ayrı ayrı hesaplanmaktadır.

Tarım-ÜFE endeksi ile çiftçinin üretip piyasaya satış yaptığı ürünlerin ilk el satış fiyatlarında zaman içerisinde meydana gelen değişmeler ele alınmaktadır. Bununla birlikte ürettiği bu ürünlerin üretilmesi için yapmış olduğu harcamalar ve masrafları gösteren girdilere ait fiyat endeksi de bir o kadar önem arz etmektedir. Tarımsal Girdi Fiyat Endeksi (Tarım-GFE) üreticilerin (çiftçi) tarımsal faaliyetlerini gerçekleştirmek için gerek cari üretim yılında gerekse yatırım amaçlı satın aldığı girdilerin maliyet unsuru olarak değişkenliğini izlemek ve tarımsal gelir göstergelerini ortaya koyan değişkenleri elde etmek açısından önemlidir. Ana gruplar olarak ele alındığında Tarım-GFE içerisinde tarımda kullanılan mal ve hizmetlere ait girdi endeksi ile tarımsal yatırıma katkı sağlayan mal ve hizmet endeksi olmak üzere iki başlık altında ele alınmaktadır. Tarımda kullanılan mal ve hizmetler içerisinde tohum ve dikim materyalleri, gübre ve toprak geliştirici, tarımsal ilaçlar, hayvan yemi, enerji ve yağlar, veteriner harcamaları, bina-makine bakım ve masrafları ile diğer mal ve hizmetler yer almaktadır. Tarımsal yatırıma katkı sağlayan mal ve hizmetler içerisinde ise malzemeler ile ikamet edilen çiftlik binaları yer almaktadır. Her ayın 22. iş günü aylık olarak açıklanan Tarım-GFE 2015 yılı baz alınarak (2015=100) hesaplanmaktadır. Endeks hesaplamalarında %88 tarımda kullanılan mal ve hizmetlerin, geriye kalan %12 kısmı ise tarımsal yatırıma katkı sağlayan mal hizmetlerin ağırlığı esas alınmaktadır. Endeks içerisindeki gruplara ait bu oranlar sonu 0 ve 5 ile biten yıllar içerisinde yenilenmektedir. Endeks olarak hesaplanan tarımsal girdi fiyatları, bir önceki aya göre, geçen yılın aynı ayına göre, aralık ayına göre, on iki aylık ortalama değişmelere göre hesaplanmaktadır.

Ana gruplara göre Tarım-GFE ve değişim oranları, Eylül 2020

	Endeks	Bir önceki aya göre değişim oranı (%)	Bir önceki yılın Aralık ayına göre değişim oranı (%)	Bir önceki yılın aynı ayına göre değişim oranı (%)	On iki aylık ortalamalara göre değişim oranı (%)
Tarım-GFE	**175,30**	**2,31**	**7,87**	**10,63**	**8,21**
Tarımda kullanılan mal ve hizmet endeksi	171,91	2,35	7,10	10,02	7,82
Tarımsal yatırıma katkı sağlayan mal ve hizmet endeksi	198,91	2,10	12,74	14,45	10,62

Alt gruplara göre Tarım-GFE yıllık değişim oranı (%), Eylül 2020

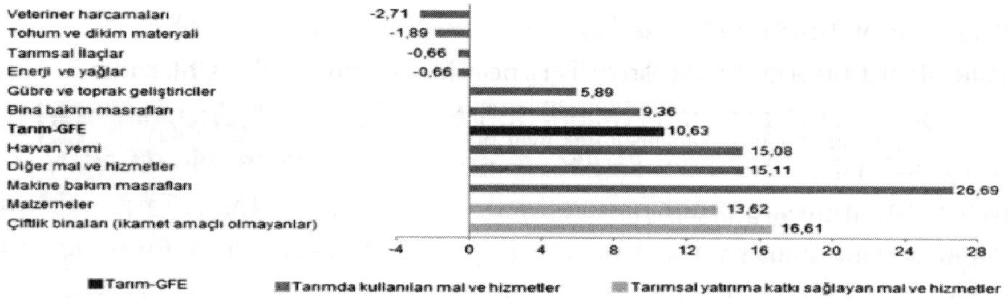

Kaynak: TÜİK

- Bu endeks ile tarım ürünlerinde kullanılan girdi ve maliyetlere ait fiyat değişmeleri ölçülmektedir.
- Endeks değeri 2015 yılı referans alınarak hesaplanmaktadır.
- Tarım girdi fiyat endeksi ile birlikte geçen aya, geçen yılın aynı ayına, geçen yılın aralık ayına ve on iki aylık ortalamalara göre ayrı ayrı hesaplanmaktadır.
- Tarımda kullanılan mal ve hizmetlere ait ile tarımsal yatırıma katkı sağlayan mal ve hizmet endeksi olmak üzer iki ana grup söz konusudur.
- Ayrıca iki ana grup içerisinde alt gruplara ait fiyat girdi endeksi de söz konusudur.

Tarım-ÜFE'nin diğer enflasyon (ÜFE ve TÜFE gibi) göstergeleri ile gıda fiyatı değişimleri açısından ilişkili olsa da bu ilişkinin düzeyi ve boyutu zaman geçtikçe önemli ölçüde değişebilir. Bunun en önemli birinci nedeni, ÜFE ve TÜFE'deki gıda bileşenleri mevsimlik olarak ayarlanmakta iken, Tarım-ÜFE'deki fiyatların mevsimlik değişimlere göre ayarlanmamasıdır. İkincisi, tarım fiyatlarının ölçülmesi esnasında kullanılan yöntemdir. Yani endekste yer alan tarım fiyatlarının "ortalama fiyatlara" dayanmasıdır. Üçüncü olarak tarımsal ve hayvansal ürün fiyatları her üç seri için değişik şekilde ölçülmektedir.

TÜRKİYE İSTATİSTİK KURUMU

Haber Bülteni

Sayı: 37165 30 Kasım 2020 Saat: 10:00

Hizmet Üretici Fiyat Endeksi, Ekim 2020

Hizmet Üretici Fiyat Endeksi (H-ÜFE) yıllık %20,40 aylık %1,14 arttı

H-ÜFE (2017=100) 2020 yılı Ekim ayında bir önceki aya göre %1,14, bir önceki yılın Aralık ayına göre %21,23, bir önceki yılın aynı ayına göre %20,40 ve on iki aylık ortalamalara göre %13,53 artış gösterdi.

Künye: Hizmet Üretici Fiyat Endeksi

Amaç: Hizmet Üretici Fiyat Endeksi (H-ÜFE), belirli bir referans döneminde ülke ekonomisinde üretimi yapılan hizmetlerin üretici fiyatlarını zaman içinde karşılaştırarak fiyat değişimlerini ölçen fiyat endeksidir.

Q-R Kodu:

Açıklanma Sıklığı: Her ayın son iş günü

İnternette Haber Bülten Adresi: https://www.tuik.gov.tr

Anahtar Kelimeler: Fiyat Endeksi, Laspayres Endeksi, Ulaştırma, Bilgi- İletişim, Konaklama, Gayrimenkul

Hizmet sektörünün ülke milli gelir içerisindeki yaklaşık olarak %60 oranındaki payı esas alındığında, bu sektöre ait ürünlerinin fiyatlarının takip edilmesinin önemi anlaşılmaktadır. Ülke ekonomik büyümesi ve gelişmesine önemli katkı sunan bu sektördeki fiyat gelişmeleri 2017 yılından itibaren bir önceki aya, bir önceki yılın aynı ayına, bir önceki yılın aralık ayına ve on iki aylık ortalamalara göre farklı kategorilerdeki fiyatların değişmeleri hesaplanmaktadır. H-ÜFE içerisinde ulaştırma, konaklama, bilgi-iletişim hizmetleri, gayrimenkul hizmetleri, mesleki-bilimsel-teknik ile idari-destek hizmetleri alt gruplarına yönelik endeks değerleri ayrı ayrı hesaplanmaktadır.

H-ÜFE değişim oranları (%), Ekim 2020

	Ekim 2020	Ekim 2019	Ekim 2018
Bir önceki aya göre	1,14	-0,51	-3,26
Bir önceki yılın Aralık ayına göre	21,23	13,95	25,06
Bir önceki yılın aynı ayına göre	20,40	9,40	26,79
On iki aylık ortalamalara göre	13,53	17,37	-

H-ÜFE yıllık değişim oranları (%), Ekim 2020

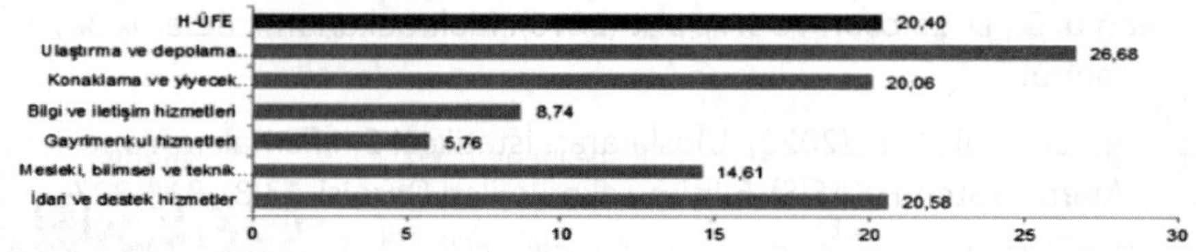

Kaynak: TÜİK

- H-ÜFE ile, ülke içerisinde üretimi yapılan hizmetlerin fiyat değişmeleri esas alınmaktadır.
- H- ÜFE ile birlikte geçen aya, geçen yılın aynı ayına, geçen yılın aralık ayına ve on iki aylık ortalamalara göre ayrı ayrı hesaplanmaktadır.
- Bu endeks değeri 2017 yılı referans alınarak hesaplanmaktadır.
- Bu endeks ile birlikte ayrıca ulaştırma, konaklama, bilgi-iletişim, gayrimenkul gibi farklı alt gruplara ait fiyat değişmelerde takip edilmektedir.

Üretici fiyatları endekslerin biribirleri arasında etkileşimi kaçınılmazdır. Bundan dolayı etkileşimlerin boyutunun ve etkileme süresinin tespit edilmesinde fayda bulunmaktadır. Bu bağlamda ülkemizdeki üretici fiyat endeksleri analiz edildiğinde aralarındaki etkileşim boyutu ve süresi ortalama olarak şu şekilde gerçekleştiği tahmin edilmektedir. Özellikle Hizmet-ÜFE, YD-ÜFe ve Yİ-ÜFE arasında çok kuvvetli bir ilişkinin olduğu ve bu ilişkinin geçişkenlik süresininde yaklaşık olarak bir ay içerisinde hızlı bir şelilde görülmektedir. Buna karşılık Tarım-ÜFE ile diğer üretici fiyat endeksleri (Yİ-ÜFE, Hizmet-ÜFE ve YD-ÜFE) arasındaki ilişkinin boyutu bir ay içeriisndeki etkileşimi düşük olmasına rağmen yaklaşık dört-beş ay gibi gecikme durumunda ise kuvvetli olduğu tahmin edilmektedir. Buradan da anlaşılacağı üzerine tarım sektörüne ait üretici fiyat endeksinin eş zamanlı oalrak diğer üretici fiyat endeklerinden ayrıştığı görülmektedir.

Ayrıca üretici fiyat endekslerinden tüketici fiyat endekslerine doğru zorunlu bir etkileşimin olduğu da unutulmamalıdır. Bu etkileşim Yİ-ÜFE, Hizmet-ÜFE ve YD-ÜFE'den tüketici fiyat endeksine (TÜFE) doğru tahminen bir ay gibi süreçte hızlı ve kuvvetli bir şekilde yansıdığı görülmektedir. Ancak Tarım-ÜFE ile TÜFE arasındaki etkileşim diğer üretici fiyat endekslerinin aksine dah gecikmeli olarak yansımaktadır.

KAYNAKÇA

Acemoğlu, D., D. Laibson ve J. A. List (2016). Makroekonomi, Beta, 1. Baskı, İstanbul.

Ahi, L. ve Çakmak, E. K. (2020). Uluslararası İstatiksel Sınıflamalara Yönelik Kod Atama Sistemi (KASİS). Bilişim Teknolojileri Dergisi, 13(3), 313-327.

Akar, Tuba. (2019). İmalat Sektörü, Sektörel Ekonomik Analiz Türkiye (2003-2018) içinde, Alagöz, M. ve G. Akar (Ed.), Gazi Kitabevi, 1. Baskı, Ankara.

Akyıldız, Fatih (2017). Göstergeler Ne Anlatır, Türkiye İçin İktisadi Göstergeler Rahberi, İstanbul Bilgi Üniversitesi yayınları, İstanbul. 30-31:2017.

Alagöz, Mehmet (2004). Sürdürülebilir Kalkınmanın Paradigması. S.Ü. İ.İ.B.F Sosyal ve Ekonomik Araştırmalar Dergisi Cilt 4, Sayı 8 , s.1-23

Alkaçar, Baki (2016). Verilerin Dili: Ekonomiyi Nasıl Okumalıyız? Türkiye Bankalar Birliği, Yayın No:316, İstanbul.

Berber, M. (2017). İktisadi Büyüme ve Kalkınma, Celepler Matbaacılık, 6. Baskı, Trabzon.

Çepni, E. (2008). Ekonomik Göstergeler ve İstatistikler Rehberi. Seçkin Yayıncılık, 3. B., Ankara.

Demir, Osman ve Yayar, Rüştü (2020). Ekonomik Göstergeler ve Yorumları (Teori ve Uygulama), Seçkin yayınları, Ankara.

Erdoğan, S. (2018). Milli Gelir ve Harcama Bileşenleri, Nobel Yayıncılık, 1. Baskı, Ankara.

Eryüzlü, H., & Hopoğlu, S. (2020). Almanya ve Türkiye Ekonomik Beklentilerinin Karşılaştırılması:

Fukuyama, Francis (1998). Güven, Sosyal Erdemler ve Refahın Yaratılması, (Çev: Ahmet Buğdaycı) Türkiye İş Bankası Kültür Yayınları, Ankara.

Karaca, Orhan (2018). Ekonomide Geleceği Okumak, Türkmen Kitabevi, İstanbul.

Özsoy, D., Ulusal Hesaplar ve Dönemlik Gayrı Safi Yurtiçi Hasıla Tahminleri, 2019, TUİK Uzmanı, Ulusal Hesaplar ve Ekonomik Göstergeler Daire Başkanlığı, Ulusal Hesaplar Grubu.

Pehlivan, M. S.(2009). Gelir Dağılımı Eşitsizliğine Devletin Müdahale Araçları: Sosyal Yardımlaşma ve Dayanışmayı Teşvik Fonu Örneği. T.C. Başbakanlık Sosyal Yardımlaşma Ve Dayanışma Genel Müdürlüğü, Ankara Mayıs 2009

Taşkın, M. Murat (2018). Ekonomi Nedir? Soru ve Cevaplarla, Cinius yayınları, İstanbul.

Türkoğlu, Faruk (2014). Ekonomiyle İlgili Herşey, Optimist yayınları, İstanbul.

Yalta, A Talha ve Yalta, A. Yasemin (2019). Modern Makro Ekonomiye Giriş, Adres yayınları, 2. Baskı, Ankara.

Ünsal, Erdal (2017). Makro İktisat, Murat Yayınları, 11. Baskı, Ankara.

ZEW ve Ekonomik Güven Endeksi Duyarlılık Göstergelerinin Analizi. *Alphanumeric Journal, 8*(1), 131-142.

DİSK, (2020). Nisan 2020 İşsizlik ve İstihdam Raporu: Pandemi Öncesinde İşsizlikte Vahim Tablo,http://disk.org.tr/2020/04/nisan-2020-issizlik-ve-istihdam-raporu-pandemi-oncesinde-issizlikte-vahim-tablo/

ELSTAT (2020). *INDUSTRIAL PRODUCTION INDEX: September 2020,* . Retrieved from https://www.statistics.gr/home

Acar (2020). "Satınalma Gücü Paritesi ve Çeşitleri".

http://www.okanacar.com/2013/01/satnalma-gucu-paritesi-ve-cesitleri.html

TCMB. Reel Efektif Döviz Kuru Endekslerine İlişkin Yöntemsel Açıklama, https://www.tcmb.gov.tr/wps/wcm/connect/02713545-8428-49ab-a9d9-0f770895d513/REERMetaveri.pdf?MOD=AJPERES&CACHEID =ROOTWORKSPACE-02713545-8428-49ab-a9d9-0f770895d513-mBdDyxu, Erişim Tarihi: 15.12.2020.

TÜİK, Hanehalkı İşgücü Araştırmasında Yapılan Düzenlemelere İlişkin Metedoloji Dokümanı, https://www.tuik.gov.tr/indir/metodolojik Dokumanlar/hia_metod_tr.pdf, 19.08.2021.

TÜİK, İşgücü İstatistikleri, http://www.tuik.gov.tr/PreTablo.do?alt_id=1007, Erişim Tarihi: 17.09.2020.

TÜİK, İşgücü İstatistikleri – Metaveri,

http://www.tuik.gov.tr/PreTablo.do?alt_id=1007, Erişim Tarihi: 17.09.2020.

TÜİK, İşgücü Girdi Endeksleri – Metaveri, https://data.tuik.gov.tr/Kategori/GetKategori?p=istihdam-issizlik-ve-ucret-108&dil=1, Erişim Tarihi: 06.12.2020.

TÜİK. Tüketici Fiyat Endeksi, Ekonomik ve Sosyal Göstergeler Daire Başkanlığı Tüketici Fiyatları Grubu Raporu, Doküman No: DDI-TR-TUIK-ESGD-TÜFE-2014, 2. Sürüm, Ankara.

TÜİK. Tüketici Fiyat Endeksi (TÜFE) Metaverisi. https://data.tuik.gov.tr/Kategori/GetKategori?p=enflasyon-ve-fiyat-106&dil=1, Erişim Tarihi: 13.11.2020.

TÜİK. Fiyat Endeksleri ve Enflasyon. TÜİK Matbaası, 1. B., Ankara, https://biruni.tuik.gov.tr/yayin/views/visitorPages/index.zul, Erişim Tarihi: 20.11.2020.

TÜİK. Yurt İçi Üretici Fiyat Endeksi (Yİ-ÜFE) Metaverisi. https://data.tuik.gov.tr/Kategori/GetKategori?p=enflasyon-ve-fiyat-106&dil=1, Erişim Tarihi: 22.11.2020.

TÜİK. Yurt Dışı Üretici Fiyat Endeksi (YD-ÜFE) Metaverisi. https://data.tuik.gov.tr/Kategori/GetKategori?p=enflasyon-ve-fiyat-106&dil=1, Erişim Tarihi: 22.11.2020.

TÜİK. Tarım Ürünleri Üretici Fiyat Endeksi (2015=100) (Tarım-ÜFE) Metaverisi. https://data.tuik.gov.tr/Kategori/GetKategori?p=enflasyon-ve-fiyat-106&dil=1, Erişim Tarihi: 22.11.2020.

TÜİK. Hizmet Üretici Fiyat Endeksi (H-ÜFE) Metaverisi. https://data.tuik.gov.tr/Kategori/GetKategori?p=enflasyon-ve-fiyat-106&dil=1, Erişim Tarihi: 22.11.2020.

SESAM (2019), Uluslararası İşgücü Piyasası Analizi, https://sesam.sakarya.edu.tr/sites/sesam.sakarya.edu.tr/file/uluslararasi-isgucu-piyasalari-analizi.pdf, Erişim Tarihi: 05.12.2020.

https://ec.europa.eu/eurostat/web/products-datasets/-/teibs010

https://www.boj.or.jp/en/announcements/education/oshiete/statistics/h12.htm/

http://www.federalreserve.gov/

https://www.economist.com/news/2020/07/15/the-big-mac-index

https://tuikweb.tuik.gov.tr/PreHaberBultenleri.do?id=24859ferdoğan

www.tuik.gov.tr

www.tcmb.gov.tr

www.sozluk.gov.tr